U0449544

项目资助

本书是教育部人文社会科学研究专项任务项目（中国特色社会主义理论体系研究）（项目编号：20JD710043）、河南省教育厅人文社会科学研究一般项目（项目编号：2019-ZZJH-686）的研究成果。

公民环境权与参与式环境治理研究

Civil Environmental Rights
and Participatory Environmental Governance Research

张晶晶　著

中国社会科学出版社

图书在版编目（CIP）数据

公民环境权与参与式环境治理研究 / 张晶晶著 .—北京：中国社会科学出版社，2021.6
ISBN 978-7-5203-8397-4

Ⅰ.①公… Ⅱ.①张… Ⅲ.①公民权—环境权—参与管理—研究—中国 Ⅳ.① D922.684

中国版本图书馆 CIP 数据核字（2021）第 082806 号

出 版 人	赵剑英
责任编辑	赵 丽
责任校对	郝阳洋
责任印制	王 超

出　　版	中国社会科学出版社
社　　址	北京鼓楼西大街甲 158 号
邮　　编	100720
网　　址	http://www.csspw.cn
发 行 部	010-84083685
门 市 部	010-84029450
经　　销	新华书店及其他书店
印　　刷	北京明恒达印务有限公司
装　　订	廊坊市广阳区广增装订厂
版　　次	2021 年 6 月第 1 版
印　　次	2021 年 6 月第 1 次印刷
开　　本	710×1000 1/16
印　　张	15.5
字　　数	209 千字
定　　价	88.00 元

凡购买中国社会科学出版社图书，如有质量问题请与本社营销中心联系调换
电话：010-84083683
版权所有　侵权必究

目　　录

绪　论 ··· 1
    第一节　研究背景与研究意义 ·· 1
    第二节　相关理论研究现状 ·· 6
    第三节　研究思路与方法 ·· 26

第一章　公民环境权的理论分析与法律解释 ······························ 29
    第一节　公民环境权的理论分析 ·· 30
    第二节　公民环境权的法律解释 ·· 45

第二章　参与式环境治理与公民环境权的关联性 ······················· 59
    第一节　环境权威主义和技术理性主义治理对环境权的
　　　　　　偏离 ··· 59
    第二节　参与式治理与公民环境权的逻辑关联性 ················· 68
    第三节　参与式治理与公民环境权的经验关联性 ················· 78

第三章　环境治理谱系与中国参与式治理模式探索 ···················· 88
    第一节　环境治理谱系 ·· 88
    第二节　中国参与式环境治理的理论探索 ························· 112

第三节　中国参与式环境治理的实践尝试 …………… 130

第四章　中国参与式环境治理的实践困境及其制约因素……… 145
　　第一节　公民参与环境治理的实践困境 ……………… 145
　　第二节　公民环境治理参与不足的制约因素 ………… 159

第五章　中国参与式环境治理的创新之路 ………………… 172
　　第一节　政府治理思维与权能定位的并轨转变 ……… 172
　　第二节　"信任类型—信任结构"二元重构政民信任关系 ……… 182
　　第三节　理性构建公民参与环境治理的制度逻辑 …… 189
　　第四节　"内外兼修"推动参与主体的发展 ………… 198

结　语 ………………………………………………………… 211
参考文献 ……………………………………………………… 215
附　录 ………………………………………………………… 232
后　记 ………………………………………………………… 243

绪　　论

第一节　研究背景与研究意义

一　研究背景

经济迅猛增长付出的代价是生态环境的严重破坏。工业革命以来，传统工业文明带来了经济与科技的飞速增长，带来了物质生活水平的极大提高，与此同时也造成了环境的极度恶化，尤其是20世纪50年代以来，世界范围内相继出现全球十大环境问题[①]，给人类社会发展带来了严重的威胁。各种环境事件的爆发，严重破坏了人类生存的外在自然环境，从而影响了人类在地球上的健康生存。如1952年的英国伦敦雾霾事件中伦敦市死亡人数高达4000余人，此后近8000人因烟雾事件死于呼吸系统疾病。纵观中国改革开放以来的经济发展和环境变化，不难看出在现代化发展的道路上中国也经历了同样的问题。

改革开放以来，中国的经济发展取得了万众瞩目的成就，GDP多年来保持着10%的增长率，远高于世界其他国家；经济总量在1978年

---

① 全球十大环境问题：气候变暖；臭氧层破坏；生物多样性减少；酸雨蔓延；森林锐减；土地荒漠化；大气污染；水体污染；海洋污染；固体废物污染。

时中国仅居世界第十位，而2010年至今成为仅次于美国的世界第二大经济体。中国经济飞速发展的同时，付出了巨大的牺牲和生态环境代价，曾经的蓝天白云变成了雾霾阴沉、曾经的清澈泉水变成了排放污水的臭水沟、湖泊逐年干涸、沙漠化程度逐年增加……经济迅速发展不仅利用了老祖宗留给我们的遗产，而且提前破坏了原本属于子孙后代的福祉。党和政府高度重视环境状况不断恶化的问题，十九大报告中明确指出要"加快生态文明体制改革，建设美丽中国"，充分重视由经济发展带来的环境污染问题，积极改变以往的"粗放型经济发展方式和不合理的产业布局"，鼓励集约型发展、绿色发展和可持续性发展，改变以往的经济增长模式，"加快建立绿色生产和消费的法律制度和政策导向，建立健全绿色低碳循环发展的经济体系……推进能源生产和消费革命，构建清洁低碳、安全高效的能源体系"。经过历任政府的努力，国内单位GDP能耗近年来虽有所下降，但仍相当于世界平均水平的两倍。

经济发展带来的各类环境污染问题引发了许多重大的环境突发事件，自1996年以来中国环境群体性事件保持着年均29%的增速，2012年环境重大事件增长率高达120%，这些突发事件的发生会诱发各种社会不稳定因素。由于环境问题已经严重影响了人类生活和生存，而且成为进一步破坏和谐社会政治稳定和经济发展的诱导因素，环境治理问题已经成为中国目前亟待解决的重大社会现实问题。

与人类生存息息相关的环境遭受到严重破坏的同时，人们逐渐意识到"自身在使用环境条件方面应享有的权利以及在环境保护方面应尽的义务"[①]，亦即国内外学术界近年来不断探讨的公民环境权。保障公民环境权与环境治理具有内在的契合性，环境治理首当其冲要解决水污染、雾霾污染等与人们生存切实相关的环境问题，而若要确保治

---

① 蔡守秋：《环境权初探》，《中国社会科学》1982年第3期。

理的效果，最直接有效的方式是保护公民环境权不受侵害，将环境治理与广大公众的权利诉求和公民积极参与治理结合在一起。而公民只有深入参与环境治理之中，才能够有效地保障自身环境权不受侵害。但是伴随着环境污染范围的逐渐扩大，环境治理效果不尽如人意，公民环境权也难以得到有效实践与保障，这不仅是因为公民环境权缺乏制度性保障，而且在环境治理实践中公民的环境权也未得到充分尊重，甚至环境权利在实践中经常被忽视或伤害。

长期以来中国解决环境问题主要依赖于政府的权威和强制力。从各种政策完善到机构设置，政府做了大量工作积极地管理环境，投入了大量的人力、物力、财力以及设置各种强制性规定来改善环境。但是环境问题作为社会性难题，政府单一力量的进驻难免会衍生一些问题：在政府管理环境的过程中，存在着经济政策与环境保护政策之间的矛盾、地方政府对中央政府政策阳奉阴违、环境指标与地方政府政绩结合而出现的各种数据造假、地方政府与企业勾结产生寻租和腐败等问题。这些问题不仅严重制约了环境治理的成效，而且增加了政府管理的负担。因而在逐步探索如何解决环境污染问题的过程中，仅依靠政府这一主体难以有效地解决环境破坏的问题，需要引入其他社会力量，如市场、社会。但由于环境问题的特殊性以及各个主体的现实状况，政府、市场、社会三者在解决环境问题方面发挥的作用和功能有着天壤之别，它们并不能够成为完全对等的主体合作治理环境，政府必然要发挥其主导地位。

中国已经成为世界环境污染最严重的国家之一，环境污染已经严重影响了环境权的权利主体——公民的生存，而公民环境权的保护离不开对环境治理实践过程的真正参与。因此，本书试图在保障公民环境权的基础上，论证以政府为主导、公民参与的参与式环境治理模式有其实施的理论合理性与现实可行性，符合中国的国情和体制，并针对目前中国参与式环境治理实践存在的问题和困境提出相应的应对策略。

二 研究意义

环境治理与经济和社会发展息息相关,环境治理模式的有效与否直接影响着环境治理的效果。本书以保障公民环境权为基础,研究探讨参与式环境治理模式对于中国环境权的发展和生态文明的建设具有理论和实践的双重意义。

(一)理论意义

1.进一步丰富公民环境权理论

公民环境权理论在环境法学研究中是一个颇受重视的议题,从20世纪80年代中国学者开始研究至今经历了三十多年的时间。国内学者对公民环境权的研究主要集中于环境权的概念界定、性质、作用以及法制化和司法救济措施等法理学方面的内容,然而公民环境权涉及的范围并非仅限于法理研究,权利如何在法律制度中得到体现和保障也是环境权理论应当研究的重要内容。目前中国公民环境权的相关法律制度存在以下问题:规定较为零散,缺乏系统性;制度不健全、不完善,具体程序缺失;法规中规定的公民参与缺乏主动性等,因而目前中国制定的有关公众参与环境保护和治理方面的法律法规不足以有效地解决环境权被侵害这一现实问题。因此本书期待通过研究,能够丰富和完善中国公民环境权理论的相关内容,进一步完善中国的环境法律制度。

2.将公民环境权与环境治理结合探索符合中国国情的环境治理模式

从当前来看,中国在环境治理理论方面有了突破,理论研究打破了传统的政府权威主义这一单一主体的治理模式。目前国内不少学术研究将环境问题与其他社会问题类同化,基于多主体合作型治理理论,模糊地将政府、市场和社会视为对等的主体合作治理环境,然而这与中国长久以来的政治环境和社会现状并不相符。而且人与自然是生命共同体，环境问题最直接地影响着人类的生存。因此，本书试图从保障公民环境权的角度出发，将公民引至环境治理环节之中，结合中国实际国情，分析参与式环境治理的理论合理性与实践可行性，并通过构建以政府为主导、公民真正参与的环境治理模式的基本框架，厘清相关概念、结构和运行方式等，力图在实现公民环境权保障的同时兼顾中国的政治体制和社会现状，最终实现有效的环境治理。

（二）实践意义

1.通过研究公众参与环境治理，实现和保障公民环境权

公民环境权作为公民应当享有的基本权利之一，在研究中不应只停留在法理学层面，更应重视环境权在实践中的应用研究，而实现公民环境权的具体路径和制度保障均体现于公民参与过程之中。目前，中国环境污染问题严重，中央和地方政府均高度重视环境治理问题，制定了一系列法律法规制度提出和鼓励公众积极参与环境保护，如《环境保护法》和《国务院关于环境保护若干问题的决定》等法律规章中均提到了鼓励公众积极参与环境治理的要求，环保部也出台了更为具体的《关于推进环境保护公众参与的指导意见》。本书通过研究公民参与环境治理，明确参与的权利基础、参与渠道、环节、过程以及信息来源等方面，实现和保障公民环境权在实践应用中不被忽视或伤害。

2.通过公民参与环境治理完善参与式环境治理模式，在提高环境治理效果的同时增强社会满意度

由于生态环境的日益恶化，近年来社会各界都在呼吁公民参与环境治理、环境信息公开等，各级政府和环保部门也在寻求公民有效参与环境治理的途径和方式，以期能够达到更好的环境治理效果。公民在参与环境治理的过程中，既能够打破传统权威主义环境治理带来的弊端，又能够清晰界定各个治理主体的地位和作用界限，环境问题从政府单方应对转变为与社会共同解决，治理效果不言而喻。但是就目前而言，在环境治理中并没有有效地实现公民参与，一方面环境问题

得不到合理有效地解决，另一方面公民面对日益恶化的环境问题怨声载道却又无可奈何，严重影响了社会的稳定发展。因此，通过研究和实施参与式环境治理模式促使每位公民真正参与到与自身权利息息相关的环境治理问题之中，一方面帮助提高环境治理的治理成效，另一方面增强公民的社会认同感和满意度。

第二节 相关理论研究现状

环境污染成为困扰各国政府的重要问题之一，如何提高环境治理成效成为国内外学界研究的重要议题。国内外针对公民环境权的研究主要围绕公民环境权的性质、内容以及保障展开，针对环境治理的研究主要集中于各种环境治理模式的构建、实施以及效果评估。学界针对这两部分的研究相互独立，交叉研究的成果较少。

一 国外相关研究现状

（一）国外公民环境权理论研究

国外公民环境权理论的研究起源于工业较为发达的美国、日本和欧洲国家。1960年西德一位不知名的医生因有人向北海倾倒放射性废物的行为而向欧洲人权委员会提起控诉，他认为这种行为违反了《欧洲人权条约》中关于保障清洁卫生的环境的规定，由此引发了关于环境权的国际大讨论。国外公民环境权的相关研究主要围绕着环境权的思想基础、性质及内容等方面展开。

1.环境权的思想基础研究

美国密歇根大学Joseph L.Sax教授关于环境权的相关研究成为之后众多学者研究的理论基础，他在 *Defending the Environment：a Strategy for Citizen Action* 一书中从民主主义的角度论证了"环境公共财产"论和"环境公共信托"论，提出了环境权的观点。他论证了"空气、水、阳光"等人类生存不可或缺的环境资源的公共属性,认为环境资源应是"公共财产",并且国家行使其所承担的环境管理职能是受环境资源共有人的委托,国家作为受托人不能够滥用此职能。①在此之后美国环境公共信托的适用范围不断扩大至自然环境的诸多方面,如海滨、湖泊、自然生物、天然资源,以及保护环境的各种使用价值等。②

英国学者简·汉考克在《环境人权:权力、伦理与法律》一书中以人权哲学为基础,系统阐述了环境与人权之间的政治、伦理和法律关系,为环境人权属性的研究提供了研究基础。他在研究了社会权力与理性建构、环境运动对环境人权的影响、环境人权的社会需要以及国际上对环境人权的回应的前提下,认为环境人权包括两项内容——拥有免遭有毒污染环境的人权和拥有自然资源的人权。③

2. 环境权的性质研究

国外学者针对环境权性质的研究同样存在分歧,大阪律师联合会的"环境权研究会"提出"环境权是一种基本人权,也是一种具有排他性的私权"④,交告尚史等人也认为,环境权是一种"享受良好环境的基本人权"⑤。而部分学者则认为由于环境利益的公共性,环境权不应作为私权,如"维持环境利用秩序说",这一观点认为为维持环境的利用秩序的目的,只有在环境实体被破坏时,才能承认居民的损害赔偿请求权或侵害排除权。⑥还有一种观点是环境权是民事权利,即环境共同利用权说,这种观点认为环境权是与物权性质不同的权利,是多数市民对具有共

---

① Joseph L.Sax, "Defending the Environment: a Strategy for Citizen Action", *Harvard Law Review*, Vol.84, No.6, 1971, p.1562.
② 付淑娥:《美国环境人格权历史探源》,《人民论坛》2014年第8期。
③ [英]简·汉考克:《环境人权:权力、伦理与法律》,李隼译,重庆出版社2007年版。
④ [日]大阪律师会环境权研究会:《环境权》,转引自罗丽《日本环境理论和实践的新展开》,《当代法学》2007年第3期。
⑤ [日]交告尚史、臼杵知史等:《日本环境法概论》,田林等译,中国法制出版社2014年版,第148页。
⑥ [日]大塚直:《環境権(2)》,《法学教室》2005年第3期。

存内容和方法特性的特定环境予以利用的权利,是一种民事权利。①

3.环境权的内容研究

大阪律师会环境权研究会中提出"环境权将以各个居民的权利、利益为目的,在环境诉讼抗诉中居民能够作为原告来对环境利益损害进行追偿"②。之后,日本学者为了完善宪法意义上的环境权,又开展了关于"环境防御权"(主要适用于私人纠纷,受害方可以请求侵害排除)、"环境社会权"(认为政府有责任实施各种政策保护环境以此来保障公民享受最低限度的健康生活)、"环境参加权"(包括市民参加的程序和以此为基础的情报请求权的程序)的研究。③

国外学者对公民环境权的探索和研究,为本书研究提供了坚实的研究基础和丰富的文献参考。

(二)国外公民环境权的立法实践探索

环境权理论研究的不断深入,美、日两国首当其冲将公民环境权体现在立法之中。1969年美国颁发的《国家环境政策法》第一篇第三条中指出"每个人都应当享受健康的环境,同时每个人也有责任对维护和改善环境作出贡献",这一条款对环境权的权利和义务都作出了明确的规定。同年,日本《东京都公害防止条例》中明确"所有市民都有过健康、安全以及舒适的生活的权利,这种权利不能因公害而滥受侵害"。1970年的《东京宣言》第五项中提出:"我们请求,把每个人享有的健康和福利等不受侵害的环境权和当代人传给后代的遗产应是一种富有自然美的自然资源的权利,作为一种基本人权,在法律体系中确定下来。"欧洲人权会议在20世纪70年代肯定了环境权的存在,1973年的《欧洲自然资源人权草案》将环境权作为一项新的人权。

---

① [日]中山充:《環境権:環境の共同利用権(1)》,《香川法学》1990年第10期。
② 大阪律师会环境权研究会:《環境権》,转引自罗丽《日本环境理论和实践的新展开》,《当代法学》2007年第3期。
③ [日]大塚直:《環境権(2)》,《法学教室》2005年第3期。

各国关于环境权的研究和立法引起了联合国对于环境权的重视，1972年召开了第一次人类环境会议，会议发表了《人类环境宣言》，指明"人类有权在一种能够过尊严的和福利的生活环境中，享有自由、平等和充足的生活条件的基本权利，并且负有保护和改善这一代和世世代代的环境的庄严责任"。

之后许多国家宪法中对公民环境权作出了相应规定，彰显政府对公民环境权的重视。比如，《智利共和国宪法》第3章第19条规定："所有的人都有权生活在一个无污染的环境中。"《秘鲁政治宪法》第2章第123条规定："公民有保护环境的义务，有生活在一个有利于健康、生态平衡、生命繁衍的环境的权利。"德国宪法第15条规定："为了公民的幸福，国家和社会尽力保护自然。"而在欧洲发达国家，比如北欧高福利国家，通过法律条文限制个人财产权来实现"自由、平等和富足的生活条件，以及一个容许过尊严和福利生活的环境质量的基本权利"[1]。立法实践不仅有利于公民环境权的发展，还有利于理论研究的继续深入。

（三）环境治理模式与参与式治理研究

诸多研究环境治理的西方学者认为，20世纪80年代至90年代末期的二十多年间，政府管理逐渐向治理转变，公共机构、私营机构和志愿机构的角色发生了变化。Simon Dalby认为新的环境治理理念在不断扩大，公民、企业和NGO等新的参与者正在逐步参与到环境治理中，在新的理念中这些新的治理参与者们对环境政策和决策拥有权力和权威。[2]还有学者认为中央政府机构放松管制、削减预算、分权化以及社会中的行动派和互联网的出现等因素推动着环境治理模式的改革。

西方学者探讨较多的环境治理模式主要有合作型环境治理模式、

---

[1] Edith Brown Weiss and Daniel Barstow Magraw et al., *International Environmental Law: Basic Instruments and References*, New York: Transnational Publishers, 1992, p.172.

[2] Simon Dalby, *Environmental Governance*, Oxford: Blackwell, 2002, pp.427-441.

透明式环境治理模式、多中心环境治理模式和参与式环境治理模式等。

合作型环境治理模式研究：合作型环境治理是指融合了市场、公民、地方政府等各方关于环境问题的探讨、协定以及正式与非正式管理的治理类型，也被广泛认为是在公共与私人间建立的伙伴关系。① 蒂姆·佛西研究了合作型环境治理模式，并提出了新的方式：地方政府参与协商并执行环境管制；企业和公民通过协商达成公私合作。她认为，成功的合作型环境治理需要赋予地方公民参与政策决策权，由当地公民选择合适且满意的环境保护与治理政策，而不是贸然采纳他国或其他地区的解决方法。② Neil Gunningham 认为具有相同目标的公众、政府和非政府组织进行合作的环境治理模式要比其中任何单一主体的治理都有效果。③

透明式环境治理模式研究：维夫克·拉姆库玛等学者探讨了以提高治理透明度为主的"透明式环境治理模式"，他们认为这种模式是以提高透明度来治理环境，明确了环境治理新模式应赋予公民三项权利：信息获取权、公众参与权和司法救济权，以保护公民的各项权益在各个领域都能够免受侵害。④

多中心环境治理模式研究：Eckerberg Katarina 等认为政府、市场和社会多中心的合作，是将政府环境治理的责任向社会和市场进行转移，这种模式有利于环境治理各主体共同承担环境责任。⑤ John R.Parkins 从

---

① ［英］蒂姆·佛西：《合作型环境治理：一种新模式》，谢蕾摘译，《国家行政学院学报》2004年第3期。
② ［英］蒂姆·佛西：《合作型环境治理：一种新模式》，谢蕾摘译，《国家行政学院学报》2004年第3期。
③ Neil Gunningham, "The New Collaborative Environmental Governance: The Localization of Regulation", *Journal of Law & Society*, Vol.36, No.1, 2009, pp.145–166.
④ ［印度］维夫克·拉姆库玛，艾丽娜·皮特科娃：《环境治理的一种新范式：以提高透明度为视角》，邹继红译，《经济社会体制比较》2009年第3期。
⑤ Eckerberg Katarina and Joas Marko, "Multi-level Environmental Governance: a Concept under Stress?" *Local Environment*, Vol.9, No.5, 2004, pp.405–412.

文化和价值观的角度对多中心环境治理进行了探讨,他认为在当前多元文化环境下,多中心环境治理能够将多元价值整合到法律政策的制定之中。① Michael Lockwood 等人通过对澳大利亚环境治理的实践进行研究,认为社区与中央和地方各级政府多中心合作的环境治理模式有利于国家与社会综合共同发展,有利于各种权利的分享,能够有效地保护公民的环境权益。②

参与式环境治理模式研究:利益相关方和公众参与环境政策制定成为近年来西方环境治理研究中的常见主题。学者 Brian Head 和 Neal Ryan 探讨了政府与非政府组织在环境治理问题方面确立规划伙伴关系的风险和机遇,以及其他利益相关方如何超越简单的咨询形式真正参与到环境治理之中,从而更多的以参与式协作形式共同治理环境。他们认为,参与式治理将是未来环境治理的发展趋势。③ Neil Gunningham 认为参与者之间的合作伙伴关系需要满足以下条件:参与者包括所有重要且相互依赖的利益相关者,他们在环境治理中有协作或合作的协议,合作目标明确并有正式的治理结构和明确的工作流程。④

国外关于参与式环境治理的政治社会背景方面的研究成果也较为丰富。Harriet Bulkeley 等学者认为环境政策领域内国家和非国家行为者之间的变化动态能够反映国家和社会之间关系的变化。⑤ 学者 Scott Lash

---

① John R.Parkins, "De-centering Environmental Governance: A Short History and Analyse of Democratic Processes in the Forest Sector of Alberta", *Canada.Policy Science*, Vol.39, No.2, 2006, pp.183–203.

② Michael Lockwood and Julie Davidson et al., "Multi-level Environmental Governance: Lessons From Australian Natural Resource Management", *Australian Geographer*, Vol.40, No.2, 2009, pp.169–186.

③ Brian Head and Neal Ryan, "Can Co-Governance Work? Regional Natural Resource Management in Queensland, Australia", *Society and Economy*, Vol.26, No.2, 2004, pp.361–382.

④ Neil Gunningham, "The New Collaborative Environmental Governance: The Localization of Regulation", *Journal of Law and Society*, Vol.36, No.1, 2009, pp.145–166.

⑤ Harriet Bulkeley and Arthur P.J.Mol, "Participation and Environmental Governance: Consensus, Ambivalence and Debate", *Environmental Values*, Vol.5, 2003, pp.143–154.

等人认为，随着环境风险的扩散和矛盾的不断增加，出现了新的"责任冲突"和"风险社会"，面对这种"风险社会"，传统的政治性环境管理越发显得无力，非政治性在当代环境治理中的重要性日益增加。[1]在这一背景下，市场、社会和公民开始参与到环境治理之中。学者Susan Owens[2]、Dan Bloomfield与Kevin Collins等[3]、Anna Davies[4]等人认为从"21世纪议程"和世界银行的倡议等文件，以及政府环境政策，地方政策和规划系统中可以看出，公众需要更多参与环境决策过程。学者Michael Mason认为，除了规范性的民主决策承诺以外，参与式决策能够更有效地提升环境信息公开度和民主合法性。[5] Chris Rose认为西方国家民众在制度制定和实施过程中，丧失了对国家的信任和信心，这种信念促使产生更加包容的公众参与形式，从而减少公众经常表达的对政府信任的丧失，并且强调了可持续发展议程中公民参与存在的问题，由此认为参与不仅能够加强环境决策，而且可以延续民主。[6]

学者Harriet Bulkeley和Arthur P.J. Mol提出参与问题是当代环境治理问题争议的核心问题，他们在总结了西方学者研究的基础上认为支持公众参与的原因如下：参与有助于弥合解决环境问题的治理行动者的经验、价值观和做法之间的差距；参与有助于澄清环境问题出现的

---

[1]　Scott Lash and Bronislaw Szerszynski et al., *Risk, Environment and Modernity: Towards a New Ecology*, London: Sage Publications Ltd, 1998, pp.27–43.

[2]　Susan Owens, "Engaging the Public: Information and Deliberation in Environmental Policy", *Environment and Planning A*, Vol.32, No.7, 2000, pp.1141–1148.

[3]　Dan Bloomfield and Kevin Collins et al, "Deliberation and inclusion: Vehicles for Increasing trust in UK Public Governance?", *Environment and Planning C: Government and Policy*, Vol.19, No.4, 2001, pp.501–513.

[4]　Anna Davies, "What Silence Knows–planning, Public Participation and Environmental Value", *Environmental Values*, Vol.10, 2001, p.77.

[5]　Michael Mason, "Evaluating Participative Capacity–building in Environmental Policy: Provincial Fish Protection and Parks Management in British Columbia, Canada", *Policy Studies*, Vol.21, No.2, 2001, pp.77–98.

[6]　Chris Rose, "Beyond the Struggle for Proof: Factors Changing the Environmental Movement", *Environmental Values*, Vol.2, No.4, 1993, pp.285–298.

原因，使问题能够得到更多的认可；参与能够提高参与者参与环境决策的质量和对环境决策的支持度；参与可以促使各参与者作出承诺以及增加民主内容来提高决策质量。①

西方学者根据社会发展的趋势，提出并论证了参与式环境治理发展的必然性和可行性，同时也提出了参与式环境治理可能面临的困境：诸如，如何组织和制度化参与、哪些力量可以作为参与者、参与者可以参与到决策的哪些方面、如何防止参与无效政策的制定等。这些问题的提出对研究中国参与式环境治理模式具有同样的研究价值。

（四）国外关于中国环境治理方面的研究

西方文献中对中国环境治理方面的研究主要集中于三个方面：对中国环境法律法规方面的研究；对中国公民环保意识方面的研究；对中国环境治理存在问题和改善建议的研究。

对中国环境法律法规方面的研究：Michael Palmer研究了中国的环境立法、司法、执法和监督等各种法律制度的现状和存在的不足，认为中国应进一步加强完善环境法律法规。② Rachel E. Stern通过研究福建屏南县村民对荣平联合化工厂的环境诉讼案件，探索了中国环境法律的运作模式和案件当事人如何努力实施法律。③ Vincent Cheng Yang研究了中国环境法规的发展历程，他认为目前中国执行环境法律法规主要依赖行政手段和民事制裁，对环境污染的约束力不足，建议利用刑法制止环境污染行为。④ Rachel E. Stern认为中国开设的环境法庭有利于重塑环境法，是中国地方官员对环境保护承诺的表达方式，体现了中国

---

① Harriet Bulkeley and Arthur P.J.Mol, "Participation and Environmental Governance: Consensus, Ambivalence and Debate", *Environmental Values*, Vol.5, 2003, pp.143-154.

② Michael Palmer, "Environmental Regulation in the People's Republic of China: The Face of Domestic Law", *The China Quarterly*, Vol.156, 1998, pp.788-808.

③ Rachel E. Stern, "From Dispute to Decision: Suing Polluters in China", *The China Quarterly*, Vol.206, 2011, pp.294-312.

④ Vincent Cheng Yang, "Punishing for Environmental Protection? Enforcement Issues in China", *The International and Comparative Law Quarterly*, Vol.44, No.3, 1995, pp.671-682.

领导者对环境问题的重视。①

对中国公民环保意识方面的研究主要有：Yanqi Tong 对中国部分城市的地方官员和企业家进行了调研，结果证实他们具有较高的环保意识，但是这种环保意识并不能形成具体的环保政策。他认为政策制定者不愿意牺牲经济增长速度来制定和落实环保政策，只有当经济发达且污染较为严重的城市，政策制定者们才会更加关心环境污染的治理。② Rosa Chun 通过研究中国山西 7 家中国能源公司的 472 名煤矿工人，认为中国企业在环境保护方面有一定贡献，且企业公民的环保意识普遍较高。③

对中国环境治理存在问题和改善建议的研究：中国环境治理存在的问题和困境也是国外学者研究的焦点，观点主要集中于地方政府重经济轻环境的政策倾向性，如 Abigail R.Jahiel 认为中国环境管理较为复杂，政府追求的高能耗资源密集型发展战略加大了环境污染程度，同时中国的环保机构也存在着权力不足和各层机构间缺乏协调的问题，这些问题为中国环境管理带来了难度。④ Elizabeth C. Economy 认为中国环境污染问题非常严重，且已经引发了中国中央政府的重视，但是在具体的环境治理政策执行中，中央政府和地方政府存在着理念上的差异，地方政府官员更加重视经济发展而非环境保护。因此，她认为中国的环境治理需要的是自下而上的政治和经济改革。⑤ Jane E. Cohen 等借鉴了 2009 年和 2010 年铅中毒的相关信息，认为中国政府在医疗卫生保障、环境污染治理等方面投入了大量的人力、财力和物力，但是仍

---

① Rachel E. Stern, "The Political Logic of China's New Environmental Courts", *The China Journal*, Vol.07, 2014, pp.53–74.

② Yanqi Tong, "Bureaucracy Meets the Environment: Elite Perceptions in Six Chinese Cities", *The China Quarterly*, Vol.189, 2007, pp.100–121.

③ Rosa Chun, "Ethical Values and Environmentalism in China: Comparing Employees from State-Owned and Private Firms", *Journal of Business Ethics*, Vol.84, 2009, pp.341–348.

④ Abigail R.Jahiel, "The Organization of Environmental Protection in China.", *China Quarterly*, Vol.156, 1998, pp.757–787.

⑤ Elizabeth C. Economy, "The Great Leap Backward? The Costs of China's Environmental Crisis", *Foreign Affairs*, Vol.9, 2007, pp.38–59.

旧存在着地方官员认为经济发展高于环境污染治理以及环境信息获取困难等问题，他们提出为了有效解决铅中毒，必须打击工业污染，加强环境法律法规的执行力度。[1]

国外众多学者在对中国环境治理现状进行探讨的前提下，提出了各种政策建议和新的治理模式。Gerald Chan等学者通过研究中国国内环境治理与其参与全球环境治理的关系，提出了中国中央政府迫切需要脱离当下昂贵的控制和指挥的环境管理模式，需要建立一个能够激励地方官员接受环境保护理念和实践的治理框架。[2] Robbie Ali等学者以中国环境污染的现状以及政府对公众参与的支持为研究背景，探讨了以社区为基础的环境治理参与式研究（Community-Based Participatory Research，CBPR）在中国的适用性，他们认为这是一种协作式的研究方式，将社区成员、组织代表和研究人员作为平等的参与者。通过研究证明CBPR在中国具有可行性，前提是必须要重视政府的主导地位和作用。[3] Guobin Yang认为中国的环境非政府组织能够成为中国民主社会变革的场所和媒介，可为公民参与环境治理提供渠道，帮助公民提高参与技能。[4]

二 国内相关研究现状

（一）国内公民环境权理论研究与实践现状

中国引入公民环境权的研究相对较晚，1982年蔡守秋先生的《环

---

[1] Jane E. Cohen and Joseph J. Amon, "Lead poisoning in China: A health and human rights crisis", *Health and Human Rights*, Vol.14, No.2, 2012, pp.74–86.

[2] Gerald Chan and Pak.K. Lee et al., "China's Environmental Governance: The Domestic: International Nexus", *Third World Quarterly*, Vol.29, No.2, 2008, pp.291–314.

[3] Robbie Ali and Kenneth Olden et al., "Community-Based Participatory Research: A Vehicle to Promote Public Engagement for Environmental Health in China", *Environmental Health Perspectives*, Vol.116, No.10, 2008, pp.1281–1284.

[4] Guobin Yang, "Environmental NGOs and Institutional Dynamics in China", *The China Quarterly*, Vol.181, No.1, 2005, pp. 46–66.

境权初探》一文对中国公民环境权的研究具有里程碑意义,引发了国内学者的研究热潮。但是从现有文献来看,将公民环境权作为公民参与环境治理的理论基础来促进环境治理的国内研究大多只是简单提及,梳理现有的研究,国内学者的研究主要集中于探讨公民环境权的权利属性、内容以及保障三个方面。

1. 国内学界关于公民环境权的权利属性方面的观点分歧较大,主要有公民环境权肯定论和否定论

肯定公民环境权的主要代表观点:国内环境权研究的领军人物蔡守秋先生认为公民环境权实质是"法律上的权利",即公民作为法律关系的主体合理享有各种环境要素、环境资源的权利的同时还应具有保护环境、防止污染的义务。[①]陈茂云教授则认为公民环境权因其环境利益性而表现出类似财产权的特质,公民环境权是一种属于人身权的新型人格权。而吕忠梅教授将公民环境权界定为"公民享有的在不被污染和破坏的环境中生存及利用环境资源的权利"[②],她认为将公民环境权认定为人格权过于片面,公民环境权应当是一种在现代国家中独立存在的、确定的"基本人权"。[③]陈泉生教授认为公民环境权包括"公民享有适宜健康和良好生活环境,以及合理利用环境资源的基本权利",他认为公民环境权是与生存权相关却又不包容的新型人权。[④]谷德近教授认为公民环境权一直存在于社会之中,并且主要依靠社会习惯保障环境权,故而他将公民环境权视为一种"习惯权利",即公民环境权是由约定俗成的生活规则支撑的制度事实。[⑤]吴卫星博士认为公民环境权是宪法性基本权利,具有公法意义,不可或缺。[⑥]

---

① 蔡守秋:《环境权初探》,《中国社会科学》1982年第3期。
② 吕忠梅:《论公民环境权》,《法学研究》1995年第6期。
③ 吕忠梅:《再论公民环境权》,《法学研究》2000年第6期。
④ 陈泉生:《环境权之辨析》,《中国法学》1997年第2期。
⑤ 谷德近:《论环境权的属性》,《南京社会科学》2003年第3期。
⑥ 吴卫星:《环境权研究:公法学的视角》,法律出版社2007年版。

否定公民环境权的主要观点：朱谦教授否定了环境权是独立的权利形态，他认为环境物权足以包含环境权，即公众享受良好自然环境的权利实际上是公众作为环境物权的权利主体，依法对环境资源享有的物权。①而徐祥民教授所持"环境义务先定论"从根本上否定了存在公民环境权，他认为环境权是全人类在环境危机时刻以先行履行义务为存在条件的整体的自得权，因而环境权难以具体到每个公民，权利和义务间存在着不对等的关系，徐教授认为应当明确影响环境的所有主体并要求他们履行义务才能够有效地实现环境保护。②

在本书研究中倾向于认可将公民环境权作为一种基本人权这一观点，公民享有享受环境要素的权利和具有保护环境不受污染的义务。

2.关于公民环境权的具体内容的讨论，学者间的意见分歧也较大，未形成统一的言论

陈泉生等主张公民环境权包括"生态性权利和经济性权利"。所谓生态性权利是指公民享有在一定质量水平环境中生活、生存繁衍的权利，即公民享有各种环境要素的基本权利；经济性权利则是指公民对环境的开发利用，即公民享有环境资源权、使用权和处理权等，并且环境权的权利和义务紧密结合，公民环境权还应包括保护环境的义务。③吕忠梅教授认为公民环境权包括环境使用权、知情权、参与权和请求权，即公民享有日照权、清洁空气权等环境使用权，享有掌握和了解环境信息的知情权，享有参与环境管理过程、环境保护制度实施、纠纷调解等环境参与权，享有对损害赔偿的请求权。④高家伟博士认为公民环境权包括实体环境权和程序环境权，实体环境权指公民享有的

---

① 朱谦：《反思环境法的权利基础——对环境权主流观点的一种担忧》，《江苏社会科学》2007年第2期。

② 徐祥民：《对"公民环境权论"的几点疑问》，《中国法学》2004年第2期；徐祥民、田其云等：《环境权：环境法学的基础研究》，北京大学出版社2004年版，第213页。

③ 陈泉生、张梓太：《宪法与行政法的生态化》，法律出版社2001年版，第117页。

④ 吕忠梅：《再论公民环境权》，《法学研究》2000年第6期。

与环境质量有关的权利,程序环境权指公民依法享有的参与和诉讼的权利。①吴卫星博士则认为公民环境权是生态性的实体权利,是公民对环境资源生态价值的利用和享受,而对于利用环境资源的经济价值,吴博士认为应当属于物权的范畴而非环境权。②

关于公民环境权的内容,观点大致可以分为三类,一是认为环境权是实体性权利,二是认为公民环境权包括实体环境权和程序环境权,三是认为公民环境权是生态性的实体权利。在本书研究中,较为倾向于第二种观点,即认同公民环境权应包括实体和程序两个方面的内容。

3.国内学者主要从法律制度建设方面研究如何保障公民环境权

肖云等指出中国宪法中并未体现公民环境权是公民的基本权利,环境的基本法立法上对公民环境权的规定不够详尽,因而,他们建议在立法中明确公民环境权基本权利的属性以及在其他法律条文中强化公民的环境知情权、监督权、司法救济以及相应的补偿制度等。③吴卫星认为"环境权的制度保障是当代国家的宪法任务"。他认为环境权作为一种具体权利,国家应通过修宪或宪法解释明确环境权是宪法基本权利,从而对立法、司法、行政权力进行约束。同时,应完善相应的法律制度保障公民的环境信息权、公众参与权、环境保护投资以及环境权的司法救济。④杨航征等主张要加强保障公民环境权,应当在公民环境权入宪的同时在民法中明确其基本内容,并且在环境法中具体规定公民环境权的实现方式和救济路径。⑤刘争明认为基于公民环境权的基本属性,在中国环境日益恶化的情况下,建议在宪法中"公民权利"

---

① 高家伟:《欧洲环境法》,工商出版社2000年版,第115—116页。
② 吴卫星:《环境权内容之辨析》,《法学评论》2005年第2期。
③ 肖云、钱静:《我国公民环境权保护法律问题研究》,《重庆大学学报》(社会科学版)2003年第3期。
④ 吴卫星:《环境权的制度保障》,《中德法学论坛》2005年第00期。
⑤ 杨航征、牛广召:《试论中国公民环境权的法律保护及立法建议》,《长安大学学报》(社会科学版)2005年第4期。

部分增加公民环境权,并完善对应的环境诉讼法规。①

学者们更多地倾向于应首先在宪法这一基本大法中明确公民环境权是公民的基本权利之一,以此保证公民环境权在其他法律法规条文中得到更高重视。就目前来看,中国宪法中关于公民权利的规定虽未提及公民环境权,但已经开始重视公民环境权的法制化,如在最新修订的《环境保护法》中第五章第五十三条规定"公民、法人和其他组织依法享有获取环境信息、参与和监督环境保护的权利"。这一规定在较大程度上体现了中国环境权法制化进程的推进。

(二)公民环境权与环境治理模式的关联性研究现状

国内关于公民环境权与环境治理的关联性研究成果较少,在CNKI数据库中以"环境权"和"环境治理"同时作为主题进行期刊文献搜索,截至2019年4月,共搜索出86篇学术文章。通过对这些为数不多的文章进行梳理,能够发现中国学者对这两者之间关联度的高度认可。

1.关于公民环境权与环境治理间的关联性

蔡守秋先生认为需要高度重视和关心农民环境权的维护、保障和救济,从而更有利于农村环境治理。他认为目前中国农民环境权的推行存在着立法缺陷、政府机关定位不准、维权意识淡漠等问题,需要通过完善相关法律、协同环境行政权和公民环境权、提高农民参与意识和效率等实现农民环境权,加大农民环境治理参与力度,将农村环境治理推向新的阶段。②沈海军认为公民环境权能够让公民有充分参与和决策的权利,如此方能有效制约政府的自由裁量权。公众有效参与和政府公共权力的合理利用,能够在制约政府避免权力滥用的同时增强公民对政府的认可和满意度,从而实现有效的环境治理。③李金龙等

---

① 刘争明:《环境权入宪的思考》,《前沿》2010年第10期。
② 蔡守秋:《法治视野下健全农村环境治理的路径思考》,《环境保护》2015年第17期。
③ 沈海军:《公民参与环境决策的理论基础探析》,《山西高等学校社会科学学报》2014年第6期。

认为保障公民环境权，公众积极参与环境治理是提高中国地方政府环境治理能力的重要路径之一。① 杨妍认为要实现环境善治，需要建立公民环境权保障机制，从而促进环境公民社会发展。②

2.关于公民环境权与环境群体性事件治理的关联性

学者汪伟全认为造成环境污染与冲突事件的根本原因在于利益冲突，即公民环境权与地方政府片面强调GDP增长和企业利润最大化之间的矛盾和冲突。他提出治理环境类群体事件须以公平与补偿为利益核心，一方面要从环境公平的角度设计制度保障公民环境权，另一方面要求公民环境权受到侵害时能够得到及时有效的补偿。③ 任峰等认为环境群体性事件主要是由企业在环境风险认知上的冲突、政府治理中的合法性危机以及公民环境权遭受侵害三方原因共同造成的，因此可以经过企业、公众、政府三个利益相关方共同努力治理环境：一是加强沟通，形成企业对环境风险的统一认识；二是促进公众参与，保障公民环境权不受侵害；三是政府建构"回应—参与"型环境治理模式，将公民视为治理主体而非传统的治理对象。④

3.关于公民环境权与环境治理模式间的关联性

学者叶彩虹从公民环境权与地方政府生态职能间的关系进行讨论，认为公民环境权的缺失是造成地方政府生态失衡的原因之一。她认为应设立并重视公民环境权，促使地方政府从单中心环境治理向共同参与环境治理模式转变，实现生态参与公正。⑤ 李慧明认为公民环境权在现实中主要体现为公民参与环境治理，而公众参与是有效环境治理的

---

① 李金龙、游高端：《地方政府环境治理能力提升的路径依赖与创新》，《求实》2009年第3期。
② 杨妍：《环境公民社会与环境治理体制的发展》，《新视野》2009年第4期。
③ 汪伟全：《环境类群体事件的利益相关性分析》，《学术界》2016年第8期。
④ 任峰、张婧飞：《邻避型环境群体性事件的成因及其治理》，《河北法学》2017年第8期。
⑤ 叶彩虹：《地方政府生态职能构建的若干思考》，《淮海工学院学报》（人文社会科学版）2015年第9期。

基础和条件，因而他强调在环境治理中应加强政府与公众的合作尤其要重视公众的参与度，并设立环境治理公众参与制度，从而有效解决环境问题。① 于华江等指出乡镇政府和村委会有保障农民环境权的责任和义务，但是中国目前乡村环境治理中"乡政村治"的模式存在着许多问题，需要从制度、运行机制和思想意识层面完善这种治理模式的缺陷和不足，通过加强乡村环境治理有效保障农民的环境权。②

（三）环境治理模式与参与式治理模式的研究现状

中国学者对环境治理模式的研究经历了从单一依靠政府管理到重视市场的作用再到重视公众、非正式组织的过程。

1. 政府环境管理模式研究

学者们研究政府环境管理模式主要是在政府管理的视角下对环境管理实践进行宏观层面的研究。学者曲格平从1972年开始长期致力于环境管理、环境政策等方面的研究，为中国政府的环境管理与决策提出了许多富有成效的政策建议。③ 李康教授系统探讨了环境保护、可持续发展以及环境政策法规间的联系，并研究了发展与环境之间的理论问题，围绕环境政策的方法论和设计的具体方法建立了环境政策学的基本理论框架。④ 王丽珂通过对长三角、珠三角和环渤海三大经济圈的生态文明范式下的政府环境管理绩效进行定量分析与评价，认为应当把"生态文明"的思想渗透到政府环境管理中的每个环节之中。⑤ 肖巍等主要研究了环境治理中政府行为的差异以及出现的"政府失灵"现象，提出了政府在环境治理中应行使有效的环保职能，即政府"必须具有

---

① 李慧明：《环境治理中的公众参与：理论与制度》，《鄱阳湖学刊》2011年第2期。
② 于华江、唐俊：《农民环境权保护视角下的乡村环境治理》，《中国农业大学学报》（社会科学版）2012年第4期。
③ 曲格平：《中国环境问题及对策》，中国环境科学出版社1984年版；曲格平：《国情与选择——中国环境与发展战略研究》，云南科技出版社1994年版。
④ 李康：《环境政策学》，清华大学出版社2000年版。
⑤ 王丽珂：《基于生态文明的政府环境管理绩效评价》，《北京工业大学学报》（社会科学版）2008年第6期。

为公众谋求整体利益和长远利益的使命感,并负责任地向社会提供环境政策、环境制度等公共物品"①。还有部分学者针对政府对某种具体资源的开发与环境保护进行研究,如寿嘉华研究了国土资源,汪恕诚研究了水资源的环境承载力等,并针对具体的资源利用和环境保护问题提出了相应的对策和方案。

2. 政府——企业协同管理模式研究

学者认为在环境管理中存在"政府失灵",导致环境管理效率低下,需要将市场机制引入到环境管理过程中。如周宏春等学者认为造成中国环境污染的根源在于环境污染治理政策的失效以及执行与监督不力,排污费用政策不合理等,他们认为在重视政府环境管理作用、加强政策执法的同时,需要重视对中小企业的环境管理和可持续发展。②于晓婷等指出在环境治理中存在着政府失灵的情况,为保障中国的可持续发展,环境治理"应建立以市场调节为基础的,市场调节与政府干预相结合的有效机制"③。

另有部分学者认为在环境治理中不仅存在着政府失灵,同时也会出现市场失灵,因此在环境治理中需要重视政府和市场的协作关系,共同治理环境。如学者聂国卿从经济学角度分析了中国转型时期的环境治理,指出市场失灵和政府失灵是导致环境问题产生的经济根源,同时体制转型和现代化进程的加快也加剧了环境治理的困难程度。在此基础上他提出了促进环境保护与经济发展相互协调的对策建议,主要包括:确立科学合理的环境治理目标;改革管理体制,强化政府作用;积极发挥产权在环境治理中的作用等。④陶志梅指出了在解决城市

---

① 肖巍、钱箭星:《环境治理中的政府行为》,《复旦学报》(社会科学版)2003年第3期。
② 周宏春、吕立志:《我国环境污染的根源及对策建议》,《未来与发展》2000年第1期。
③ 于晓婷、邱继洲:《论政府环境治理的无效与对策》,《哈尔滨工业大学学报》(社会科学版)2009年第6期。
④ 聂国卿:《我国转型时期环境治理的经济分析》,《生态经济》2001年第11期。

环境问题的过程中存在"重市场、轻政府"和"重政府、轻市场"两种错误倾向,应当寻求解决环境问题中政府与市场间的平衡关系,从而寻求环境治理中政府职能的创新。①樊一士等指出,为适应社会主义市场经济的快速发展,中国的环境治理应逐渐引入市场机制。②张彬等通过分析中国环保投资和能源开发中的问题,探讨了环境治理中政府与市场间的合作模式:政府出面保证环境基础设施,承担环境管理与监督作用;企业根据"污染者付费原则"承担由他们带来的环境污染的风险。③

3.参与式环境治理模式研究

在多年的环境治理中,环境污染治理效率和力度并未得到明显改善,出现了"政府失灵"和"市场失灵"的现象,国内大量学者开始探索社会公众对环境治理的意义,学界逐步对公众参与环境治理和参与式治理模式展开研究。

公众参与环境治理的必要性研究:学者洪大用认为目前中国环境治理存在着"治理失灵",这主要是因为环境治理主体不完整,他认为应重视中国公众参与的重要性,将公众作为环境治理主体之一,通过此种路径改善中国环境治理。④刘兆征则认为中国出现环境治理失灵的原因主要在于环境治理体制不合理、机制不完善等,他认为若要真正解决环境治理失灵问题,就必须"改革环境治理机制,建立健全公众参与机制"⑤。杨妍认为目前中国的环境治理模式中加入了环境公民社

---

① 陶志梅:《从公共经济视角看城市环境治理中的政府职能创新》,《特区经济》2006年第11期。
② 樊一士、陆文聪:《企业化经营:区域性环境治理新模式》,《经济论坛》2001年第22期。
③ 张彬、左晖:《能源持续利用、环境治理和内生经济增长》,《中国人口·资源与环境》2007年第5期。
④ 洪大用:《试论改进中国环境治理的新方向》,《湖南社会科学》2008年第3期。
⑤ 刘兆征:《中国环境治理失灵问题的思考》,《环境保护》2008年第16期。

会元素，环境公民社会是实现环境善治的基础，其中公民和非政府组织对环境治理发挥着不同的促进作用。①郑思齐等认为"公众环境关注度能够有效地推动地方政府更加关注环境治理问题"②，从而提高环境治理的效率和力度。肖建华认为由于公民社会能力的扩展，参与式治理成为地方环境管理创新的路径选择。③

参与式环境治理模式研究：目前国内学者主要从公民参与环境治理的作用机制、路径以及重视环境治理中不同主体力量发挥等几方面进行相关研究。常杪等通过对环境公众参与进行分析，提出了中国公众参与环境治理的体系框架、思路和实践路径。④吕丹认为公民参与是现代环境治理的主要表现，环境治理参与路径主要有公民个人和环境非政府组织两种，并通过研究强调在环境治理系统中必须要重视发挥公民的环境治理主体作用。⑤杨小柳研究了洱海流域的环境问题，认为环境治理成效的改善需要开展参与式的环境治理，充分整合政府、专家、环保组织和居民多主体的力量，尤其应重视居民环境主体意识的培养，鼓励居民参与环境治理，从而提高流域环境治理效果。⑥辛方坤等以嘉兴市公民参与环境治理的实践和经验为研究对象，认为中国参与式环境治理不仅需要公民积极参与，也需要地方政府的积极推动。⑦

---

① 杨妍：《环境公民社会与环境治理体制的发展》，《新视野》2009年第4期。
② 郑思齐、万广华等：《公众诉求与城市环境治理》，《管理世界》2013年第6期。
③ 肖建华：《参与式治理视角下地方政府环境管理创新》，《中国行政管理》2012年第5期。
④ 常杪、杨亮等：《环境公众参与发展体系研究》，《环境保护》2011年第Z1期。
⑤ 吕丹：《环境公民社会视角下的中国现代环境治理系统研究》，《城市发展研究》2007年第6期。
⑥ 杨小柳：《参与式流域环境治理——以大理洱海流域为例》，《广西民族大学学报》（哲学社会科学版）2008年第5期。
⑦ 辛方坤、孙荣：《环境治理中的公众参与——授权合作的"嘉兴模式"研究》，《上海行政学院学报》2016年第4期。

三 国内外研究现状简评

通过对以上文献进行梳理不难发现,近年来随着生态环境的不断恶化,国内外学者对公民环境权的理论发展和实践现状、环境治理理论与实践模式的构建等方面内容做了大量研究,研究的广度和深度也在不断增加,经济学、政治学、法学、社会学等各种学科交叉其中。这些研究对保障公民环境权和增强环境治理效果具有重要的参考价值和指导意义,但是就现状来看公民环境权作为新型"人权"并未引起足够重视,环境治理的效果也差强人意。

首先,在既有关于公民环境权的研究中,国内外学者普遍认可公民环境权的应然性以及保障公民环境权对于环境治理的积极意义。但是在公民环境权具体的权利属性、概念、内容等方面仍旧存在着理论争议,并未形成统一的标准,这对保障公民环境权带来了挑战。中国作为大陆法系与英美法系不同,英美法系更重视判例,大陆法系则更重视法条。因此,中国学者在研究如何保障公民环境权不受侵害时,应更重视通过研究将公民环境权列入各种法律法规及规章制度之中,然而能够应用到实践中的具体权利保障措施方面的研究明显不足。

其次,关于公民环境权与环境治理模式方面的研究,国内外学者均做出了大量的研究成果。国外学者的研究更重视公民环保意识、环境治理相关法律法规以及中国环境治理中存在的问题与给出相应的对策建议;相比较而言,国内学者的研究更加本土化,但其中有着类同之处:如均提出政府环境管理的弊端;公民环境意识提高对于环境治理的意义;重视非政府组织和公民参与环境治理;各种环境治理模式的构建;等等。尤其近年来,国内外学者尤其重视公民和公民组织参与环境治理的重要意义和参与力量发挥等方面的研究,有大量的文献产出,为本书的研究提供了丰富的材料。

但是就目前的研究来看,国内学者或泛泛而谈应重视环境治理中公民的作用,提高公民的参与意识,然而并未给出具体可行的实施方案；或受国外研究的影响，在研究时将政府、公民、非政府组织、市场视作同等参与治理主体，称之为多主体参与合作的环境治理模式，而这与中国的政治体制和社会现实相脱离。而且公民环境权与环境治理关系方面的研究也较为薄弱，目前大部分文献中公民环境权和环境治理都是相互独立的两种研究主题，这难免会一方面忽视了环境权的实践意义，另一方面缺失了环境治理中重视公民参与的理论价值。

第三节 研究思路与方法

一 研究思路

本书以环境保护需求为研究背景，在对公民环境权和环境治理相关理论和概念进行综合分析的基础上，探索基于公民环境权保障选择参与式环境治理模式的理论合理性与实践可行性。通过对环境治理谱系进行系统研究，分析目前主要的三种环境治理模式存在的不足之处，探讨依据中国国情与体制选择参与式环境治理模式所具有的理论基础与优势，并结合已有成功经验，论证选择这一模式不仅能够有效治理环境，而且与中国现代政治观念间具有契合性。虽然这一模式有其理论与实践的适应性，但目前并未成为国内主要环境治理模式，因此在全面分析目前中国公民参与环境治理现状的基础上重点探讨其在具体实施中的困境，以此为依据探索环境治理中公民参与不足的根本原因，综合分析之后提出相应的对策建议。

二 研究方法

环境治理问题涉及政治学、经济学、法学、环境学、社会学、公共管理学等多个学科，是一个多学科交叉的研究领域。本书主要是研究基于公民环境权保障的参与式环境治理的战略与模式，采用规范研究法、案例研究法、比较分析法等方法开展研究。

（一）规范研究法

规范研究是对事物和现象进行价值判断，回答事物"应当怎么样"问题。规范研究方法是社会科学研究的基本方法。本书第一章"公民环境权的理论分析与法律解释"主要采用规范研究法来进行研究，通过对公民环境权国内外理论争议的探讨从而解释公民环境权，为之后的研究提供理论基础。

（二）案例研究法

案例研究法是对某一个体或群体、某一特定时间或文献资料等作出系统调查和研究的方法。近年来，关于环境治理的案例较为丰富，本书第四章与第五章将选取典型案例论证公民参与环境治理的现状，分析存在的不足以及面临的难题，继而为完善参与式环境治理模式提供建议和对策。除此之外，全文其他各章论证过程中也采用丰富案例佐证本书的观点和结论。其中案例主要来自各种数据库、著作、新闻以及实地调查等。

（三）比较分析法

比较分析法是根据一定的标准，把相关的事物进行统一的考察和对比，发现事物的本质和规律的研究方法。公民环境权和环境治理的研究在不同时期、不同国家呈现出不同的特点，但这些不同之中又有类同之处，通过对比能够发现其中隐含的内在的、共同的发展规律。本书运用比较研究法，对比分析国内外公民环境权研究的发展和环境治理模式发展的类型和特点，并对现存的三种治理模式进行比较分析从而寻找选择参与式环境治理的理论与现实价值。

三 创新点

（一）研究视角的创新

基于公民环境权的理论指向与基本思路探讨与之相契合的中国环境治理之道，是本书尝试的研究视角。就国内外学术界对环境治理研究的基本理论思维来看，影响较大的有环境权威理论、技术理性理论、环境生态理论、生态民主理论、环境冲突理论。本书采取的则是公民环境权的研究路径和理论视野，从民间环境运动催生的环境权利意识和国际人权的新发展概括和提炼公民环境权的前沿理论，并通过对环境实体权与环境程序权、环境私权和环境公权等一系列新观念的分析，而寻求中国环境治理的本土化方式。

（二）研究内容的创新

在多种环境治理模式的争议中，将参与式环境治理作为中国环境治理的最有效模式，是本书提出并力图论证的基本观点。在当代环境治理谱系中，先后实施过政府管制型环境治理模式、市场化环境治理模式、合作型环境治理模式，但在环境治理实践中，政府管制存在失败，市场化治理存在失灵，合作型治理的有效性又局限于国际合作和政府间合作的治理领域，由此，本书基于公民环境权与环境治理模式之间的逻辑与经验关联性，也鉴于中国特有的政治形态和环境治理复杂性，论证参与式环境治理模式的中国适用性和可行性，并针对参与式环境治理的实践难题而提出摆脱困境的应对之策。

第一章

公民环境权的理论分析与法律解释

综观世界各国近代发展历程，不难发现国民经济的高速发展往往是以严重的环境破坏为代价。尤其是工业革命后世界各国不断以破坏环境为代价换取经济增长，环境问题日益突出，人类赖以生存的生态环境平衡被打破。

学者余谋昌提出人类历史经历了渔猎文明、农业文明、工业文明，如今正向一种新的文明——生态文明过渡。[1]在渔猎文明和农业文明时期，由于当时生产力水平低下，自然环境与人类生存发展处于基本和谐的局面，环境的自净能力处于可控范围之内。进入工业文明之后，生产技术、生产力水平迅速提高，追求经济利益最大化的人类社会进入经济高速增长时期，人类开始最大限度地开发利用自然资源以换取物质与精神财富，严重破坏了生态环境。特别是20世纪50年代以后，大自然给予人类猝不及防且强有力的反击，经济发达国家和地区出现了各种威胁生态平衡、人类自身安全和经济社会发展的环境问题，逼迫人类不得不开始反思。

人类逐渐意识到人与自然间的和谐关系已被打破，日益恶化的环

---

[1] 余谋昌：《文化新世纪：生态文化的理论阐释》，东北林业大学出版社1996年版。

境问题将会对生活质量甚至生存带来不利影响，环境资源开始呈现出稀缺性，原本看似与生俱来的权利如阳光、新鲜空气、干净水源等被损害，环境问题严重威胁了生命权和健康权。面对这种情况，人类只有及时采取行动挽救失衡的生态环境才能保障生存权不受侵害。因此，人们希冀通过制定和完善环境法，以此约束和惩罚向自然环境排污者破坏环境的行为从而保障全体公民的基本生活权利。但排污者认为由于自然环境并非个人财产，向自然排污并非对某个人的侵权行为，同时"传统的宪法或其他法律，虽然规定了许多基本权利，却没有明确规定人们的环境权利，这就使法律处于对污染者软弱无力和对被污染者无能为助的状态"[①]。环境污染的日趋严重和法律法规中关于公民环境权的空白，引发了国际范围内针对环境权理论和实践的探索。

第一节 公民环境权的理论分析

"公民环境权"自作为一项权利被提出以来，引发了国内外众多学者的研究兴趣，公民环境权相关的研究成果较为丰富，但究竟何谓"公民环境权"："公民环境权"具有什么样的性质，究竟是人权还是物权？"公民环境权"的含义是什么？"公民环境权"与"环境权"如何界定与区分？公民环境权包含哪些内容？在这些方面学界并未形成统一的观念，故而本节内容将对公民环境权进行理论分析，明晰公民环境权的含义和内容，为之后的研究提供理论基础。

一 公民环境权的提出与理论争议

第二次世界大战后，地球生态环境的不断恶化和人权意识的日益增强，环境权话题登上了历史舞台。环境权在提出之后就引发了东西

---

① 蔡守秋：《环境权初探》，《中国社会科学》1982年第3期。

方学者的研究兴趣，相关的理论和实践成果十分丰富。20世纪80年代，中国引入了环境权的概念和理论，国内学者对此进行了深入的研究和探索，学者们对公民环境权的认知持相同观点的同时也有理论上的争议。

（一）公民环境权的提出

"环境危机是环境权产生的现实物质基础。人权的新发展是环境权产生的法理基础。"[①] 20世纪60年代后期，即第二次世界大战的全球经济恢复期，在环境危机和人权发展的双重作用下，环境污染严重地区的人们开始为保卫生存权而斗争，他们强烈要求有明确的法律法规条文保障公民能够生存在良好的环境之中。在这样的背景下，人们提出了"环境权是公民应当享有的一项基本人权"[②]，并将其作为环境立法的法理基础，环境权应运而生。

1. 环境危机成为人类生存的威胁

以目前的科技发展水平，人类的生存和发展离不开地球生态环境。人类自出生之时就被赋予了在自然环境中生存的权利。只是在生产力水平低下时期，这种权利并未引起人们的重视，这主要是因为当时人类整体的认知水平有限，而且人类社会与自然环境间的矛盾并不突出，人类活动对环境的影响即对环境自净能力的冲击不大，人类在环境方面的权利没有遭受到明显的侵害。

随着生产力水平的不断发展，尤其是第二次世界大战以来，第二次工业革命之后人类使用各种科技手段，利用自然环境中的资源消耗来换取经济效益和社会发展，全球生态环境遭受到前所未有的破坏。当时，苏联、英国、美国、日本等经济发展迅速的国家都面临着严重的环境危机，环境问题给人类的生命健康带来了损害，并造成了巨大

[①] 刘莉：《浅析环境权产生的基础》，《黑龙江省政法管理干部学院学报》2002年第1期。
[②] 吕忠梅：《环境权入宪的理路与设想》，《法学杂志》2018年第1期。

的经济损失，如美国在1972年时全国2/5的人口长期遭受噪声的有害影响，1977年因环境污染给美国经济造成了高达250亿美元的损失。同时西方发达国家爆发了不同程度的环境污染事件，仅以大气污染为例，发达国家因高速发展的工业生产引发了严重的大气污染事件，公民生命权、健康权因此受到严重威胁。如美国多诺拉烟雾事件、伦敦烟雾事件、洛杉矶光化学烟雾事件、日本四日市哮喘病事件等（具体危害及事件原因见表1-1），这些事件都在较大程度上威胁了民众的生存和健康。当时环境问题已经严重威胁了生态系统整体平衡、人类生命财产安全以及经济发展和社会稳定，因此有人把那个时期称为"环境危机的时代"，把环境污染及生态平衡破坏问题视为"生态政治"[①]。生态环境破坏带来的诸多负面效应引发了人们对环境问题的重视，加上世界范围内诸多国家频频发生民间环保运动，极大地催化了公民环境保护意识的形成与发展，公民的环境权利意识也随之发展。

表1-1　　　　　　　20世纪公开的部分大气污染事件

事件	事件原因	危害及后果
1948年美国多诺拉烟雾事件	工业排放二氧化硫等有毒气体	6000人突然发病，症状为眼病、咽喉痛、流鼻涕、咳嗽、头痛、四肢乏力、胸闷等，其中有20人很快死亡
1952年伦敦烟雾事件	冬季取暖燃煤和工业燃料废气排放	12月5—8日，4天时间因烟雾事件导致4000多人死亡，2个月后，又有8000多人陆续丧生
1970年洛杉矶光化学烟雾事件	工业废气排放	1970年，约75%以上的洛杉矶市民患上了红眼病
20世纪70年代前后日本四日市哮喘病事件	工业排放二氧化硫等有毒气体	1970年，该市哮喘病患者人数达500余人，1972年，达817人，死亡十余人。到1979年10月底，确认患有大气污染性疾病的患者人数为775491人

---

① 蔡守秋：《环境权初探》，《中国社会科学》1982年第3期。

2.国际人权的新发展

在平民与封建政府的斗争中，人权开始进入法律从而上升到法定权利。"1776年的《弗吉尼亚权利法案》、美国《独立宣言》、法国《人权和公民权利宣言》和1791年法国《宪法》标志着制度化人权历史的开始"①，其中以自由、平等尤其是政治上的自由权利等自然人的权利成为人权的核心内容。在法国《宪法》之后，许多国家纷纷在宪法中强调人权，通过法律手段保障和维护人权。第一次世界大战后至第二次世界大战期间，国际人权在资本主义时期有了新的发展，这一时期的人权主要为弱者设立，具有明显的"社会性"和"民族性"②，主要倾向于生存权即"以保障'健康且文化性的最低限度生活'为内容"③的权利，要求国家或社会发挥保障人权的主动性和积极性。

第二次世界大战后，经济迅速发展伴随着自然环境的日益恶化，各种环境保护运动频发，针对人权中是否应当包含使用环境的权利和保护环境的义务这一主题引发了国际范围内学者们的讨论，最初是在1960年联邦德国的一位医生以"向北海倾倒放射性废物违反了《欧洲人权条约》中关于卫生环境保障的条款"向欧洲人权委员会提起控告，④这一事件引发了学界对环境权的研究和讨论，国际人权也发展到了新的阶段。20世纪70年代初国际法学家雷诺·卡辛在人权原则的基础上明确提出了环境权，他指出"要将现有的人权原则加以扩展，以包括健康和优雅的环境在内，人类有免受污染和在清洁空气和水中生存的相应权利"⑤。在日本律师联合会第13次人权大会中大阪律师协会作出的《公害对策基本法的争议点》这一报告中将环境权作为一种具有排它性

---

① 徐祥民：《环境权论——人权发展历史分期的视角》，《中国社会科学》2004年第4期。
② 徐祥民：《环境权论——人权发展历史分期的视角》，《中国社会科学》2004年第4期。
③ ［日］大须贺明：《生存权论》，林浩译，法律出版社2001年版，第Ⅲ页。
④ 蔡守秋：《环境权初探》，《中国社会科学》1982年第3期。
⑤ 转引自吕忠梅《论公民环境权》，《法学研究》1995年第6期。

的人权而提出，指出"要想从环境的破坏走向对环境的保护，我们就应该拥有支配环境、享受良好环境的权利……我们把这一权利叫做'环境权'"①。同年，美国教授Joseph L. Sax在其发表的《为环境辩护》一文中，从民主主义的立场出发提出了"环境权"理论。Joseph L. Sax教授在该文中提出以"环境共有说"和"公共信托说"作为确立环境权的理论基础，认为每一个公民都有在良好的环境下生活的权利，这种权利应当受到法律的保护。在学者们研究的推动下，各种国际人权条约中也纷纷体现出对"环境权"的重视。这一阶段主要以1972年《人类环境宣言》②1989年《海牙宣言》③、1992年《里约环境与发展宣言》④为代表提出了环境权，环境权作为一种新型的独立人权逐渐登上了历史舞台。这一阶段的人权依旧最为关心"基本人权"，与之前所不同的是，因为每个人的生存都离不开环境，所以这个阶段人权的权利主体发生了变化，主体不再是个人或某一群体，而是整个人类。

（二）公民环境权的理论争议

国内外大多数学者认可公民环境权的存在，但也存在着质疑和否定的声音，存在着理论上的争议。在此以是否支持或肯定公民环境权为衡量标准将国内外学者的观点分为"肯定说"与"否定说"。

---

① 转引自吕忠梅《超越与保守——可持续发展视野下的环境法创新》，法律出版社2003年版，第227页。

② Principle 6 of Stockholm Declaration of the United Nations Conference on the Human Environment (1972) Provides: Man has the Fundamental Right to Freedom, Equality and Adequate Conditions of Life, in an Environment of a Quality that Permits a Life of Dignity and Well-being, and He Bears a Solemn Responsibility to Protect and Improve the Environment for Present and Future Generations.

③ 1989年《海牙宣言》中提到：采取救济措施以挽救自然环境的危机，不仅仅是保护生态系统的基本义务，而且是人类维护尊严和可持续的全球环境的权利。

④ Principle 1 of Rio Declaration on Environment and Development (1992) Provides: Human Beings are at the Centre of Concerns for Sustainable Development.They are Entitled to a Healthy and Productive Life in Harmony with Nature.

1. 公民环境权"肯定说"

公民环境权自问世至今，世界上已有近百个国家在宪法中明确了环境权条款，并且得到众多学者的肯定和研讨。根据学者们对公民环境权性质的不同认识，可将其分为以下两种类型。

一是从人权的角度对公民环境权进行解读，强调公民环境权的人权属性。前文提到法学家雷诺·卡辛是在人权的基础上提出的环境权，这也证实了他对环境权是一种人权的认可。而最早明确地提出公民环境权是一项基本人权这一说法的是美国海洋生物学家Rachel Carson，她指出"公民免受毒物侵害的权利应成为一项基本人权"①。这一观点认为自然环境与所有人的生存息息相关，自然环境的破坏直接或间接影响到了人类的基本权利，如生存权、财产权、健康权等，并且由于自然环境对人类生存的重要性和难以替代，环境法律法规也急需新法理为其辩护。因此环境权的提出不仅保障了其他人权，同时也实现了人类尊严的表达，环境权理应作为基本人权，并独立于其他权利之外为环境立法、诉讼、管理等提供理论基础。国内也有大量学者支持这一论点，如吕忠梅教授将公民环境权界定为"公民享有的在不被污染和破坏的环境中生存及利用环境资源的权利"②，她认为公民环境权应当是在现代国家中独立存在的、确定的"基本人权"。③陈泉生教授认为公民环境权包括"公民享有适宜健康和良好生活环境，以及合理利用环境资源的基本权利"，他认为公民环境权是与生存权相关却又不包容的新型人权。④

二是从法律权利的角度研究公民环境权，更强调权利的法律性质。

---

① Rachel Carson is quoted in John Cronin and Robert F. Kennedy, *The Riverkeepers:Two Activists Fight to Reclaim Our Environment as a Basic Human Right*, New York: Scribner, 1997, p.235.
② 吕忠梅：《论公民环境权》，《法学研究》1995年第6期。
③ 吕忠梅：《再论公民环境权》，《法学研究》2000年第6期。
④ 陈泉生：《环境权之辨析》，《中国法学》1997年第2期。

美国Joseph L. Sax教授认为公民有在良好的生态环境下生活的权利,并且这种权利理应受到法律的保护。[①]这一观点强调了公民环境权的法律意义。国内环境权研究的领军人物蔡守秋先生认为公民环境权实质是"法律上的权利",即公民作为法律关系的主体合理享有各种环境要素、环境资源的权利,同时也应具有保护环境、防止污染的义务。[②]谷德近教授认为公民环境权一直存在于社会之中并且主要依靠社会习惯保障环境权,故而他将公民环境权视为一种"习惯权利",即公民环境权是由约定俗成的生活规则支撑的制度事实。[③]吴卫星博士认为公民环境权是宪法性基本权利,具有公法意义,不可或缺。[④]

2.公民环境权"否定说"

国内外大多数学者肯定公民环境权的存在,但也有部分学者持相反的观点,具体来看主要有以下几种。

一是认为公民环境权并非真正意义上的人权,各国在面对环境运动之后采取在宪法中增加环境权条款的做法具有浓厚的政治色彩,主要是为了安抚民心稳定社会,避免因环境恶化而造成政局不稳。关于环境权的条款主要是为了宣示国家对环境治理的重视,提倡环境保护,并为国家环境管理权的实施提供法律依据,至于环境权是否是新型权利抑或人权并非这些国家在宪法中增加环境权的真正目的。

二是认为截至目前公民环境权概念的界定模糊不清,未形成基本的共识性概念,并且更多的是理论讨论,法律实践欠缺。而保护环境只需在现行法律基础之上增强对人格权和财产权的保护力度,将公民在环境方面所受侵害纳入侵权法之中展开研究即可,环境治理无须依赖于概念模糊、实践困难的环境权,这种观点直接否定了确立和研究

---

① 金瑞林:《环境法学》,北京大学出版社1990年版,第112页。
② 蔡守秋:《环境权初探》,《中国社会科学》1982年第3期。
③ 谷德近:《论环境权的属性》,《南京社会科学》2003年第3期。
④ 吴卫星:《环境权研究——公法学的视角》,法律出版社2007年版。

环境权的必要性。①

三是认为环境物权包括环境权，即"所谓的公众良好环境享受、使用权实则为公众作为环境物权的权利主体，依法对环境资源所享有的物权以及派生的各种用益物权"②。在环境物权的具体制度操作上，一方面可在民法物权法中明确环境物权制度，另一方面可通过环境法规范环境物权的具体行使。③因此只需要对环境物权进行明确和保障，无须公民环境权的介入，更不必设置专门的法律规范。这一观点从理论研究和制度实践两个方面否定了单独设立与研究环境权的必要性，即环境权无须作为独立的权利形态而存在。

3.公民环境权之辨析

历史长河中关于新生概念的学术研究争议从未停止过，针对公民环境权的探讨，国内学者争议的焦点主要在于公民环境权是否有确立的必要及其是否能够作为独立的人权形式。本书认为公民环境权作为一项独立的新型基本人权，不仅有其产生的历史背景和发展需求，而且弥补了环境保护中传统法律理论和制度的不足。

与环境权相关的权利争议较大的在于否定论者认为可以用财产权和人格权包容环境权，无须单独确立环境权这一概念，然而这种观点无论在法律理论抑或法律实践中都难以应用。首先，从财产权的角度来看，财产权的核心即所有权理论，而"所有权作为一种自物权，是主体依法对自己的所有物享有的权利，无权对与其无关的财产提出权利要求"④，然而环境与其他财物不同，公民无法将其视作个人物品，无权对其提出权利要求。因而，在这样的财产权理论下，公民无法实

---

① 吕忠梅：《论公民环境权》，《法学研究》1995年第6期。
② 吴卫星：《我国环境权理论研究三十年之回顾、反思与前瞻》，《法学评论》2014年第5期。
③ 朱谦：《环境权问题：一种新的探讨路径》，《法律科学·西北政法学院学报》2004年第5期。
④ 吕忠梅：《论公民环境权》，《法学研究》1995年第6期。

现环境保护合法化。其次，以人格权作为环境保护的法律依据来看，人格权中与环境污染治理与保护相关的权利主要是生命健康权，生命健康权以对人身的直接侵害为构成要件，现实生活中难以直接论证和衡量环境污染对健康权的侵害程度。以人格权或直接以生命健康权作为公民参与环境保护与治理的法律理论依据，难免显得单薄和不足。传统的民法理论中财产权和人格权均无法应对迫在眉睫的环境保护和污染治理，无法有效保护公民的环境权益。

因此，将公民环境权视作新型人权的一种，从人权的角度更加深入地解决公民参与环境治理的理论与实践难题，使之成为公民参与的法律理论基础，能够有利于公民参与环境保护合法化与制度化的发展，保障公民的环境权益，最终推进人与自然和谐可持续发展。中国的公民环境权虽然在宪法中尚未得到体现，但是在具体环境保护法律条文中越来越受到重视，如最新的《环境保护法》第五十三条中明确规定了"公民、法人和其他组织依法享有获取环境信息、参与和监督环境保护的权利"以及第六条中规定了"公民具有保护环境的义务"等，这些具体化的法律条文在一定程度上体现了中国对公民环境权的认可和重视。

二 公民环境权的含义

（一）环境权的含义

对公民环境权的界定，首先要明确何为环境权。作为舶来品，国内学者相关的研究较多，但是对环境权的概念界定莫衷一是。综合来看，学者们的观点主要有以下三种。

第一种观点是从广义的角度对环境权进行界定，持此观点的学者主要有蔡守秋教授和陈泉生教授，认为环境权是国家、法人和公民等多种法律关系主体在其赖以生存和发展的环境中享有环境带来的权利以及保护环境的义务。这种观点认为环境权是法律赋予的权利，且主体多元化，公民环境权是环境权的分支之一。

第二种观点是从狭义的角度界定环境权，主要代表人物是周训芳教授，认为环境权是"人人有在适宜健康的环境中生活以及合理开发利用环境资源的权利"①。这种观点是以"人类"为中心对环境权进行界定，认为环境权的主体仅是人类个体或整体，而非国家、企业法人等。这种观点认为界定环境权主体的关键在于环境权处于何种法律语境，在宪法层面上环境权是新型人权，国际环境法层面上环境权是人类环境权，国内环境法层面上环境权是公民环境权。

第三种观点则是将环境权直接等同于公民环境权，认为环境权作为一种人权，是公民对人类环境整体所享有的权利和义务。这一观点的主要代表是吕忠梅教授，她认为环境权是"公民享有的在不被污染和破坏的环境中生存及利用环境的权利"。这种观点认为通常所指的环境权即应当是公民环境权，主体只有公民，包括当代公民和后代公民。

针对环境权的含义界定，学者们观点各异，各执一词。依据前文中提到的环境权是在日益恶劣的人类生存环境与人权理论的演变发展的背景下而产生，本书赞同第三种观点，即认为环境权与公民环境权含义相同，下文中将进行具体解释。

（二）公民环境权的含义界定

整个环境权理论如同迷雾森林一般，如何界定需要选择合适的角度和入口。本书试图从人权的角度出发理解环境权与公民环境权，结合分析环境权的主体、客体以及实施形式等，认为在国内环境治理以及环境法研究中，环境权与公民环境权具有相同的含义和概念指向。

1.环境权的主体——公民（个体公民与公民社会组织）

所谓"人权"即生而为"人"应当享有的自然权利，是以"人"

---

① 周训芳：《论环境权的本质——一种"人类中心主义"环境权观》，《林业经济问题》2003年第6期。

为中心展开的。环境权既然是一项新型基本人权,其主体就理应为"人"。不仅包括当代人,也应包括后代人。因为环境并非专属于某一代人,世世代代的人都生存在环境的包围之中,都应当享有环境所赋予的各项权利和义务。

在环境治理中,环境权赋予了人们参与环境治理保护环境的基础,为环境法的制定提供了理论依据,有其特定的政治意义和法律用意,因而,不能够将环境权的主体"人"局限于其生物属性之中,应在其生物属性的基础上探究主体的政治属性,亦即公民。同时环境权是由于环境污染严重危及了人类的生存和发展,而产生的通过环境治理实现良好生存环境的愿景,人类可以通过个体也可以通过整体来行使权利。从而,公民作为环境权的主体,不仅包括个体公民,还应包括作为整体的公民——公民社会组织。

2.环境权的客体——环境及其要素

环境权产生于环境危机时代,是由于环境问题严重危害了人类的生存和发展而导致出现的权利诉求。在环境权中,权利的诉求对象亦即环境权的客体。国内学者针对环境权客体的研究,主要集中于两种观点:第一种观点是将环境要素视作环境权的客体,一般称其为环境权客体单一论,持此观点的学者认为环境权的客体是对公民生存和发展有直接或间接影响的环境要素,包括自然环境和人工环境[1];第二种观点是对单一论的补充,认为环境权的客体不仅包括环境要素,还应包括防治对象和各种环境行为等,[2] 我们称其为环境权客体复合论。持复合论的学者认为人类进入工业社会后的一系列经济行为是产生环境问题的最主要因素,这些行为通过破坏环境从而影响了全球生态圈的

---

[1] 吴国贵:《环境权的概念、属性——张力维度的探讨》,《法律科学·西北政法学院学报》2003年第4期。

[2] 陈泉生:《环境时代与宪法环境权的创设》,《福州大学学报》(哲学社会科学版)2001年第4版。

平衡，因此，环境权客体应涵盖整个环境问题过程，将防治对象和环境行为作为环境权的客体在法律条文中加以约束。①

自然环境被肆意破坏导致的环境危机和人权理论的进一步发展催生了环境权。环境权作为一项人权，是在现有科技条件下，人类生存无法逃脱的自然环境遭受到严重破坏，从而影响到人类的健康生存乃至生命安全的社会背景下产生的。从最初的诞生至今，环境权皆是围绕着人类生存和发展所需的良好环境来进行探讨，世界上许多国家和地区的宪法或具有约束性的国际性宣言或条约中亦是针对环境这一客体提出环境权，如《非洲宪章》《斯德哥尔摩人类环境宣言》等。而各种防治对象和行为是保障环境权的方式，并不能将其视作环境权的客体。因此，本书认可环境权客体是环境及其要素的观点。

环境问题引起研究的重视最重要的原因是它对"人"产生了不利影响，故而在环境权研究中，环境权围绕"公民"这一中心，环境权的客体是与公民的生存和发展息息相关的各种环境要素。

3.环境权是权利和义务的统一

通常情况下，权利和义务是相互对应的法学概念，权利是法律赋予公民实现其利益的保障，权利主体有权决定是否行使自己的权利；义务是指为了满足权利人的利益而承担的相应的责任，义务主体应承担的责任具有法律强制性。即在一般的法律关系中，权利主体可以自主选择是否行使权利，而义务承担者则必须履行义务。因为环境由全体人类共存、共有，并非某一群体或个体单独享有，所以"所有的主体享有的环境权均是平等的，每个主体在享受和利用环境的同时，也承担了不对他人所享受和利用的环境造成损害的义务"②。与一般法律关系不同的是，由于环境的特殊性，环境权的权利主体同时也是义务

---

① 林萍：《关于环境权设置的初步构想》，《环境保护》2002年第1期。
② 陈泉生：《环境权之辨析》，《中国法学》1997年第2期。

承担者。环境权是权利和义务的结合和统一，所有的公民在享有环境权利的同时，必须承担保护环境以保障其他主体享有良好环境不受侵害的义务，只有权利和义务同时得到满足的情况下，才能真正实现公民的环境权。

环境权是在环境遭受破坏以后为了保障公民的生存和发展而提出的一项基本人权形式。在政治法律语境下，我们将环境权的主体界定为公民（包括个体公民和公民组织），客体为环境及其要素，是一项权利和义务相结合的权利。

因此，我们将环境权定义为：公民享有在良好的环境中生存和发展的权利以及保护环境不受破坏的义务。在本书中，为了更加明确和突出公民的主体地位，使用公民环境权一词来进行研究。

三 公民环境权的内容

明确了公民环境权的概念之后，需要进一步厘清公民环境权的权利构成体系，即公民环境权的内容。内容明确，方能在环境治理中更进一步保障公民环境权免受侵害，而且依据公民环境权的内容能够通过制度化建设奠定环境治理中公民合理性与合法化参与的基础。

（一）学界关于公民环境权的内容争议

目前针对公民环境权的内容研究，主要有以下几种观点：

第一种观点认为公民环境权的内容主要是实体性权利（生态性权利和经济性权利）。持此观点的主要有陈泉生教授和周训芳教授。陈泉生教授认为，公民环境权的权利和义务不可分割，由此公民环境权的内容包括生态性权利和经济性权利以及相应的环保义务所需要的要求。首先，他认为环境具有生态和经济双重功能，故其权利内容应包含生态性和经济性两方面的权利。生态性权利主要是公民享有在良好环境中生存、繁衍、发展的权利，即人与生态自然紧密相连的权利；经济性权利则主要是对环境资源的开发和利用。其次，公民环境权的权利和义务紧密联系不可分割，内容还应包括与义务相关的内容，如环境管理权、监督权等。①周训芳教授认为公民环境权的内容不仅包括良好环境权，而且包括以基本生存为目的的环境资源开发利用权，他特指出并非所有的环境资源开发利用权都属于公民环境权的范畴，以生存为前提的才能够被视为公民环境权的内容。②

第二种观点则认为公民环境权的内容在实体性权利的基础上还应包括程序性权利，如高家伟教授、吕忠梅教授和侯怀霞教授等。高家伟教授认为，公民环境权包括实体环境权和程序环境权，即公民除享有与环境质量相关的实体性权利之外还享有参与环境决策过程、诉诸司法救济的程序性权利。③吕忠梅教授认为公民环境权包括环境使用权、知情权、参与权和请求权，这个观点与公民环境权包含实体性权利和程序性权利相一致。④侯怀霞教授的观点也与此相类似，认为公民环境权包括实体性权利和程序性权利。她从法律关系和权能两个角度对实体性权利进行分析，在权能角度下实体性权利表现为消极权能，内容主要包括停止侵害和赔偿损失两种；而程序性权利是依法所享有的检举权、控告权、调解请求权和环境诉权的统称。⑤

同时，亦有学者针对这两种观点展开讨论，提出反对意见，认为公民环境权应包括且仅限于生态性权利。⑥首先，这种观点认为虽然环境具有生态和经济两种价值，但是在实际法律规定中，环境的经济价值主要体现在物权法和经济法中，这两者注重对环境资源的开发利用，而环境法更多的是对保护环境生态价值的体现。并且公民环境权提出

---

① 陈泉生：《环境权之辨析》，《中国法学》1997年第2期。
② 周训芳：《欧洲发达国家公民环境权的发展趋势》，《比较法研究》2004年第5期。
③ 高家伟：《欧洲环境法》，工商出版社2000年版，第115—116页。
④ 吕忠梅：《再论公民环境权》，《法学研究》2000年第6期。
⑤ 侯怀霞：《私法上的环境权及其救济问题研究》，复旦大学出版社2011年版，第127—129页。
⑥ 吴卫星：《环境权内容之辨析》，《法学评论》2005年第2期。

的目的在于给予公民享有良好环境的权利,公民享有的是生态环境的权利,开发利用资源方面的权利则应当归属于物权而非环境权。因此,公民环境权不应包括经济性权利。其次,认为公民参与权、知情权和请求权是公民环境权的保障权利,是在环境保护事务中采取的具体操作程序和手段,不应归属于公民环境权的范畴之中。

公民环境权的内容在学界亦未形成统一的观点,学者们从不同角度深入得出不同的结论,环境权理论的复杂性可见一斑。

(二)公民环境权是内容复杂的权利体系

鉴于环境问题的复杂性和环境权的人权属性,环境权不应被视作某一种简单的权利,而应是一项内容复杂的权利体系。本书从环境权的主客体以及环境权利与义务间的关系进行理性分析,认为公民环境权的内容应包括实体性权利、程序性权利以及公民保护环境的义务。

首先,结合公民环境权的主体进行讨论,公民环境权的内容应包括生态性权利与实体性权利。前文提到了公民环境权的主体即公民,包括公民个体和公民社会组织,而且公民环境权产生的根源在于公民的生存受到环境污染的严重影响。由于环境污染对人体健康带来的一系列负面影响(例如环境污染带来的各种疾病:呼吸系统疾病、器官病变等),通过公民环境权能够呈现出生态环境与人类生存间的紧密关联,因而这一权利并非出于对探讨公民如何使用开发利用环境资源的权利或开发利用的权利合法性等问题的研究。因此,在探讨公民环境权内容时,应回归初心,从最初的目的来进行讨论,不能将其包罗万象。而且公民开发利用环境资源的权利抑或其合法性问题应归属于财产权,并非环境权范畴。由此,公民环境权的内容应包括生态性的实体权利,如健康权、日照权、清洁空气权、清洁水权等。

其次,结合公民环境权的客体来看,公民环境权的内容应当包括程序性权利,即环境知情权、参与权、请求权等。环境知情权是公民获得与环境状况以及环境管理相关信息的权利,即"了解和取得关于环境和自然资源现状的资料的权利"①。这个权利是公民"参与国家环境管理的前提,又是环境保护的必要民主程序"②,"公民参与环境决策是人类环境需求和权利的最终保障"③。环境参与权是公民及公民组成的环保团体参与与环境管理和环境保护相关活动的权利,包括与环境保护相关的决策、监督、制度实施、技术研究、宣传教育和纠纷调解等方面的权利。公民及公民组织在参与环境治理的过程中,建立公众监督机制,能够在较大程度上避免因政府的不作为或违法行为而导致的环境污染问题,避免公共利益受损。请求权是公民环境权受到侵害后依法向司法机关寻求保护的权利,由于请求权的存在,环境权能够名正言顺地通过司法程序进行救济,不再是纸上谈兵而是具体化的可操作可实现的权利,进入司法实践之中。公民环境权的客体是环境及其构成要素,良好的环境是保障公民环境权的中心,而环境保护则是实现良好自然环境的措施。程序性权利的每个过程和环节皆是为了实现保护环境的目的,将程序性权利纳入环境权权利体系之中,能够更好地实现和保障公民的环境权不受侵害。

最后,公民环境权的内容应当且必须包含公民环境保护的义务。前文中提到过公民环境权是权利和义务的统一,保护环境是权利也是义务,享有环境权的各项权利的同时理应承担相应的义务。

第二节 公民环境权的法律解释

一项权利的产生和发展,不仅是社会现实的需要和催化,更要有理论的支撑,而且权利的保障需要通过法律来体现和维护。公民环境

---

① 世界环境与发展委员会:《我们共同的未来》,王之佳等译,吉林人民出版社1997年版,第431页。

② 吕忠梅:《再论公民环境权》,《法学研究》2000年第6期。

③ The Centre for Science and Environment Statement on Global Environmental Democracy Source, *Alternatives: Global, Local, Political*, Vol.17, No.2, 1992, pp.261–279.

权作为新型的权利体系，其产生源自不断恶化的自然环境，而若要推动其发展则需要探索其产生的法理基础，并结合立法规范和司法解释，将公民环境权从理论研究落到实际应用。

一 公民环境权的法理基础

（一）可持续发展理论

第二次世界大战后，科技的迅速发展极大地提高了人类开发利用自然的速度和水平，人类极力追求经济增长和提高各种产值，经济社会得到了巨大的发展和进步。在眼前既得利益的吸引之下，人类在对自然毫无节制地使用和索取之后面临的是日益枯竭的自然资源和由自然带来的人类无法逃避的各种环境危机，尤其是20世纪后半叶全球气候异常、生态退化、石油危机等世界性的环境事件频发，导致出现了"增长的极限""濒临失衡的地球"等多种骇人听闻的言论，引发了各界人士的重视。因此，人们被迫由盲目追求"经济增长"转向追求自然与人类和谐共生的"可持续发展"。20世纪80年代初期，世界范围内掀起了可持续发展思潮。1980年3月联合国组织发起制定的《世界自然保护大纲》初步提出人类应有限度地利用自然的可持续发展思想，1983年联合国38/161决议批准成立世界环境与发展委员会，呼吁世界各国将可持续发展纳入各自发展目标。至1992年联合国在里约热内卢举办的地球高峰会议上，102个国家签署了《21世纪议程》，可持续发展理念得到世界上大多数国家和地区的认可与接受。

可持续发展理论强调"人与自然的和谐程度""环境友好"，是解决人类发展与自然之间矛盾关系的思想，是人类对自身在地球上的位置和人与自然间关系的重新界定。这一理论主张在人与自然的关系中，将人类的利益置于首要位置的同时，应考虑将人类利益作为人类处理同外部生态环境关系的根本价值尺度，即明确人类保护环境的最终目的只有一个：实现自身的利益和发展。总之，可持续发展理论坚持两个方面：一是人与自然的和谐发展；二是在和谐的前提下实现人类的全面发展。①

可持续发展理论中要求不同代际公平使用自然资源的"代际公平理论"的提出，对环境权理论亦有重要的影响。罗德里克·弗雷泽·纳什从天赋人权的观念出发，认为现代法意义上的权利主体实质上是一个开放性体系，从最初的英国贵族到最近的黑人民权法案，权利能力并没有成为权利主体资格的必要条件。②因此，无论是现代人，抑或后代人，都享有环境权利，即可以认为"当代人类与其祖先和后代共同拥有地球上的各种环境资源，无论到何时，各个时代的当代人既是地球的管理者或受托者，同时也是地球资源利益的受益者。这赋予了人类保护地球家园的义务，同时也赋予了相应的权利"③。"代际公平理论"作为可持续发展理论的重要内容，强调了环境公平，地球上的各代人都应当拥有平等的权利利用地球环境资源，任何世代的任何人从事危及自然环境和人类安全的持续性破坏环境的行为，都是对同代人及后代人的权利侵害。④因此，代际公平理论要求当代人要为后代人类保存自然资源，保障后代人的环境权益。

可持续发展理论实质上重新强调了人类在环境中的重要性，根据这一观点，一方面我们能够发现环境权的主体应当且仅限于人类；另一方面这一理论赋予了后代人同等享有环境权的理论基础。

（二）环境公共信托理论

环境公共信托是为了保护环境资源公共利益，全体公民将共有的

---

① 敬志伟、武明云：《坚持实施可持续发展战略：实现人与自然和谐相处的根本途径》，《行政与法》2006年第2期。

② ［美］罗德里克·弗雷泽·纳什：《大自然的权利》，杨通进译，青岛出版社1999年版，第3—7页。

③ Edith Brown Weiss, *In Fairness to Future Generations: International Law, Common Patrimony, and Intergenerational Equity*, New York：Transnational Publishers, 1989, pp.23-24.

④ 宿晓：《可持续发展观及其对环境法发展的影响》，《行政与法》（吉林省行政学院学报）2005年第9期。

环境资源的非经济价值（生态和精神性价值）委托给政府代为管理的一种公共利益信托。20世纪70年代，美国Joseph L. Sax教授首次将公共利益信托与环境权结合，创立了环境公共信托理论，为公民环境权提供了研究的理论基础。

信托制度是委托和受托双方在相互信任的基础之上，以委托管理和处分财产为目的而设置的一种法律制度，即委托方基于契约将其财产所有权转让给受托方代为管理和运营，约定将委托财产产生的收益归于特定的人或用于特定的目的。这种制度下，信托委托人将信托财产交给了受托方，受托方虽然取得了所有权，却不享有为自己的利益或按照自己的意志来支配的权利，只是为委托人或其指定的其他人的利益，按照信托委托方的意愿来支配他人的义务。公共信托起源于罗马法。罗马法中对财产信托有相关的规定，如"物的所有人将其财产信托他人全权管理，而后者出卖并交付在其管理中的一部分物时，他即把物的所有权转移给了物的受领人"①。罗马法区分了公共财产和个人财产，提出了"某些物依据自然法是众所共有的，有些是公有的，有些属于团体，有些不属于任何人"②，将"空气""水流""海洋""海岸"等视作人类共有的物，人类对这些共有物享有公共使用权，任何人包括国王不得侵害。罗马法中强调的是对共有物的使用权，并未涉及对环境生态的保护。

英国普通法在罗马法基础上提出了公共信托制度，主要是为了限制国王享有公共环境资源使用方面的特权，保障公民自由享有水资源利用权。③随后，美国判例法延续了公共信托原则，用于控制政府管理处置公共资源的行政权力。1892年美国伊利诺伊中央铁路公司诉伊

---

① ［罗马］查士丁尼：《法学总论——法学阶梯》，商务印书馆1989年版，第58页。
② ［罗马］查士丁尼：《法学总论——法学阶梯》，商务印书馆1989年版，第48页。
③ 张颖：《美国环境公共信托理论及环境公益保护机制对我国的启示》，《政治与法律》2011年第6期。

利诺伊州政府一案中，联邦最高法院的判决中指出州政府享有对辖区内自然资源的这一管理权来自公众的委托，而这种管理权只能用于保护公共利益，判决支持州政府撤销转让含大部分密执安湖沿岸水域的1000英亩土地给伊利诺伊中央铁路公司的协议，通过此案例美国确立了公共信托原则。[①]

在这之后，公共信托原则在美国并未得到进一步的发展，直至20世纪60年代环境保护运动频发，美国学者Joseph L. Sax教授基于公共原则提出论证了环境公共信托的三个原则，进而提出了环境权理论。他引用"在不侵害他人财产的前提下使用自己的财产"这一法谚作为展开环境权研究的依据，提出环境公共信托理论的三个原则：一是空气、水等环境资源不应作为私的所有权的对象；二是所有公民都应自由享有和利用自然带来的各种资源；三是政府作为环境公共利益的受托人，应增加一般公共利益而不能为了私利改变环境公共物的使用形式，并且禁止政府通过利用权力重新分配资源来满足新的公共需求。他提出应详细考察信托问题的指标，不能简单将公共财产按用途进行再分配或者成为各种补助金申请的要素等，而是要明确其中是否具备代偿公共利益的证据。而且要有公共利益受威胁的事实证据，法律诉讼才能够起作用。Joseph L. Sax进一步指出，因为企业谋取的是经济利益，清洁空气和水这些共有资源被企业当作肆意丢弃垃圾的场所，所以他们并不会主动考虑无利润可图的普通的消费愿望，更别说市民全体共有利益了。只有这些公共利益与私的利益一样成为受到法律保护的权利之时，公共利益的所有者方能具备强制执行的权利。他认为"在不妨碍他人财产使用时使用自己的财产"同样适用于处理私的所有者与公共权利之间的纠纷，如工厂与清洁空气的公共权利间、不动产所有权

---

① Nancy K.Kubasek and Gary S. Silverman, *Environmental Law*, New Jersey: Pearson Education, Inc., 2002, p.36.

者与保护生态领域平衡的公共权利间以及采矿者与维持自然舒适的公共利益间的纠纷等。[①]故此，公共信托原则成为提出公民环境权的理论依据。

由环境公共信托理论可知，环境作为共有资源，公民只是以"信托"的方式将环境公共利益委托给政府管理，政府作为受托人不能随意处理或改变环境这一公共物的使用，公民作为实质的环境公共利益所有者应有权享有由自然环境带来的各项资源，即公民享有环境权。

二 公民环境权的立法规范

公民环境权的立法状况能够彰显一个国家对环境保护及公民环境权的重视。通过对公民环境权的立法现状分析发现目前世界范围内诸多国家和地区都对公民环境权进行了法定解释，从法律上认可和接纳了公民环境权。公民环境权已经进入立法之中，中国的环境权理论发展虽相对滞后，但仍可从法律法规中体现出对公民环境权的逐渐认可。世界范围内其他许多国家和地区在宪法或部门法、规章制度中具体规定了公民环境权，对其含义和内容以及具体的执行作出了明确的界定。

（一）中国公民环境权的立法现状

中国宪法中虽并未明确界定公民环境权，但国家环境保护法体系的部分条款中包含了公民环境权的内容，部分部门规章和地方性环境保护条例中也涉及了环境权的内容。

1.法律条文中的公民环境权

中国《宪法》中并未将公民环境权纳入"公民的基本权利和义务"中，但是在各种环境法中不难发现，公民环境权越发受到重视。环境大法《中华人民共和国环境保护法》中第一条、第五条、第六条、第

---

① Joseph L. Sax, "The Public Trust Doctrine in Natural Resource Law: Effective Judicial Intervention", *Michigan Law Review*, Vol.68, 1970, pp.471-566.

三十八条等条款内容与公民环境权密切相关,如第一条中明确了制定环境保护法的目的之一是为保障公众健康;其他各个部门法,如《中华人民共和国大气污染法》《中华人民共和国森林法》《中华人民共和国水污染防治法》《中华人民共和国海洋保护法》《中华人民共和国循环经济促进法》《中华人民共和国节约能源法》《中华人民共和国固体废物污染环境防治法(修订)》等与自然环境、自然资源相关的法律条文中也都涉及了对公民环境权保护的条款。譬如上述法律规定中的第一条中均明确了"维护公民健康"或"保障人体健康"等内容;部分法律在其条文中指明公民负有保护环境的义务,并拥有监督权和诉讼权,比如《中华人民共和国水污染防治法》第十一条中就明确了公民有保护水环境的义务,同时对污染水环境的行为具有检举权;又如《中华人民共和国固体废物污染环境防治法(修订)》第九条中除明确了公民保护环境的义务之外,也明确了公民有权对造成固体废物污染环境的单位和个人进行检举和控告。

2.部门规章中的公民环境权

除了法律条文中对环境权的相关规定,部门规章中与环境相关的规章制度对环境权也有所提及。多个部门在其部门规章或业务范围内的相关制度中明确了公民依法享有环境权利,如环保部(现为生态环境部)于2015年9月施行的《环境保护公众参与办法》中第一条指出"为保障公民、法人和其他组织获取环境信息、参与和监督环境保护的权利,畅通参与渠道,促进环境保护公众参与依法有序发展,根据《环境保护法》及有关法律法规,制定本办法"。农业部发布的《海洋自然保护区管理办法》中第三条"任何单位和个人都有保护海洋自然保护区的义务与制止、检举破坏或侵占海洋自然保护区行为的权利"和《水生动植物自然保护区管理办法》中第四条"任何单位和个人都有保护水生动植物自然保护区的义务,对破坏、侵占自然保护区的行为应该制止、检举和控告"等。

3.地方法规中的公民环境权

地方各省市均制定通过了符合本省市要求的环境保护条例，这些地方环保条例中均明确了制定条例的目的之一是保障公民享有良好环境的权利，保护公民的生存健康。其中广东、广西、四川、重庆、上海、山东等省的环境保护条例中明确提出了公民的环境权，如《广东省环境保护条例》第五条就明确指出了"公民、法人和其他组织依法有享受良好环境、知悉环境信息、参与及监督环境保护的权利，有权对污染环境和破坏生态的行为进行举报，有保护和改善环境的义务"。其他大多数地区的环境保护条例中指出公民享有保护环境的义务，并对违法行为有权进行检举和诉讼，如《河北省环境保护条例》中第九条规定了"任何单位和个人都有保护环境的义务，并有权对污染和破坏环境的行为进行检举、控告"。

（二）国际环境权立法现状

1.国际条约中的公民环境权

环境问题的恶化引起了全球范围的重视，联合国和国际非政府组织及各种基金会先后组织发起环境会议并制定了一系列相关的国际条约，得到世界范围内主要国家和地区的认可并签署通过，环境权问题在这些环境公约中屡被提及，其中主要的环境保护公约中与环境权相关条款的规定见表1-2。

表1-2　　　　与环境权相关的主要环境保护公约统计

时间	国际条约名称	与环境权相关的条款
1972年	联合国人类环境会议宣言	人类有权在一种能够过尊严和福利的生活的环境中，享有自由、平等和充足的生活条件的基本权利，并且负有保护和改善这一代和将来的世世代代的环境的庄严责任
1986年	阿拉伯联盟环境与发展宣言	任何个人都有在与人类尊严相和谐的环境中实现完美的生活的基本权利。与此相应，为了其自身，也为了其后裔，均有责任保护和改善环境

续表

时间	国际条约名称	与环境权相关的条款
1988年	美洲人的权利和义务宣言	每个人应有权在健康的环境中生活，有权享受基本的公共服务
1992年	里约环境与发展宣言	人类处在关注持续发展的中心。他们有权同大自然协调一致从事健康的、创造财富的生活
1998年	奥尔胡斯公约	每个人既有权在适合其健康和福祉的环境中生活又有责任单独和与他人共同为今世后代保护和改善环境
2018年	世界环境公约（草案）	所有人都有权生活在一个有利于其健康、幸福、尊严、文化和自我发展的健康生态环境中

联合国与国际非政府组织对公民环境权的明确和重视，以及世界各国签署这些国际性的宣言与公约，为促进世界范围内研讨和实践公民环境权提供了平台和基础。

2.其他国家国内法中的公民环境权

据统计，世界上100多个国家的宪法中包含环境方面的条款。[①] 目前在宪法中明确规定环境权内容的国家有80多个，如20世纪70年代在宪法中增设了环境权内容的巴拿马、希腊、斯里兰卡等国家或地区，葡萄牙、土耳其、菲律宾、韩国等国家或地区于80年代在本国宪法中明确了环境权的权利或义务，据统计有40余个国家在90年代时在宪法中增加了环境权条款，进入21世纪以来，亦有30多个国家在宪法中明确了环境权[②]（环境权入宪的国家统计情况见表1-3）。这些宪法中与环境权相关的条款绝大多数是在宪法的"权利"或"义务"篇章之中，内容方面主要包括环境权的公民权利、义务条款以及环境基本国策条款[③]。

---

① ［美］爱蒂丝·布朗·魏伊丝:《公平地对待未来人类》，汪劲等译，法律出版社2000年版附录部分。

② 吴卫星:《环境权入宪的比较研究》，《法商研究》2017年第4期。

③ Ernst Brandl and Hartwen Bungert, "Constitutional Entrenchment of Environmental Protection: A Comparative Analysis of Experiences Abroad", *Harvard Environmental Law Review*, Vol.16, No.1, 1992, pp.1–100.

但是从各国对于环境权的规定来看，更多地倾向于政策宣示性条款。

表1-3　　　　　　　环境权入宪的国家统计情况

时间	国家	数量
20世纪70年代	南斯拉夫联邦（1974）、葡萄牙（1976）、西班牙（1978）、秘鲁（1979）	4
20世纪80年代	智利（1980）、土耳其（1982）、厄瓜多尔（1983）、萨尔瓦多（1983）、尼加拉瓜（1986）、菲律宾（1987）、韩国（1987）、巴西（1988）、匈牙利（1989）	9
20世纪90年代	贝宁（1990）、莫桑比克（1990）、克罗地亚（1990）、圣多美和普林西比（1990）、几内亚（1990）、哥伦比亚（1991）、马其顿（1991）、布基纳法索（1991）、斯洛文尼亚（1991）、捷克（1991）、保加利亚（1991）、加蓬（1991）、蒙古（1992）、安哥拉（1992）、多哥（1992）、佛得角（1992）、刚果共和国（1992）、马里（1992）、挪威（1992）、斯洛伐克（1992）、巴拉圭（1992）、南斯拉夫联盟（1992）、吉尔吉斯（1992）、南非（1992）、塞舌尔（1992）、俄罗斯（1993）、摩尔多瓦（1994）、比利时（1994）、哥斯达黎加（1994）、阿根廷（1994）、白俄罗斯（1994）、阿塞拜疆（1995）、格鲁吉亚（1995）、埃塞俄比亚（1995）、乌干达（1995）、芬兰（1995）、挪威（1995）、喀麦隆（1996）、乍得（1996）、乌克兰（1996）、拉脱维亚（1998）、瑞典（1998）、尼日尔（1999）、委内瑞拉（1999）、墨西哥（1999）	46
21世纪以来	印度尼西亚（2000）、塞内加尔（2001）、东帝汶（2002）、希腊（2002）、巴勒斯坦（2002）、卢旺达（2003）、圭亚那（2003）、罗马尼亚（2003）、中非共和国（2004）、法国（2005）、刚果民主共和国（2005）、伊拉克（2005）、苏丹（2005）、南苏丹（2005）、亚美尼亚（2005）、塞尔维亚（2006）、尼泊尔（2006）、黑山（2007）、土库曼斯坦（2008）、马尔代夫（2008）、玻利维亚（2009）、肯尼亚（2010）、多米尼加（2010）、牙买加（2011）、摩洛哥（2011）、索马里（2012）、埃及（2012）、毛里塔尼亚（2012）、越南（2013）、津巴布韦（2013）、斐济（2013）、突尼斯（2014）	32

资料来源：吴卫星：《环境权入宪的比较研究》，《法商研究》2017年第4期，并在此基础上增加了挪威和瑞典。

在环境权的立法方面，更多的国家或地区与中国类似，在环境部门法或地方规章中明确了环境权或涉及公民环境权的内容，如美国、环境权入宪的宪法修正案并未获得国会通过，但是美国有5个州宪法中明确了公民环境权，其中《夏威夷州宪法》和《伊利诺伊州宪法》中不仅明确了环境权的内容，而且具体规定了如何执行。[①]日本东京都于1949年7月通过制定的《公害防治条例》首次在日本国内提出了规范保障市民的环境权，并为此确立了三个原则：一是所有都民健康生活的权利不应因公害而受到影响；二是所有都民不得侵犯他人的健康、安全、舒适生活权；三是政府有职责防治消除公害保障都民的健康生活权，随后日本国内的其他地区也纷纷制定了相应的条例，如《京都府公害防治条例》《川崎市公害防治条例》等也都在其中明确了环境权的内容。

三 环境公益诉讼中的公民环境权

立法体现出国家对公民环境权的重视，目前司法中公民环境权亦得到了认可和重视。目前国内外法律支持公民的环境权利诉求，当公民的环境权益可能或已经遭受侵害时，公民或其他组织能够以环境权被侵害为由向法院提起民事诉讼或行政诉讼。而且无论是学界研究抑或是司法实践中都在不断探索的环境公益诉讼制度，即针对企业环境污染或政府环境行政不当作为而产生的侵权行为进行司法诉讼，体现了对环境公共权利的重视和保障。

作为"舶来品"的环境公益诉讼在中国的研究与发展较晚，不同学者的观点略有差异，但能够发现这些观点均是基于对公民环境权的重视和保障而做出的进一步阐释。有学者认为环境公益诉讼是"自然人、法人、政府组织、非政府非营利性组织和其他组织认为其环境权即环

---

① 王曦、谢海波：《论环境权法定化在美国的冷遇及其原因》，《上海交通大学学报》（哲学社会科学版）2014年第4期。

境公益权受到侵犯时向法院提起的诉讼"①,也有学者将其界定为"由公民、社会组织或政府机关代表社会公共利益向法院提起的,状告污染公共环境的污染者,以阻止损害行为并要求行为人承担相应的法律责任的诉讼"②等。不难看出,环境公益诉讼是在环境公共利益即公民的环境公权益受到侵害之时,相关组织或个人向人民法院提起的公益性诉讼。环境公益诉讼主要涉及环境民事公益诉讼制度与环境行政公益诉讼制度。

（一）环境民事公益诉讼制度中的公民环境权

环境民事公益诉讼制度充分强调了公民环境权的重要内涵和意义,并力图通过法律文件保护环境公益权。目前国内的环境民事公益诉讼制度源自2012年的《中华人民共和国民事诉讼法》,如若出现环境侵权行为,有法可依。《民事诉讼法》中明确了有关组织可以针对污染环境等损害社会公共利益的行为向人民法院提起诉讼,这一规定源自对公民环境权的尊重和保障。③2015年新《环境保护法》进一步指出了符合规定的社会组织在不牟取私利的情况下,可以针对损害环境公共利益的行为向人民法院提起诉讼。④2015年的《最高人民法院关于审理环境民事公益诉讼案件适用法律若干问题的解释》标志着中国正式确立了环境公益诉讼制度。不同的法律法规文本对公民环境民事公益诉讼这一程序性权利的规定略有差异,然而这些制度的规定皆是基于对公民环境权的重视和保障的基础之上。

---

① 蔡守秋:《论环境公益诉讼的几个问题》,《昆明理工大学学报》(社会科学版) 2009年第9期。

② 曹明德:《中美环境公益诉讼比较研究》,《比较法研究》2015年第4期。

③ 《中华人民共和国民事诉讼法》第55条:对污染环境、侵害众多消费者合法权益等损害社会公共利益的行为,法律规定的机关和有关组织可以向人民法院提出诉讼。

④ 2015年新《环境保护法》第58条:对污染环境、破坏生态,损害社会公共利益的行为,符合条件的社会组织可以向人民法院提起诉讼。提起诉讼的社会组织不得通过诉讼牟取经济利益。

（二）环境行政公益诉讼制度中的公民环境权

环境行政公益诉讼制度是在环境公共利益可能或已经遭受行政权力的侵害或威胁时，通过放宽原告资格，使无直接利害关系的主体能够代表公众就环境公共利益向法院提起诉讼，从而不仅实现了对环境权的救济，也能够预防损害的进一步恶化。一旦出现生态环境可能因环境行政机关的违法或不作为行为而遭受损害的情形，一方面公民能够通过环境行政公益诉讼的法律途径保障公民环境权；另一方面能够通过约束环境行政部门的行政行为，从而环境保护得以防患于未然。

国内环境民事公益诉讼制度已经得到了实质性的发展，而环境行政公益诉讼制度目前处于学界研究探索与司法实践推进立法的进程之中。关于环境行政公益诉讼的界定，国内学界有观点认为，环境行政公益诉讼是"当行政机关的违法行为或不作为对公众环境权益造成侵害或有侵害可能时，法院允许无直接利害关系人为维护公众环境权益而向法院提起行政诉讼，要求行政机关履行其法定职责或纠正、停止其侵害行为的制度"[①]。也有学者认为环境行政公益诉讼是当"检察机关、公民、法人或其他组织认为行政机关的行政行为侵害或威胁到环境与生态资源等环境公共利益，依法向法院提起行政诉讼，由法院依照法定程序对行政行为的合法性予以审查并作出裁判的一种活动"[②]。还有学者提出环境行政公益诉讼是"以维护环境公共利益为目的，与诉讼请求无法律上利害关系的法定组织、企事业单位和个人，针对违反或者怠于履行环境保护法定职责而造成环境污染和生态破坏的环境行政行为，根据法律规定向人民法院提起的诉讼"[③]。学者们关于环境

[①] 夏云娇、王国飞：《国外环境行政公益诉讼相关立法对我国的启示——以美国、日本为例》，《湖北社会科学》2007年第9期。

[②] 林丽：《关于环境行政公益诉讼的法律思考》，《河北法学》2007年第8期。

[③] 张牧遥、孙莉：《环境行政公益诉讼的概念辨析》，《重庆工商大学学报》（社会科学版）2015年第4期。

行政公益诉讼的概念表述虽有所差异，但是内容上区别不大，他们都认可环境行政公益诉讼的基本目的是保护环境公共利益，以保障公民的环境权益不受损害为诉因，采取的方式都是通过向法院提起诉讼对政府机关的环境行政行为进行监督。

国外的环境行政公益诉讼制度相对较为完整，如美国的《清洁空气法》《清洁水法》《联邦水污染控制法》中均明确了环境行政公益诉讼制度，如《清洁空气法》中规定了当环境权益受到侵害时，任何公民都可以对包括美国政府、政府机关等按照该法规定的事项提起诉讼。[1]《联邦水污染控制法》中指出由环境行政行为而带来的"经济损失、人身伤害及其他的损失或影响"等均可作为环境行政公益诉讼的起诉理由，而由环境行政行为而带来的一系列损失或影响从另一个角度看即是该种行为对公民环境权的侵害。环境行政公益诉讼出于对公民环境权的保障使其成为社会力量向政府公权力发起诉讼的方式和手段，从而环境行政公益诉讼成为环境权利实现的重要路径之一，是保护环境公共利益的重要方式，对环境治理而言能够积极地预防和补救环境污染带来的不良后果。

在当前环境危机已经严重威胁到人类生存的现实背景下，并在可持续发展理论和环境公共信托理论的理论推动下，公民环境权作为一种新型基本人权问世。目前对公民环境权的重视不仅体现在理论研讨上，而且其在立法及司法实践中也逐渐得以体现和认可，尤其是近年来环境公益诉讼制度的进展更进一步确认了公民环境权的现实应用作用。本章通过对公民环境权的理论分析和法律解释，一方面体现公民环境权对环境保护的积极意义，另一方面证实了公民环境权不仅是公民参与的动力来源，亦是参与的权利基础。

---

[1] 张明华:《环境公益诉讼制度刍议》,《法学论坛》2002年第6期。

第 二 章

参与式环境治理与公民环境权的关联性

环境污染问题的全球性爆发，促使各国都在寻求有效的环境治理模式以解决环境问题。"生存危机论""地球毁灭论"等悲观主义思想家们基于人性自利的假设认为，在环境资源有限的情况下，唯有通过政府的强制性手段才能够解决目前的环境危机。而将环境问题视作科学问题的技术理性主义者们则认为，只有专家的科学技术知识才能应对并有效解决现有的环境问题。然而这两种在世界范围内影响深远的治理理念在实践中存在着难以避免的局限性，其中最大的问题在于忽视或偏离了公民的环境权，最终抑制或排斥了环境治理中的公民参与。本章在考察了环境权威主义和技术理性主义两种治理模式与公民环境权之间紧张和背离的困境基础上，探讨了参与式环境治理与环境权之间的理论逻辑相关性与经验关联性，试图结合理论与实践讨论基于环境权保障选择参与式治理的合理性和可行性。

第一节 环境权威主义和技术理性主义
　　　　　治理对环境权的偏离

在特定的历史阶段，现存的环境权威主义与技术理性主义这两种环境治理观念对治理环境具有积极效用，但是伴随着时代演进，这两种理念凸显出各自的局限性。环境权威主义偏重于环境治理中政府权威作用的发挥，技术理性主义则强调环境治理中科技知识的重要性，无视环境治理中的公众作用，忽视了公民的环境权利。而公民环境权是在环境问题出现之后被人们意识到的基本价值观，背离这种价值观的环境治理方式只具有短期效应，缺乏应对环境危机的根本社会力量。

一 环境权威主义治理及其环境权保障困境

环境权威主义者们认为政府权威的统一性和强制性对于解决专业且复杂的环境问题而言最为快速且效率最高。20世纪70年代爆发的环境运动催化了世界各国对环境问题的重视，环境权威主义治理观念应运而生。现代民主社会中，环境权迅速发展且被重视，然而环境权威主义治理手段在治理环境时无法有效保障公民环境权的实现。

（一）环境权威主义治理的理论发展

工业革命后，西方国家粗放型的经济发展方式严重破坏了生态环境，环境突发事件频发，环境问题从最初的区域性问题逐步演变成为全球问题。"地球毁灭论""生存危机论"等悲观主义思潮督促人类思考改善环境问题的有效方法，早期的环境政治学家们认为权威主义对于拯救因环境破坏而导致的地球毁灭切实有效。所谓权威主义是指政府运用压制性手段维持和执行社会控制，环境权威主义是把"权威主义运用于环境治理过程，通过政府强制性的干预管制与严厉处罚手段来达成环境保护的目标"[①]。主要代表诸如：Garrett Hardin 在其 The Tragedy of The Commons 一文中提出因地球资源有限，唯用"彼此的强制"来避

[①] 张继兰、虞崇胜：《环境治理：权威主义还是民主主义？》，《学习与实践》2015年第9期。

免因人类过度开发而导致的世界毁灭①；Robert L. Heilbroner 认为构建有宗教取向和严格军事纪律的僧侣型权威政府方能有效应对环境破坏②；William OPhuls 则更进一步，针对环境问题设计实行了生态官僚制和权威主义体系③。

毁灭论的悲观主义思潮近年来逐渐淡化，但环境权威主义并未退出历史舞台。环境问题国际化发展，全球性的环境问题并未得到有效解决。各国奉行国家利益至上，在国家发展与全球环境之间，各国政府更加倾向于保障各自的利益，国家间协商签订的各种国际协议在国家利益面前也显得微不足道，如2017年美国退出了应对全球气候变化的《巴黎协定》。从而学者们提出只有权威主义手段才能改变世界环境治理的无政府状态。

总之，基于环境资源的有限与人的自利性和自私性的环境权威主义，认为在有限的环境资源的前提下，人们出于自利心理追逐有限环境资源获取收益的行为会导致环境公地悲剧，政府间亦是如此，因此，环境权威主义治理成为解决全球性或区域性的环境问题行之有效的手段和方式。但是，在实践中环境权威主义并非毫无诟病，"凡是在涉及绿色社会变化的地方就难以回避对其权威主义的指责"④。

（二）环境权威主义治理下政府保障环境权责任的缺失

国家义务直接来源于公民基本权利，是公民基本权利的根本保障。⑤环境权作为一项基本权利属性，国家有义务积极保障环境权的实

---

① Garrett Hardin, "The Tragedy of The Commons", *Science*, Vol.162, 1968, pp.1243–1248.

② Robert L. Heilbroner, *An Inquiry Into The Human Prospect*, New York: W. W. Norton & Co., 1974, pp.187–188.

③ William OPhuls, *Ecology and the Politics of Scarcity-Prologue to a Political Theory of the Steady State*, San Francisco: W.H.Freeman and Company, 1977, pp.221–232.

④ [英] 安德鲁·多布森：《绿色政治思想》，郇庆治译，山东大学出版社2012年版，第121页。

⑤ 袁立：《公民基本权利野视下国家义务的边界》，《现代法学》2011年第1期。

现，这一保障义务的直接体现者即为政府，要求政府依法承担保障公民环境权的责任，履行相应的义务。然而环境权威主义治理强调政府利用强制力治理环境，对保护公民生态性环境权利有一定作用，对程序性环境权利保障方面却接近空白。

1.政府环境权保障责任的法理基础

政府作为国家的执行机构，承接了国家赋予的权力，同时也需要履行相应的义务和承担责任。国家和政府享有一系列的公权力，可通过使用公权力保障公民的基本权利，环境权的保障亦是政府需要承担的责任和义务。

（1）社会契约论赋予政府环境管理公权力合法化的来源

社会契约论认为统治者与被统治者之间的关系由政治契约进行规范，由此来论证统治者政治权威的合法性以及双方由此产生的政治义务的合理性。这一经典理论认为处于"自然状态"下的个人无法实现"自然权利"，人与人之间需要通过建立契约，才能进入"社会"，让渡自己的权利给一个公共权威，由它代为行使公共权力，这一公共权威即为现代意义上的国家，而政府是国家的具体执行者。

依据社会契约论，个人在自然状态下同样无法独立实现"环境权"，为了实现环境权，人与人之间需要通过假定的契约，把各自的环境权利让渡给国家，从而形成国家环境管理公共权力，这也成为国家环境管理公共权力的合法化基础。国家接受全体共有人的委托，同时必须向全体共有人负责，不得滥用公权力，国家将公权力再度委托给政府来具体执行，由此政府获得处理环境公共管理事务的公权力，但其合法化的权力使用应受人民与国家所签订"契约"的约束，应满足保障公民的环境权利不受侵害的需要和诉求。政府享有的环境管理相关权力并非理所当然，而是来自国家公权力的赋予，依据社会契约论，国家公权力源自公民环境权的让渡，因此政府享有环境公共管理的权力根本在于对公民环境权的保障。

(2）权责统一理论要求政府承担保障公民环境权的责任

国家建立了一个政府来代表自己，政府成为国家意志的代表，即政府代表"国家的名义行使主权"①。政府所拥有的权力自其成立之初即拥有，本意是为政府履行职责提供方便，但是政府强权力作为一种强势的政治资源，极易发生扩张并侵蚀其他权利主体的权利。权力导致腐败，绝对的权力导致绝对的腐败，如若缺乏对权力的约束，那么政府就会成为滋生腐败的暗黑地带。因此，在政府掌握环境管理公权力之时，有必要重提权责统一理论。

权责统一要求政府的权力和责任两者大小相当，相辅相成。一方面权力是责任履行的前提，必须授予相应的权力来保障责任的落实。另一方面责任是权力授予的内容、范围、形式等的依据，"有权无责必然会滥用权力"②。权力和责任的关系要求在环境权保障中，必须以政府责任的具体落实为考量，责任是政府执行环境公权力的目的，而赋予政府相应的权力是为了方便政府履行职责。

2.环境权威主义治理忽视政府保障环境权的责任

依前文所述，政府应天然具有保障公民环境权的责任，然而环境权威主义治理理念忽视了政府的这一责任。

首先，在政府权威下，公民权利往往被忽视甚至牺牲。环境权威主义是政府通过行政管制彰显其权威治理的过程，在环境治理运作中政府忽视了对公民环境权的保障。环境权威主义治理认为鉴于环境问题的复杂性和紧迫性，需要政府强制力的管控，从而方能体现出政府权威在环境治理中的功效。如我们所熟知的"机动车单双号限行""停工停产""限期整改"等都是政府权威主义的体现，在这里我们且不论治理效果的延续性能否得到保障，仅就政府保障环境权而言，权威主

---

① ［法］莱昂·狄骥：《公法的变迁》，郑戈译，中国法制出版社2010年版，第3页。
② 陈国权：《责任政府：从权力本位到责任本位》，浙江大学出版社2009年版，第21页。

义治理中并未重视公民环境权的保护。

　　权威主义理念下，政府在制定环境政策或决议时，所依据的往往是政府官僚体制结构与知识结构，公民意愿无足轻重，难以影响环境政策的方向。仅就我们熟悉的"机动车单双号限行"而言，目前中国众多城市皆下发了"限号"的政府指令，违规者罚款处理。然而在此项规定开始之初，政府并未采取有效的方式了解民意，而是采取简单粗暴的行政指令，其他各地地方政府在未听取民意的情况下也纷纷效仿，使其成为政府环境治理的"有效"措施之一。社会公众对此规定反应剧烈，认为政府采取此项指令是让机动车为环境污染背锅。从而在社会上传出这样一首打油诗："抬头望天空，可见白云影。平视百米处，又现灰蒙蒙。随风潜入夜，霾来悄无声。万车皆睡去，何来害人精？'屁股'看问题，群众难出行。究竟谁产霾，尔等须弄懂。购车各种税，一一都交清。一纸公文下，一半家中停。霾患一夜至，路人多怨声。"新华社也对此发文批评，指出"机动车限行不能各拍各的脑袋"①。这种采取指令性的禁止或惩罚的强制性的管制方式，未从根本上思考分析影响环境治理效度的因素，未顾及社会公众的基本环境权益，政府环境责任缺失，从而政府公信力会随之受到影响，环境治理的效果也会大打折扣。

　　其次，中央政府在立法、司法、行政等诸多制度方面对环境权保障皆有所涉猎，但在权威主义治理下这些制度的具体执行往往流于形式。权责统一理论要求政府必须承担保障环境权的职责，为此政府制定了一系列的法规制度，规定公众享有环境权并应予以保障，然而这些规定往往在具体执行中被"形式化"。如我们国家于2004年即出台了《环境保护行政许可听证暂行办法》，虽有制度规范，但是在具体操作

---

① 孙志平、刘怀丕：《机动车限行不能各拍各的脑袋》，2017年12月26日，http://www.xinhuanet.com/fortune/2017-12/26/c_1122170032.htm，2018年12月11日。

中，地方政府"依规"开展环保听证会，会议形式与程序"合规合法"，但是会议所有的参与者都是事先安排好的"内部人员"，且不允许相关媒体参加，利用权力将本该公开、透明的听证会办成了"猫腻会"。在此种状况下，公民的环境知情权、参与权、表达权与监督权等环境权利得不到维护和保障，抑或可以理解为政府并不希望公众参与环境治理，从而利用权力将公众推于门外，更妄谈政府理应承担保障公民环境权的责任。

二 技术理性主义治理与环境权之间的紧张

环境权威主义治理是从政治学和公共管理学的角度将政府视作解决环境问题最为有效的角色，技术理性主义则是从科学的维度来考量。然而在现代民主社会中，这种"科学"的观念和价值取向遏制了环境治理中公众的参与，在启用智囊和动用专家的技术治理中，排斥了公民的环境权诉求。

（一）技术理性主义治理的价值主张与批判

技术理性主义认为技术至上，初始被用于促进资本主义社会生产力的发展，利用技术追求效率促进经济发展和社会进步。对技术的重视确实为世界带来了巨大的改变，但同时有学者提出"技术现代化的进程越快，能量转化的速度就越高，有效能量消耗的就更多，环境的混乱程度就越大"[①]，认为科技发展对环境带来了巨大的伤害和破坏，以至于出现了"只有停止经济增长，才能躲过文明劫难"的声音。技术理性主义因此遭受到学者们的批判，但技术理性主义支持者们坚持认为由技术带来的问题仍旧可以依赖于技术解决，环境问题就是技术性的问题，它的解决必须依赖于技术知识的进步。技术理性主义拥护

---

① ［美］杰里米·里夫金等：《熵：一种新的世界观》，吕明、袁舟译，上海译文出版社1987年版，第232—233页。

者们一方面从自然科学的角度出发,认为地球作为物理性存在,具有因果和规律可循,环境问题同样如此。因此需要专家和学者利用技术性知识来研究和探索,为环境问题提出技术性的解决方案。另一方面从管理科学的角度展开思考,认为因社会与市场对环境治理产生影响,如何将社会、市场与环境治理有效融合,理应是管理技术的问题,而具备这一管理技术和能力的机构只有政府。因此,环境治理中持技术理性主义理念的论点认为,环境问题的解决需要依赖"知识精英、技术专家和政府管理者"。[①]

各国在面对环境问题时,最直接的反应通常是政府环境管理加上环保专家的技术支持。政府制定政策、设立专门的环境保护机构,专家运用科学技术知识具体指导治理政策的制定、治理方式的科学选择以及具体环保技术的应用等。这种技术理性主义治理因其高效和专业较容易被公众所接受,也取得了较好的治理效果。但是,这种以技术理性主义至上的观念并非无可诟病。

首先,技术理性主义面临着科学技术知识不足的问题。环境治理依赖于科学技术的支持,这一点毋庸置疑,但是在环境治理中经常会遇到无法克服的问题,即存在知识的盲区。如目前世界上应用较为普遍的通过焚烧生活垃圾进行垃圾减容的方式,就存在着科技困境。垃圾焚烧会产生二噁英,二噁英于2007年已被世界卫生组织界定为一级致癌物,然而垃圾焚烧企业即使应用目前最先进的焚烧技术也无法避免二噁英的排放。人类的技术和知识在面对大自然带来的反击时,经常会出现无力应对的局面。就目前的环境问题而言,专家的知识仍旧存在着巨大的空白和差距。

其次,政府的能力与道德局限。环境治理中,政府会出现管理能

---

① 虞崇胜、张继兰:《环境理性主义抑或环境民主主义——对中国环境治理价值取向的反思》,《行政论坛》2014年第5期。

力不足的问题,即政府官员因自身能力的不足,无法及时有效地应对环境问题,或政策制定方向有误,环境污染问题愈演愈烈。同时在政府内部也会出现因"寻租""设租"等腐败问题而导致的失职和渎职的行为,或因追逐地方利益搭"公共环境"的便车等现象。

最后,技术理性主义忽视了公众的自主性和治理参与对环境治理的作用。在技术理性主义治理观念中,将政府和专家视作主要的治理者,认为公众没有意愿且没有能力治理环境,公众只能作为环境问题的被动接受者。然而现实中,公众作为环境问题最直接的受害者,他们对于环境的利益诉求最为强烈,但是技术理性主义将他们置身事外,导致公众的环保意识和参与意愿、参与能力大大降低,同时知识的不足和政府的失败难以避免地会进一步加剧环境恶化的速度,环境治理效果大打折扣。

(二)技术理性主义治理对公民环境权的疏离

对于环境权而言,如果说环境权威主义治理是政府保障公民环境权职能的缺失,那么技术理性主义则并不主张公民环境权的行使。技术理性主义治理将环境治理的作用归结于科学技术知识,治理的效果好坏取决于科学技术水平的高低,这种观点本身就将公民排除在治理体系之外,更妄谈公民的环境权。

无论何种环境治理理念和方式,归根结底都是为了还公民一个良好的生存环境,良好的环境才是人类生存和发展的根本所在,技术理性主义治理亦不能逃脱这一使命。重视人权是现代民主社会发展的标志之一,所谓人权,即以"人"为中心,环境权作为基本人权,是公民应当享有的基本权利之一。公民环境权对于推进环境治理效果的意义重大,作为良好环境最直接的受益者和环境污染最直接的受害者,他们才是推动环境改善最有力的群体。而技术理性主义治理在理性主义的指引下,对环境问题的解决迷信于技术与工具理性,这种观点完全忽略了"人"的主观能动性的发挥,忽视了"人"的作用,颠覆了人文精神，造成社会进步中"人与技术本末倒置的现象"①。韦伯也认为，世界因对实证主义的偏爱而被简化为一个"因果机器"，"而社会则变成了由'机器生产技术和经济条件'驱动的现代世界。理性过程的继续前行，就助长了'铁笼'的建造。生活本身变得并不比运动更为严肃，在整个技术运动的过程中找不到真正的目标，即生命的意义和价值"。②

环境问题的解决确实涉及诸多技术问题，需要专家们的科学技术知识的支持，同时也确唯有政府有能力承担和支撑庞大的环境治理支出，同时兼具强有力的控制力以应对复杂的环境问题。在较大程度上，技术理性主义治理是行之有效的，然而，如前文所述这种治理也有它的弊端所在，本书认为技术理性主义存在弊端的根源即在于理性主义思想对技术的膜拜和对环境治理中公民作用的轻视。

第二节 参与式治理与公民环境权的逻辑关联性

如前文所述，公民环境权并非一项单独存在的权利，而是一个由公权与私权、程序权利与实体权利所构成的内容丰富的复杂的权利体系。在环境民主的原则下，环境实体权衍生出环境程序权，即公民环境知情权、环境参与权与环境救济权。环境实体权与程序权间具有内在的逻辑相关性，相互影响并制约。从环境权益内容的复合性来看，环境权作为私权表现出民事权利的性质，同时也作为公权表现为"国家环境管理的参与决策权"。③

---

① 欧阳友权：《现代科技文明的人文哲学》，《北京大学学报》（哲学社会科学版）2002年第2期。
② 周书俊：《技术理性的鬼魅：评施米特的经济技术理性》，《新视野》2007年第6期。
③ 吕忠梅：《超越与保守——可持续发展视野下的环境法创新》，法律出版社2003年版，第253页。

一 环境民主：环境权与治理参与权关联的理论基础

前文已述及环境权威主义与技术理性主义两种环境治理方式的不足，它们与公民环境权的维护和保障相背离，而环境权因环境问题而生，与环境发展紧密联系。唯有公民享有治理参与权，环境民主才能真正将公民环境权体现到治理实践中。其他非民主的环境治理中，公民都无权参与环境治理，都只能是环境治理的旁观者、受害者甚至是加害者，那么维护和保障公民环境权将沦为空谈。

（一）环境民主还是生态民主？

对环境问题的重视源于民主的发展。1970年4月22日，美国因环境污染问题爆发了一场声势浩大的游行集会，2000多万人通过各种方式强烈要求政府采取措施保护环境。社会公众对于环境问题的广泛参与，促使美国政府迅速成立了国家环保局并制定了环保法规。同时，全球范围内环境保护运动普发，促使世界范围内成立环境机构和组织，以及达成各国共同认可并签署的环保协约。若没有民众的参与就没有环保运动，就难以引起政府对环境问题的重视，也难以成为学术研究的关注热点。鉴于环境权威主义和技术理性主义治理存在的局限性，以及环境问题与公众脉脉相通，学者着力于对环境治理进行民主化改造，将民主理论与生态环境相融合，试图以新的视角寻求解决环境问题的思路。基于生态环境的民主化研究，目前有两种不同的流派：以生态为中心的生态主义民主和以人为中心的环境主义民主。

生态主义民主理论以生态主义为基础，主张生态的民主化发展，即是在整个生态生命共同体平等与共生的基础上，以现代民主理论为指导探索"生态公民"之间民主关系的一种民主理念。所谓生态主义，是以有限的地球资源为构建社会秩序的前提，即在有限的资源下，应当建立何种政治、经济和社会秩序。这种观点认为生态危机的出现源自于当前不合理的社会制度设计，为实现生态平衡，真正体现出人与自然的平等、和谐相处，生态主义期望通过打破现代社会追求高增长的价值追求和社会秩序，建立一个崇尚高精神追求低物质需求的全新的后现代社会。1995年，美国生态文明研究专家罗伊·莫里森首次提出"生态民主"，认为若要实现由工业文明向生态文明转变，除此之外别无他选。Andrew Dobson指出"生态的危机即是民主的危机，当资源在少数人的操控下从全体共享转向少数富裕者掌控，将进一步加大贫富差距"[1]，并且人与自然的危机实际上就是人与人之间的危机，只是通过自然，人与人之间的矛盾得到缓解——因为这种矛盾通过对生态正义和民主的破坏转嫁给了自然。[2]生态民主作为建设生态文明的一种方式，继承了生态主义的思想，并将其向政治学的民主理论转换，是民主理念与生态学思想的时代融合。生态主义这一基础决定了生态民主的理想追求是把所有受风险性决策影响的生态公民都包括进决策中，这里的生态公民是指生态体系中存在的受环境影响的所有物种。

与激进的生态主义不同，环境主义认为人类若要解决生态危机，就要在人类谋求自身生存和发展时遵循自然规律和生态法则。环境主义在以人为中心的理念下，主张在既有的政治、经济、社会体系中，人类社会物质文明与精神文明得到发展的同时寻求有效改善环境问题的措施，达到保护环境和治理环境的目的，实现人与自然的和谐发展。环境主义不仅仅是对自然的欣赏与生物物种的分析和保护，而且更应是一种"保护环境和防止环境退化"，并创造出"破坏性较低的技术和生活方式"。[3]由此可见，环境主义重视具体的环境治理活动和治理过程，并主张政府与社会应积极寻求有效解决环境问题的方案。与此

---

[1] Andrew Dobson, *Green Political Thought*, London & New York: Routledge, 2000, p.36.
[2] 孙越、王晨：《生态政治视角下生态民主的重建问题研究》，《贵州社会科学》2016年第9期。
[3] Ramachandra Guha, *Environmentalism: A Global History*, Oxford: Oxford University Press, 2000.

同时由于"环境保全与拥护和发展人权以及民主主义相统一"①，民主主义的成熟程度能够直接影响到自然环境的破坏与否。因此可将环境民主理解为民主主义理论在环境治理活动中的具体应用，通俗来讲是以民主的理念和方式治理环境。现代民主理念重视和强调参与，因此"公众参与是实现环境民主和公民环境权的最佳途径"②。综上，从理论角度分析，环境民主是民主主义理念在环境管理活动中的贯彻和体现，从实践角度不难发现环境民主主要体现在公众参与环境管理及其相关具体事务。

生态民主理论要求打破现有世界的社会秩序，并且要求人类社会转变追求效益的价值理念，这对于现实实践而言只能是理论上的"乌托邦"，更妄谈从根本上解决环境问题。而将民主主义与环境主义结合的环境民主更为重视"人"的发展，将人的发展与自然规律和生态法则相融合，充分发挥人在环境治理中的积极性和主动性，相比较而言更具理论实践的可行性。

（二）环境民主的内容

参与伴随着民主而生。自古希腊时期至今，无论何种民主理论，参与是必不可少的关键词。古希腊时期的雅典民主是具有"公民"身份的人们直接参与政治，是直接民主形式，这种民主的限制主要在于"公民"身份的严格界定，绝大部分的普通民众因身份限制无法成为"公民"，从而无法参与到政治活动之中；后来西方代议制民主逐渐兴起，这种民主形式通过具有选举权的成年公民参与选举选出代表代为进行政治活动，是间接民主形式。代议制民主伴随着具体实践而颇受诟病，民主的政治逻辑与事实结构严重不符，民主选举的结果与广大

---

① ［日］岩佐茂：《环境的思想：环境保护与马克思主义的结合处》，韩立新等译，中央编译出版社2006年版，第32—33页。

② 蔡守秋：《环境公平与环境民主——三论环境资源法学的基本理念》，《河海大学学报》（哲学社会科学版）2005年第3期。

选民的意愿可能出现偏离。为了弥补代议制民主的缺陷，民主理论也在不断地发展。目前研究较为丰富的协商民主理论的兴起有助于矫正自由主义代议制民主的不足，这一理论强调参与，"通过对公民平等而直接参与的诉求、决策程序正当性的制度设计、公共理性的运用和对共识与公共利益的价值追求，从价值和程序两方面来努力重建决策的合法性。"[①]其他的民主理论诸如参与式民主理论、多元民主理论、精英民主理论等，参与都是最为重要的特征。

环境民主与上述民主理论不同，上述是国家权力与政治制度构建与运行意义上的民主，而环境民主更倾向于管理层次上的民主，这与国家权力和运行机制意义上的民主不同。环境民主作为一种治理民主，它并不直接要求国家政治民主的整体性建构或重构，它的实行无须打破现有的政治秩序，而是将民主方式局限于环境治理事务之中。结合环境权进行讨论，本书认为环境民主应更倾向于政府环境治理的民主化，强调以民主的方式治理环境，强调公民具体参与环境治理过程，强调公民的环境参与权，因此环境民主主要体现在社会公众依法享有参与环境管理及相关具体事务的权利之上，即公民依法享有的环境管理参与权。具体来看，应当包含以下内容：

一是公民的环境知情权，即公民有获取、得悉与环境相关信息的权利。环境知情权是公民参与环境管理活动的前提和基础，公民没有相关的环境信息，便无法了解真实的环境状况，从而无法真正有效地参与到环境保护活动中。我们国家从中央政府到地方政府，每年均有政府环境公报，尽量将真实的环境信息公布给社会公众，这一做法在环境治理环境中体现出环境民主的理念，能够使民众了解环境污染的严峻现实，增强保护环境的责任感，调动参与的积极性。

---

① 申建林、姚晓强：《协商民主理论的决策合法性构建及其批判》，《江淮论坛》2014年第4期。

二是公民环境治理参与权,即公民有参与环境决策以及环境评价和环境监督的权利。公民环境治理参与权要求公民首先能够通过合法且畅通的渠道向决策部门谏言,提出意见和建议,并参与决策过程。其次要求公民能够参与环境评价,也称作环境影响评价。所谓环境影响评价是跟踪检测建设项目,分析、预测和评估其可能造成的环境影响,并给出预防或降低不良环境影响的具体对策。公民参与环境影响评价,能够真正了解某一项目或工程对于环境的危险程度。最后要求公民享有环境监督权,即公民有权监督和控告污染和破坏环境的行为。参与体现民主,公民真正参与到环境治理具体过程中,方能彰显出是以民主的方式治理环境,从而更进一步体现出环境民主。

三是公民环境救济权,即公民有对环境侵权行为申请司法保护的权利。当环境或公民环境权被侵害时,公民有权通过司法渠道获取补偿来维护环境权益。"无救济即无权利",要体现环境民主,保障公民的环境参与权,必须保障公民的救济权。

(三)依据环境民主的原则环境权派生出治理参与权

目前国际上普遍认可的公众环境参与权包含知情权、治理参与权和诉诸法律救济的权利,治理参与权包括公众对环境决策的参与、环境计划和政策制定的参与以及环境相关法律法规的制定与执行的参与。[①] 这与环境民主的内容基本契合,环境民主的理论在实践中得到了认可。因此,要实现环境民主,即是公民要依法享有环境知情权、参与权与诉讼权,而这些权利均来自环境权的实证化,"环境民主得以发展的力量之源"来自"公民环境权理论与民主思想的结合"[②],也就是可以将环境权的理论发展看作环境民主产生的理论基础。日本学者原田尚彦认为环境法最终目标应是通过居民的参与,根据民主的原则协调

---

① 徐以祥:《公众参与权利的二元性区分——以环境行政公众参与法律规范为分析对象》,《中南大学学报》(社会科学版)2018年第2期。

② 王宏巍:《环境民主原则简论》,《环境保护》2008年第18期。

环境价值与其他基本人权的法律结构，构建实现居民的"安全、健康及福利"与"谋求公害的防止"相同步的社会制度，①并"基于居民的创意加以实施"②。环境权从理论到制度落实的过程，即是在遵循着环境民主的原则之上进行的一系列制度设计，环境权由此派生出公民环境参与权，从而逐步形成内容丰富的完整的环境权利体系。目前环境民主已经成为世界上诸多国家采用的环境治理原则，如美国、德国、荷兰等环境治理成效较好的国家在环境政策制定、环保行政管理、环境标准制定和环境监督等多方面的制度设计和运作方面都遵循了环境民主原则。

二 权利形态的相关性：环境实体权与环境程序权

环境权并非一项单独的权利，以权利是否实现公民环境利益可以将其从权利形态上分为环境程序权和环境实体权。它在实体上表现为公民应当享有的良好生存环境，是环境权自然属性的表达，与环境问题关系密切；程序上表现为国家环境管理的参与决策权，是环境权社会属性的表达，与环境冲突紧密相关。

（一）环境实体权衍生出环境程序权

环境实体性权利是影响公民与环境相关的实际利害关系的权利，是公民依法享有的基本权利；而程序性权利是国家环境管理的参与决策权，是用于保障实体性权利的最终归属。公民依法享有环境实体权已经得到国际上的普遍认可，公民的环境权益应当受到法律保护，当环境权益遭受影响或被侵害时，公民应当能够主张权利的保护，而如何主张，就必须涉及环境程序性权利。环境程序性权利的具体落实要求公民必须真正参与到环境管理过程中，只有真正参与才能切实保障

---

① ［日］原田尚彦：《环境法》，于敏译，法律出版社1999年版，第97页。
② ［日］原田尚彦：《环境法》，于敏译，法律出版社1999年版，第109页。

实体权不受侵害。如果公民仅仅在法律条文中拥有环境相关的实体性权利，缺乏程序性权利支撑和保障这些实体性权利，那么环境实体性权利就是"镜中月、水中花"，是国家彰显对环境问题的重视而设计的虚幻的"美丽愿景"，只有装饰作用并无实际意义。权利得不到有效保障，环境治理效果也会随之受到影响，失去了这一权利本身应当具有的现实意义。

所以从这一视角分析，具有法律意义的环境实体权必然会衍生出相关的环境程序权，但是环境程序权并不一定会派生相关的环境实体权。

（二）环境程序权是实现环境实体权的保障

环境程序权是实现环境实体权所保障的公民享有良好生存环境的权益最终归属的重要路径。在现代法制建设中，各国的法律文件中逐渐明确和完善公民的环境程序性权利，以此更好地保障环境实体权不受侵害。目前看来环境治理效果显著的美国，20世纪中后期时同样面临着严重的环境污染问题。为了更好地治理环境与保障公民的环境权益，依据环境实体权设立程序权从而将环境实体权真正落实，效果最为突出的即是美国通过法律条文明确赋予公民环境诉讼资格[①]，一方面切实维护了公民的环境实体性权利，另一方面美国的环保事业也取得了较好的成效。2007年的"杜克能源"案就是体现环境程序权最为著名的成功案例之一。2015年中国修订的《环境保护法》中第五章"信息公开和公众参与"中对公民参与和监督等程序性权利作出了规定，也在较大程度上保证公民环境实体权不受侵害或便于事后救济。

---

① 美国《联邦行政程序法》第702条规定："因行政行为而致使其法定权利受到不法侵害的人，或受到有关法律规定之行政行为的不利影响或损害之人，均有权诉诸司法审查。"这里的法定权利包括环境权利。1970年美国国会通过的《清洁空气法》第304条规定："任何人均可以自己的名义，就该法规定的事项，对包括美国政府、政府机关、公司和个人等在内的任何人提起诉讼。"

(三）环境程序权催化环境实体权的完善

尽管环境权理论得到了普遍的认可，诸多国际性条约明确了环境权的存在，但是仅有少部分国家将"环境权作为基本人权"写入宪法，环境权实体性权利的法制化进程缓慢，如中国《宪法》中就没有关于环境权的规定。而且环境权理论并非是研究成熟的权利理论，目前国内外关于环境权实体性权利的理论争议也从未停止，环境实体权仍旧处于不断发展之中。然而环境程序权并未因为实体权的争议而停滞不前，各国在环境民主的原则下纷纷制定了与环境程序权相关的法律法规，通过法定程序规范期望实现切实存在却难以准确界定的"环境实体权"。脱离了环境程序权的环境实体权就如同"镜中花"，只有通过程序权的行使，环境实体权才能够具体化，而后在行使环境程序权的实践中不断改进，不断发展，从而促使环境实体权的最终成熟。

环境实体权与环境程序权间具有逻辑相关性，环境实体权衍生出环境程序权，环境程序权是实现环境实体权的保障，同时能够催化实体权的进一步成熟，换言之即公民享有参与环境治理的权利是实现良好生存环境的有效方式和手段，而环境参与权赋予公民参与环境治理的各项权责，是参与式环境治理的权利基础。因此，参与式环境治理基于环境权保障而缘起。

三 权益内容的复合性：环境私权与环境公权

学者们普遍认可将环境权视作公权，他们从环境是一种难以确定归属的公共产品的角度出发，认为环境具有"公共性""共享性"和"整体性"，从而将环境权界定为一种公权。这种观点认为，无法确定具体归属权的环境具有"公共性"和"共享性"[1]，每个人都享有使用

---

[1] 肖巍：《作为人权的环境权与可持续发展》，《哲学研究》2005年第11期。

环境获取收益的权利，某个个体对环境的使用并不影响其他个体的使用，同时环境所带来的后果无论好坏都必须由所有人共同承担，无人能够逃脱。同时环境又具有不可分割的"整体性"，环境利益是人类共同的利益（环境公益）。①人类的环境权应当是"人类的整体环境的权利"（环境公权）。环境权只有作为公权才能够保障人类的整体环境利益不受侵害，认为"不能因为权力主体是公民就理所应当地推导出其是私权"②，并且环境权主体即公民无论是否行使该项权利，他们自身的利益都不会发生变化，但是社会公共的环境利益会发生变化。于是，环境权便被认为只应是公权，即是一种"要求政府保持良好环境的权利"③。

然而将环境权视为公权也并不能抹杀它所具有的私权性，环境权应兼具环境公权与环境私权。首先，从环境利益角度来分析，环境权能够被视作私权。即便环境利益是一种公共利益，但是社会或国家是由公民个体所构成的，环境私益难以避免地会受到环境公益的影响，对环境公益的保障也会保护环境私益，环境公益与私益之间难以割断联系。公民个人是环境所带来的收益或危害最直接的承担者，他们应当具备的法律诉讼救济的权利基础不可被忽视。④其次，从环境资源使用权被纳入用益物权体系的角度来分析，环境权具备私权性。所谓用益物权是指对他人之物所享有的占有、使用、收益的排他性权利，是一种私权，强调对物的利用，反映现代物权法中对物的"所有"向"利用"的转变。⑤环境作为共有之物，并非某一个体独享，在对环境资源进

---

① 徐祥民：《环境权论——人权发展历史分期的视角》，《中国社会科学》2004年第4期。
② 柳湘：《试论公民环境权的生成与合理定位》，《广西政法管理干部学院学报》2004年第6期。
③ 吴卫星：《我国环境权理论研究三十年之回顾、反思与前瞻》，《法学评论》2014年第5期。
④ 马晶：《论环境权的确立与拓展》，《长白学刊》2001年第4期。
⑤ 谭向阳：《自然资源使用权性质探讨》，《人民论坛》2013年第17期。

行利用并产生利益之时，即是对他人所有之物的使用，从这一意义上来看，环境资源利用权包含用益物权的价值理念。但是环境资源因其本身所具有的非排他性，对环境资源的使用权又不完全等同于传统的用益物权，对物的使用并不一定完全占有，也可能是共享，比如对太阳能、风能的使用并不会影响其他人的使用权，所以可以将其视作一种新的用益物权。最后，法律现状彰显对环境权私权性的认可。目前各国针对环境实体权的具体法律规定相对比较模糊，但是对因环境问题所引起的民事责任赔偿的相关规定则比较具体，间接认可环境权的私法性，如中国《民法通则》第124条中明确规定了因污染环境对他人造成损害的，应当承担民事责任。

综上所述，公民享有的环境权，应是公权和私权的结合。作为公权的环境权是对整体环境权益的保护，作为私权的环境权是对公民个体环境权益的保护。因此，针对环境权的主体——公民而言，公权意义上的环境权是主体参与国家整体环境治理决策的权利，即公民以此维护公共的环境权益（环境公益），私权意义上的环境权则是主体实现个人享有的环境权益（环境私益）。

总之，公民环境权本身即赋予了公民参与环境治理的理论依据和逻辑相关性，无论是从环境民主原则还是从环境权的权利形态和权利内容来看，环境权都给予公民环境治理参与权，为参与式环境治理的选择提供了权利基础。

第三节 参与式治理与公民环境权的经验关联性

公民参与治理环境与环境权之间存在理论关联，在环境保护实践中，参与式治理与公民环境权之间亦具有经验关联性。从国家政策与法律制订来看，中国的国内政策与法律在保障公民环境权之时均赋予了公民参与治理权。同时结合国内外环境治理公民参与的实例来看，国内公民目前已初步具备环境治理参与的意愿和能力，且发达国家的公民环境保护运动也证实了公民的有效参与能够保障环境保护的效果。在政策与法律给予保障，以及参与的社会基础同时具备的情况下，可以推定基于环境权选择参与式环境治理模式具备可操作性与现实意义。

一 治理参与权与环境权融合的政策与法律依据

自党的十八大以来，实现"生态文明"已然成为国家的重要工作内容之一。对于实现生态文明，党和政府均作出了明确的指示和规范要求。而对于实现生态文明的路径，参与式治理所涉及的治理参与权与环境权在党和政府的政策与法律中亦有体现。

（一）治理参与权与环境权融合的政策依据

1."人民当家作主"与"社会主义民主政治的发展"

在十九大报告中第三章"新时代中国特色社会主义思想和基本方略"第五条中明确了要"坚持人民当家作主"，提出了"坚持人民当家作主是社会主义政治发展的必然要求"，并在第六章中具体指出了"人民当家作主是社会主义民主政治的本质特征"，要健全和完善民主制度，健全人民当家作主制度体系，"保障人民知情权、参与权、表达权、监督权"。

中国作为坚持以党的领导为核心的国家，十九大报告代表了党和国家的政策指向。发展新时代中国特色社会主义中坚持人民当家作主和发展社会主义民主政治的基本思想和方略，涉及国家发展和社会稳定的各个方面。环境问题作为目前颇受重视的问题之一，人民当家作主的理念和发展民主政治的思想亦深入其中，为公民享有环境权并能够参与环境治理提供了政策支持和引导，体现目前国家针对环境治理民主参与的政策倾向。人民当家作主是实现社会主义民主政治的必然要求和本质特征。坚持人民当家作主，体现国家对人民各项基本权利的重视，公民环境权作为基本权利，亦包含其中。同时，在社会主义民主政治下，拓宽民主渠道，体现国家对"参与"的重要指示，从而"人民的知情权、参与权、表达权和监督权"得到保障，公民能够更加方便地真正参与到政治生活与社会事务之中，真正体现人民当家作主。在这样的政策背景下，环境问题作为社会问题的一种，公民同样享有环境参与权，具体参与到政府环境治理之中。

2. "人与自然和谐共生"与"生态文明体制的改革"

十九大报告第三章第九条中提出了要"坚持人与自然和谐共生"，"坚持节约资源和保护环境的基本国策"，推进绿色发展方式和生活方式建设生态文明，"为人民创造良好生产生活环境"。这些政策与公民环境权的实体性权利所要求的"享有良好的生存环境"的内容相一致，从这一层面上看，为人民创造好的生存环境，将环境保护作为基本国策这一政策导向体现出在国家政策层面国家对公民环境权的重视程度。在发展社会主义民主政治社会的基本理念下，党和政府的政策对环境治理有了更为明确的意见和指示。十九大报告第九章对生态文明体制改革中着力于推进绿色发展和解决环境突出问题进行了详细解说，指出要坚持"全民共治"，要构建"政府为主导、企业为主体、社会组织和公众共同参与的环境治理体系"。这一政策规定给了公民参与的具体政策指向和解释，明确了公民在环境治理中的"参与"地位，从政策上赋予公民参与治理权。

坚持人与自然和谐共生是新时代中国特色社会主义发展的基本方略之一，生态文明体制改革则是实现人与自然和谐共生的体制创新，构建新的环境治理体系是实现生态文明的具体途径。坚持人与自然和谐共生和生态文明体制改革这一政策，彰显了中国对环境治理的重视和信念，体现了对公民环境权的重视以及明确了公民在环境治理中参与的作用和角色，同时环境权和治理参与权在具体的环境政策方面也得到了体现和保障。

（二）治理参与权与环境权融合的法律依据

1.中国现行环境法体系中明确了环境权行使中公民参与的原则

在环境权行使的法律依据上，中国现行的环境法体系中明确应用了公民参与原则。无论是2015年新执行的环境基本法——《环境保护法》，抑或是环境单行法，诸如《大气污染法》《水污染防治法》《海洋保护法》等，均进一步确认了公民参与原则。新《环境保护法》中公民参与原则的具体制度性体现在第五十三条第一款中，该条款规定"公众、法人和其他组织依法享有获取环境信息、参与和监督环境保护的权利"，第二款进一步规定"各级人民政府环境保护主管部门和其他负有环境保护监督管理职责的部门，应当依法公开环境信息、完善公众参与程序，为公众、法人和其他组织参与和监督环境保护提供便利"。

2.部门规章与地方法规对环境治理公民参与的进一步细化

为保障公民环境知情权、参与权和监督权，帮助公众依法有序地参与环境治理，2002年制定并于2016年重新修订的《中华人民共和国环境影响评价法》第五条明确了"国家鼓励有关单位、专家和公众以适当方式参与环境影响评价"。2006年环保部制定了《环境影响评价公众参与暂行办法》，这一办法于2018年由生态环境部重新修订，通过了《环境影响评价公众参与办法》，从政策上给予公民参与的具体路径。这是公民环境参与治理的具体指导意见和制度规范，是公民参与治理权在环境治理中的具体体现。国务院各部针对不同的情况，详细制定了本部门的相关规章制度，如农业部发布的《海洋自然保护区管理办法》中第三条"任何单位和个人都有保护海洋自然保护区的义务与制止、检举破坏或侵占海洋自然保护区行为的权利"即是对海洋自然保护区的保护中公民参与权利的描述。国内各省市也针对各自的实际环境情况制定了地方性《环境保护条例》，在条例中对环境权的行使和公民参与均有明确的规定，如《广东省环境保护条例》第五条明确规定"公民、法人和其他组织依法有享受良好环境、知悉环境信息、参与及监督环境保护的权利，有权对污染环境和破坏生态的行为进行举报，有保护和改善环境的义务"。

无论是环境法还是部门规章抑或地方环境保护法规，从其条文中都能发现目前中国政府越发重视公民参与环境保护，并且在法律法规制定中逐步体现了公民参与原则，是公民参与的制度化表现。因此环境治理公民参与制度，就意味着在环境治理中，公民有权通过法定的渠道和途径参与到与环境治理相关的决策过程之中，从而使决策更加倾向于公民的权益保护，实现环境治理效果的优化。

二 公众参与和环境权保障相互贯通的社会基础

长久以来，中国的环境问题都被视作政府责任和技术难题，仿佛公众与此并无关联。但是伴随着社会的不断进步和环境问题的日益突出，公众已经逐渐觉醒，他们积极主动寻求参与渠道参与到环境治理的各个阶段之中，并充分应用享有的环境知情权、监督权、参与权、决策权与诉讼权等权利，发挥作为中国公民的主动性和能动性。公民已经成为环境保护和治理重要的社会力量。

（一）公众环境权意识萌发，以环境诉讼形式参与环境保护

在环境权刚开始成为中国学者广泛研究的对象时，社会公众就已经对此有了认知，主动参与到环境治理中，为维护公民环境权益作出努力，如2003年杭州市民金奎喜诉杭州规划局一案，他向法院提起行政诉讼要求杭州市规划局撤销浙江省老年大学项目所颁发的项目许可证，保护西湖风景区，依法保护社会公共利益。当时环境权维护以及环境诉讼相关法律条文并未完善，依据《行政诉讼法》诉讼人金奎喜不具备行政诉讼资格，西湖区人民法院以"起诉人不具有起诉资格"为由不予立案。

虽然法律尚未完善，相关的立法和司法程序不能够满足公民维护

环境权的需要，但是国内各地由公众以环境权被侵害而起诉的环境行政诉讼类案件却并未停止，凸显了中国公民环境保护意识和环境权维权意识的不断增强，并为推进中国环境权立法和司法做出了贡献。比较著名是贵州省的百花湖案，2009年7月27日中华环保联合会为保护百花湖的环境，以环保社团组织的身份向贵州省清镇市人民法院提起环境行政公益诉讼，主诉人民法院依法判令清镇市国土局撤销与李万先签订的百花湖内块地的《国有土地使用权出让合同》，7月28日，贵州省清镇市人民法院予以立案。后因清镇市国土局主动撤销了《国有土地使用权出让合同》，并注销该块土地的使用权证，在公开审理此案的庭审过程中，原告以主诉要求已经达到而主动撤诉，法院准许原告的撤诉并作出行政裁定书。此案虽然因原告撤诉，法院最终没有作出判决，但是并未因"原告的利益没有遭受实际损害为由"裁定原告不具有诉讼主体的资格而拒绝受理案件，就已经是中国环境诉讼进步的一大表现。

（二）公民环境权意识逐渐增强，参与环境治理的要求提高

近十年来，随着环境污染的逐渐严重化，社会公众对环境问题与生存间的重要关联认知度不断提升，意识到环境问题的危害性以及作为公民应当享有的环境权利，从而环境权维权事件逐步升级，公众的参与积极性更高：一是表现在参与方式的多元化方面，除了以诉讼救济的方式参与环保外，更加注重对环境保护过程的参与；二是参与的要求也更加细化和专业化，逐渐深入参与到环境治理的各个环节之中，发挥公民环境知情权、监督权、决策权与诉讼救济权等环境权利的主观能动性。

环境评价作为环境保护中对技术要求较高的环节之一，曾经是由专业的环境研究机构来专门进行，国家针对此环节，也制定了保障公众参与的具体政策。然而，在实际操作中，却存在着普通民众无法有效参与的问题，由社会公众自发组成的环境保护社会组织弥补了这一

缺失，在环境保护中充分发挥了环境评价信息知情权和评价监督权的作用。如2011年，地球村环境教育中心、达尔问环境研究所、环友科学技术研究中心、公众环境研究中心和绿家园志愿者5家环保社会组织发现中国气象科学研究院对"秦皇岛西部垃圾焚烧项目"的环评报告中的信息与这些环保组织实地调研的结果存在诸多不符，认为气科院在环评中公众参与环节存在弄虚作假行为，从而联合向环保部申请取消气科院"甲级环评资质"，并应因其在环评中的弄虚作假行为而对其进行相应的处罚，同时呼吁改善国内的建设项目环境影响评价制度，以规避此类事件的重复发生。

（三）公民参与影响政府环境决策，推进国家环境政策发展

随着社会民主化程度的提升，在广泛的社会监督之下，公众对环境问题认识度的提高和环境权维权意识的增强，较大程度地推动了公民参与政府环境决策的进程，影响环境决策方向，从而推进了国家公民参与环境政策的进一步完善。广州市番禺区垃圾焚烧发电厂选址一事就是其中较为突出的事例之一。

事件经过：2006年广州市番禺区垃圾焚烧厂取得市规划局下发的项目选址意见书，准备于2009年在番禺区大石街会江村与镇村镇谢村交界处建立生活垃圾焚烧发电厂，计划2010年建成并开始运营。2009年9月，番禺区大石街居民通过媒体得知此事，10月当地居民激烈反对并发起了由数百名居民参与的抗议活动，11月中央电视台报道此事，坊间各种流言四起。2009年12月，因当地民众的强烈反对以及媒体的传播，暂停垃圾焚烧厂建设事宜。2011年4月，番禺区重启垃圾焚烧厂项目，并由广州市城市规划勘测设计研究院专家介绍修编情况和备选点情况，给出5个备选地址，在以人民利益为首的前提下，由群众意见、环评分析和专家论证共同确定焚烧厂地址，并表示决定该项目建设时间表的是广州市民。直至2012年11月，番禺区政府再次发布通告，对此项目进行第二次环评公示，并开展公众调查活动，收集公

众对此项目的相关意见。最终于2013年6月，该项目在南沙区大岗镇奠基。

番禺区垃圾焚烧发电厂厂址的确定，从2006年项目规划一直到2013年奠基，跨越了7年时间，广州市市政府和规划局以及番禺区区政府初始确定项目地址时，并未考虑社会公众的反应，忽视了当地居民对生活环境的要求。当时中国公民环境权意识已经觉醒，他们开始采取各种方式维权，导致了群体性抗议事件的发生，并且在媒体的传播下，事情逐渐超出政府的控制范围，从而不得不暂停项目。之后政府在充分尊重公民意见的基础之上才能顺利地重启项目。这一案例体现了在环境治理过程中，中国公民已经开始参与到决策阶段，能够影响政府环境决策的方向和内容。

三 发达国家的环境权保护运动与公众治理参与的实践价值

工业革命带来的环境污染问题，在20世纪60年代前后就已经在发达国家爆发，面对日益恶化的环境与无动于衷的政府，以及当时发达国家公民环境权意识的觉醒，西方国家爆发了大量公民自发组织举行、参与的环境保护运动。其中最为著名的也是世界范围内影响范围最大的事件即1970年4月22日发生于美国的"地球日"活动。这一活动源于威斯康星州参议员盖洛德·尼尔森以环境为主题的全国宣讲会，最终事件发展超出了他的想象，4月22日当天约2000万美国人走向街头、公园和礼堂，集会游行，为保护健康、可持续的环境进行示威，表达对环境问题的不满和抗议，数以千计的中小学和大学组织了抗议环境恶化的活动。这一活动不仅推动了美国国内环境保护的进程，对国际环保事业的发展也有重要的意义。

一是加速了现代环境保护和治理的法治发展。由于此次环保运动的影响巨大，对美国的环境保护事业发挥了巨大的作用，不仅开启了美国的"环保十年"，而且推进了美国环境保护法律和行政机构的设立和完善。由于美国民众对环境问题的关注与担忧，环境运动被政府接受和认可，美国公民开始积极进入环境保护和治理的工作之中。一方面，政府出台了一系列的环境保护法律法规，如具有里程碑意义的《清洁空气法》《清洁水法》《濒危物种法》和许多其他具有突破性的环境法，以保护自然和治理环境污染。另一方面，为了具体有效地贯彻这些法规，加强环境管制，政府成立了专门的环境保护机构——美国国家环境保护局，并在各州逐级设定，最终形成政府环境管理体系。二是公民环境权益意识随之提升。"地球日"运动之后，美国社会发生了很大的变化。学校的课程设置、企业的运营旗号、大众媒体的宣传等到处都充斥着环保的字眼，社会公众对于环境问题的认识也随之发生了改变，基于懵懂的对环境权的要求而参与到环境保护运动中的人们逐渐开始意识到好的环境不仅是满足生存质量的必要条件，"也是伴随着自由与机遇的一项权利"[1]。三是引发国际社会对环境问题的重视。"地球日"活动的影响波及至全球范围内，1972年，联合国在斯德哥尔摩组织召开了人类历史上第一次关于环境问题的国际会议，1973年成立了联合国环境规划署，国际性环境组织也在不断地增加。

其他国家诸如英国、日本等也发生过许多社会环境保护运动，公众积极参与到环境保护运动中，保护环境和治理污染，同时维护自身的环境权益不受侵害。如英国的"乡村保护运动"有效地改善了伦敦"雾都"的形象[2]，日本发生了各种"反矿毒危害运动""反产业公害运动""反开发公害运动"等环境保护运动，在诸多环境运动的作用下，日本的环境保护也取得了较好的效果，并通过环境运动催生了环境保护的法律，尤其是民众参与相关的内容。[3]

---

[1] Philip Shabecoff, *A Fierce Green Fire:The American Environmental Movement*, New York：Hill and Wang, 1993, p.114.
[2] 贾诗航：《英国环境保护运动下的城市变迁》，《美与时代》（城市版）2018年第4期。
[3] 张云飞、李春香：《日本环境保护运动的发展历程》，中国自然辩证法研究会2013年学术年会论文，北京，2013年3月，第475—481页。

西方发达国家的环境保护运动促进了环境权的发展和提高了环境保护成效，公民的积极参与对环境治理而言有着重要意义，这是值得我们吸取的经验。但是本书并不认可公民以非理性的环境运动的方式参与环境保护和治理来体现对自身环境权的维护，而应当是依法且理性的参与到环境治理过程之中，因此需要构建明确可行的参与式环境治理模式帮助公民依法有序地参与环境治理。

总而言之，日益严峻的生态环境形势与公民环境权意识的增强要求必须有效地治理环境，当既往环境治理理念不能应对环境危机之时，寻求新的环境治理方向至关重要。本章即是在对传统的两种环境治理理念分析的基础上，指出这两种治理理念的局限性，然后基于参与治理权与环境权间的理论逻辑关联性以及公民参与治理与环境权的经验相关性两个方面，认为选择参与式环境治理模式具备理论合理性和现实可行性。

第 三 章

环境治理谱系与中国参与式
治理模式探索

面对日益恶化的生态环境以及公民环境权的双重要求，需要探索何种环境治理模式既能够对环境治理产生效果，又能有效保障公民的环境权利。目前环境治理理论研究颇为丰富，研究及实践较多的环境治理模式有政府管制模式、市场化模式以及多元合作模式，然而这几种治理模式都存在着治理困境。因此本章在对这几种典型的模式进行研究的基础上，论证中国语境下参与式环境治理模式的可行性，并对其理论发展和实践现状进行介绍。

第一节 环境治理谱系

20世纪五六十年代以来，全球性的环境问题比如气候变暖、空气污染、水和土地资源减少等加速了当代学者对环境治理领域研究的重视，环境问题研究成为综合了环境科学、政治学、经济学、法学等跨学科交叉研究的重点课题。环境问题的日趋严重催化了环境治理理论研究的进展，主要研究由谁及采取何种方式来做出生态环境决策[①]，目

---

① United Nations Development Programme eds, *World Resources 2002-2004: Decisions for the Earth: Balance, Voice, and Power*, World Resources Institute, 2003.

前相关的理论研究成果非常丰富。本节分析了目前国内外较为典型的政府管制型环境治理、市场化环境治理以及合作型环境治理三种治理模式所取得的环境治理效果及存在的不足，并进一步探讨政府主导下公众参与的参与式环境治理模式的本土可行性基础及其优势，确定选择参与式环境治理有着现实的可行性。

一 政府管制型环境治理的成效与困境

政府管制型环境治理模式，通俗来讲，即依靠政府及其权威手段全面管理和控制环境治理的环节和过程。具体来看，政府管制型环境治理是指政府机构根据行政法律法规，利用行政命令—控制的方式向所辖区域的排污者提供"排污许可证"，通过间接或直接的方式控制污染排放、改善环境的一种方式。[①]这种模式因其执行力强、环境治理效果突出而颇受世界各国的青睐，也是中国长期以来解决环境污染问题的主流模式。

（一）政府管制型环境治理模式产生的基础

1.中央政府对环境治理问题的日益重视

改革开放后，中国从传统社会向现代社会即从农业的、乡村的、封闭的传统社会向工业的、城镇的、开放的现代社会的转变[②]过程中，引发了环境问题。环境污染问题日益突出，20世纪末期至今，环境治理逐渐成为困扰政府和人民的大事之一。改革开放初期，环境问题并不突出时，初步提出了要进行"环境保护"，1979年诞生了第一部环境保护法《中华人民共和国环境保护法（试行）》，1982年组建了城乡建设环境保护部。后伴随着经济的不断发展，20世纪末至今，国内的环境问题

---

① 谭九生：《从管制走向互动治理：我国生态环境治理模式的反思与重构》，《湘潭大学学报》（哲学社会科学版）2012年第5期。

② 郑杭生：《改革开放三十年：社会发展理论和社会转型理论》，《中国社会科学》2009年第2期。

逐渐显现并迅速恶化，党和政府对环境治理决心和态度也日渐增强，通过梳理党和政府的纲领性文件不难发现，无论是中国共产党全国代表大会报告（见表3-1）还是中国国民经济和社会发展规划纲要（见表3-2），均明确提出环境治理，并凸显出政府对环境问题的重视程度越来越高。

2.政府管制型环境治理模式产生的理论基础

学界基于当资源或财产有许多拥有者，他们每一个人都有权使用资源，但没有人有权阻止他人使用，由此导致资源的过度使用，即"任何时候只要多人共同使用一种稀缺资源，便会发生环境的退化"的"公地悲剧"[①]；且除非一个集团中人数很少，或者除非存在强制或其他特殊手段使个人按照他们的共同利益行事，有理性的、寻求自身利益的个体不会为集体利益或共同利益而采取行动的"集体行动的逻辑"[②]；以及出于利益原则是支配人类社会活动的基本原则[③]等理论基础，并结合环境作为典型的公共物品，是社会公共利益的代表的现实情况，同时政府拥有保障社会公共利益的天然职能等理论前提，为政府合法、合理管理环境问题提供了理论上的必然性与可行性。进而依据具体的治理活动提出并论证政府管制型环境治理模式的科学性与有效性，认为环境治理必须由政府管理。具体到中国，在由计划经济向市场经济转型的过程中，逐利性促使市场、社会民众更多地追求经济效益而不会顾及环境被破坏的程度，更不会主动承担环境保护的责任和义务。而且环境作为"非竞争性"和"非排他性"的公共物品，体现了社会公共利益，因此代表公共利益的政府有承担环境保护和治理的责任，如若政府不加干预或约束，企业或个人为了谋求经济利益不惜消耗和破坏"免费"的环境资源，导致一系列的环境污染问题。

---

① ［美］埃莉诺·奥斯特罗姆：《公共事物的治理之道：集体行动制度的演进》，上海三联书店2000年版，第10—11页。

② ［美］埃莉诺·奥斯特罗姆：《公共事物的治理之道：集体行动制度的演进》，上海三联书店2000年版，第16—17页。

③ 赵震江、付子堂：《现代法理学》，北京大学出版社1999年版，第94页。

第三章 环境治理谱系与中国参与式治理模式探索

表3-1 近年来中国共产党全国代表大会报告中环境治理相关内容

日期	中国共产党全国代表大会	关键词	相关内容所在条款	具体内容
1997年9月12日	第十五次代表大会	可持续发展战略	五 经济体制改革和经济发展战略	实施……和可持续发展战略。我国是人口众多，资源相对不足的国家，在现代化建设中必须实施可持续发展战略。坚持计划生育和保护环境的基本国策，正确处理经济同人口、资源、环境的关系。……加强对环境污染的治理，植树种草，搞好水土保持，防治荒漠化，改善生态环境
			三 全面建设小康社会的奋斗目标	全面建设小康社会的目标是：可持续发展能力不断增强，生态环境得到改善，资源利用效率显著提高，促进人与自然的和谐，推动整个社会走上生产发展、生活富裕、生态良好的文明发展道路
2002年11月8日	第十六次代表大会	可持续发展战略	四 经济建设和经济体制改革	走新型工业化道路，大力实施科教兴国战略和可持续发展战略……坚持以信息化带动工业化，以工业化促进信息化，走出一条科技含量高、经济效益好、资源消耗低、环境污染少、人力资源优势得到充分发挥的新型工业化路子。……必须把可持续发展放在十分突出的地位，坚持计划生育，保护环境和保护资源的基本国策，合理开发和节约使用各种自然资源，树立全民环保意识，搞好生态保护和建设
2007年10月15日	第十七次代表大会	全面协调可持续发展；树立生态文明观念	三 深入贯彻落实科学发展观	必须坚持全面协调可持续发展。坚持生产发展、生活富裕、生态良好的文明发展道路，建设资源节约型、环境友好型社会，实现速度和结构质量效益相统一、经济发展与人口资源环境相协调，使人民在良好生态环境中生产生活，实现经济社会永续发展
			四 实现全面建设小康社会奋斗目标的新要求	建设生态文明，基本形成节约能源资源和保护生态环境的产业结构、增长方式、消费模式。循环经济形成较大规模，可再生能源比重显著上升。主要污染物排放得到有效控制，生态环境质量明显改善。生态文明观念在全社会牢固树立

续表

日期	中国共产党全国代表大会	关键词	相关内容所在条款	具体内容
2007年10月15日	第十七次代表大会	全面协调可持续发展；树立生态文明观念	五、促进国民经济又好又快发展	加强能源资源节约和生态环境保护，增强可持续发展能力。坚持节约资源和保护环境的基本国策，关系人民群众切身利益和中华民族生存发展。必须把建设资源节约型、环境友好型社会放在工业化、现代化发展战略的突出位置，落实到每个单位、每个家庭。要完善有利于节约能源资源和保护生态环境的法律和政策，加快形成可持续发展体制机制。落实节能减排工作责任制，开发和推广节约、替代、循环利用的先进适用技术，发展清洁能源和可再生能源，保护土地和水资源，加强设科学合理能源消费利用体系，提高能源资源利用效率。发展环保产业。加大节能环保投入，重点加强水、大气、土壤等污染防治，改善城乡人居环境。加强水利、林业、草原建设，促进生态修复。加强应对气候变化能力建设，为保护全球气候作出新贡献
			三、全面建成小康社会和全面深化改革开放的目标	资源节约、环境友好型社会建设取得重大进展。主体功能区布局基本形成，资源循环利用体系初步建立。单位国内生产总值能源消耗和二氧化碳排放大幅下降。主要污染物排放总量显著减少。森林覆盖率提高，生态系统稳定性增强，人居环境明显改善。加快建立生态文明制度，健全国土空间开发、资源节约、生态环境保护的体制机制，推动形成人与自然和谐发展现代化建设新格局
2012年11月8日	第十八次代表大会	生态文明制度建立；绿色发展	八、大力推进生态文明建设	建设生态文明，是关系人民福祉、关乎民族未来的长远大计。坚持节约资源和保护环境的基本方针，自然恢复为主的方针，着力推进绿色发展、循环发展、低碳发展，保护优先、自然恢复为主，形成节约资源和保护环境的空间格局、产业结构、生产方式、生活方式，从源头上扭转生态环境恶化趋势，为人民创造良好生产生活环境，为全球生态安全作出贡献。（一）优化国土空间开发格局。……（二）全面促进资源节约。……（三）加大自然生态系统和环境保护力度。……（四）加强生态文明制度建设。……我们一定要更加自觉地珍爱自然，更加积极地保护生态，努力走向社会主义生态文明新时代

第三章 环境治理谱系与中国参与式治理模式探索

续表

日期	中国共产党全国代表大会	关键词	相关内容所在条款	具体内容
		社会主义生态文明观；绿色发展；生态环境监管	三、新时代中国特色社会主义思想和基本方略	坚持人与自然和谐共生。建设生态文明是中华民族永续发展的千年大计。必须树立和践行绿水青山就是金山银山的理念，坚持节约资源和保护环境的基本国策，像对待生命一样对待生态环境，统筹山水林田湖草系统治理，实行最严格的生态环境保护制度，形成绿色发展方式和生活方式，坚定走生产发展、生活富裕、生态良好的文明发展道路，建设美丽中国，为人民创造良好生产生活环境，为全球生态安全作出贡献
2017年10月18日	第十九次代表大会		九、加快生态文明体制改革，建设美丽中国	我们要建设的现代化是人与自然和谐共生的现代化，既要创造更多物质财富和精神财富以满足人民日益增长的美好生活需要，也要提供更多优质生态产品以满足人民日益增长的优美生态环境需要。必须坚持节约优先、保护优先、自然恢复为主的方针，形成节约资源和保护环境的空间格局、产业结构、生产方式、生活方式，还自然以宁静、和谐、美丽。……（一）推进绿色发展。……（二）着力解决突出环境问题。……（三）加大生态系统保护力度。……（四）改革生态环境监管体制。……要牢固树立社会主义生态文明观，推动形成人与自然和谐发展现代化建设新格局

— 93 —

表3-2　近年来中国国民经济和社会发展规划纲要中环境治理相关内容

时间	篇章	具体内容
第十个五年计划（2001—2005年）	第四篇　人口、资源和环境	节约保护资源，实现永续利用；加强生态建设，保护和治理环境
"十一五"规划（2006—2010年）	第六篇　建设资源节约型、环境友好型社会	保护修复自然生态；加大环境保护力度；强化资源管理；合理利用海洋和气候资源
"十二五"规划（2011—2015年）	第六篇　绿色发展建设资源节约型、环境友好型社会	积极应对全球气候变化；第二十二章 加强资源节约和管理；大力发展循环经济；加大环境保护力度；促进生态保护和修复；加强水利和防灾减灾体系建设
"十三五"规划（2016—2020年）	第十篇　加快改善生态环境	加快建设主体功能区；推进资源节约集约利用；加大环境综合治理力度；加强生态保护修复；积极应对全球气候变化；健全生态安全保障机制；发展绿色环保产业

3.政府管制型环境治理模式产生的现实需要

一是计划经济体制带来的全能型政府管理模式对环境治理的影响。全能型政府模式下，政府强制性管理各类社会事务，社会发展严重滞后。因此，强政府—弱社会的社会现实以及当前自然环境污染的严重程度要求政府控制环境恶化的速度。二是环境治理作为一项技术性工程的同时，还涉及了国家、市场、社会等多方面，是一项庞大的公共管理事务，因此需要大量的资金和各类人才的投入，市场的逐利性和社会的无力感使他们难以支撑环境治理的庞大消耗，而政府在此方面有其天然优势。

（二）政府管制型环境治理模式的成效

政府管制型环境治理在环境问题的解决方面取得了一定的效果，但是环境治理并不能一味地只追求环境问题的解决，经济发展和民生问题亦是政府需要直面的现实问题，因此对其环境治理的绩效进行评价往往涉及两个方面：环境绩效与经济绩效。①环境与经济的发展息息相关，且近年来国内环境治理最主要依托政府管制，故本书为体现政府环境管制的效果，以环境变化状况以及经济发展涉及的相关能耗指标两个方面的内容即减排节能来说明政府管制的效果。

1.国内环境逐步改善，减排效果显著

在国家政策管控越来越严格的情况下，根据国家生态环境部每年公布的《生态环境状况公告》统计数据显示，国内环境主要污染物排放总量在逐年降低②，本书以大气中废气里的主要污染物排放量为例（见图3-1），可看出在政府的控污减排工作努力下，中国自2011年至今大气污染治理效果显著，污染源排放量逐年减少。

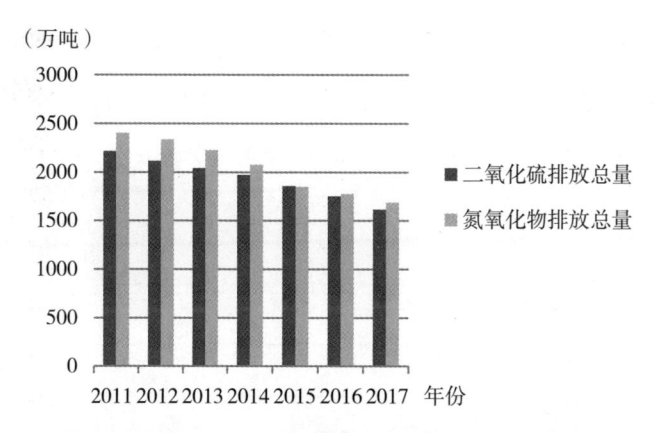

图3-1 2011—2017年废气中主要污染物排放量

2014年至今，全国范围内大气污染严重，雾霾污染主要表现是空气中可吸入颗粒物（PM10）与细颗粒物（PM2.5）严重超出标准范围。

---

① 魏娜：《政府环境管制的研究述评——从管制主导到合作共治》，《领导科学》2015年第32期。

② 自2011年起年度环境状况统计公告中的主要污染物排放总量统计范围发生了变化，在原有的工业源和生活源基础上增加了农业源和集中式污染治理设施，故本书的相关数据取自2011—2017年。

针对全国338个地级以上城市（含直辖市、地级市、地区、自治州和盟）的空气质量标准监测结果显示，2015年仅有73个城市空气质量达标，即空气质量指数（AQI）在0—100天。针对严重的大气污染，各地政府投入了大量的人力、物力、财力来进行控制，并执行了各种严格的行政命令，如汽车单双号限行、工厂停工停产、投入大量资金帮助改进冬季取暖设施以减少污染等，取得了一定的成效，2016年空气质量达标的城市为84个，2017年统计增加至99个。①

2.能源消耗量逐年降低

近年来，在保证国内经济稳定发展，国内生产总值稳步增加的同时，每年的国内万元生产总值能耗不断降低（见图3-2），证实了中国政府高度重视降低资源浪费，提高资源利用率，进而证明在环境治理方面取得显著成效。虽然中国整体能源耗能较大，但是国民人数多，人均能源消耗量低于世界多数国家，据统计2012年中国人均消耗2.6吨标准煤，达到世界平均水平，但仅为美国的30%。

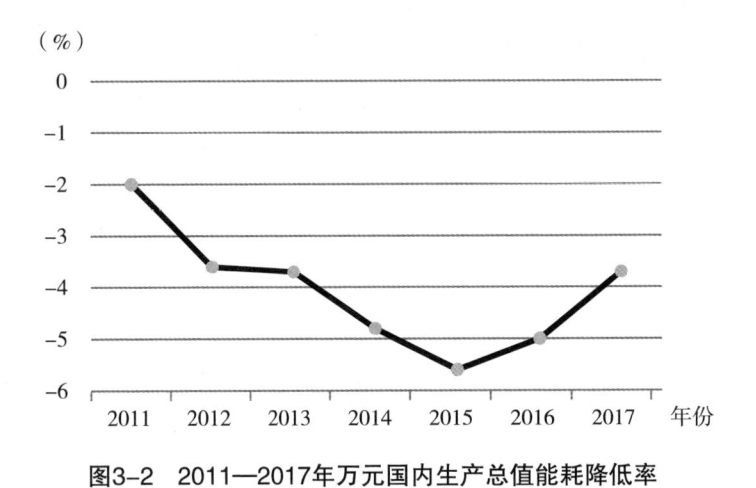

图3-2　2011—2017年万元国内生产总值能耗降低率

---

① 数据来源：2015—2017年政府生态环境状况公告。

（三）政府管制型环境治理的现实困境

虽然政府管制型环境治理模式在环境治理中取得了一定的成效，近两年高强度的环境治理效果尤为明显，北方雾霾天气数量日益减少，空气质量显著提高。以河南省新乡市为例，自2015年华北地区大范围爆发雾霾至今，城市环境空气质量优良全年从2015年的147天到2017年的222天，短期内实现了空气质量的大幅提升，国民生存质量得到了改善。① 但是综观中国环境治理的过程和现状，政府管控环境治理有其难以克服的弊端，在环境治理中出现了"政府失败"的现象。

1. 中国的行政体制设置无法面面俱到

一是中央政府和地方政府在环境问题上的认知和行为差异。中国的政治体制结构中，中央政府是决策的制定者，地方政府是政策的执行者，环境治理政策的制定和执行亦是分别由中央政府和地方政府承担。近年来，中央提出的发展战略从"可持续发展"向"绿色发展"转变，更进一步彰显了中央政府对环境保护的决心和重视程度。但是怎样做是"可持续发展"，何又谓"绿色发展"，这些更倾向于是指导性的战略方针，难以对具体的操作和实施标准进行量化，地方政府享有较大的执行空间。地方政府在信息传输不对称、追求GDP增长、地方财政压力、地方领导政绩要求以及可能存在的寻租和腐败等因素的影响下，可能会有选择性地解读和执行中央政府的环境政策，消极应对，即使出现操纵和谎报环境情况和存在的问题、欺上瞒下等也难以被上级政府发现。②

二是地方政府的经济职能与环境治理职能间的矛盾。地方政府一方面要稳步推进地方经济增长，另一方面需同时兼顾环境质量的改善，需要协调和平衡眼前利益和长远发展，然而在现实操作中，地方政府

---

① 数据来源：新乡市环境保护局网站，http://www.xxhb.gov.cn/。
② 邹晓涓：《政府环境治理的现实困境及原因解析》，《湖南行政学院学报》2017年第6期。

难以有效平衡追求地方经济绩效与提高环境治理成效间的冲突。有研究表明，地方GDP增长显著影响官员的晋升[①]，而地方企业则是地方经济发展的主力军，企业所得税和增值税亦是财政收入的主要来源，因此地方政府更倾向于扶植企业发展，甚至为追求经济利益引入污染企业，或以行政处罚默许污染企业的排污行为，放松环境管制。为了避免出现"土皇帝"和"坐地老虎"，中国的行政官员采取轮岗制，这个规定避免了官员权力的过度膨胀，有利于控制和减少官员腐化的可能，然而这一规定也会因为每位行政官员的工作思路与方法的差异，导致地方政策难以延续。因此，即使某一任地方官员重视环境保护，难以保证接任官员的工作重心同样倾向于环境治理。

三是环境保护行政部门面临着上级环保机构和地方政府的双重领导。中国环境治理有其固有的结构，从上到下依次为中央的生态环境部、省级环境保护厅、地方各级环保局。根据中国政府组织构成，地方环保局工作的开展不仅纵向上要受上级环保机构的监督及技术指导，而且横向上在财政、人员等方面受地方政府的领导。在实际中，地方政府与地方环保部门之间的领导与被领导关系重于与上级环保部门的监督与被监督关系。当地方政府与中央生态环境部的环境政策出现偏差时，地方环保部门的工作开展举步维艰。

2.政府内部经济利益的驱使

一是公共利益观的缺失，导致政府在环境治理中出现寻租和腐败问题。政府管控是以政府作为公共利益的代表者为出发点，而在实际工作中，政府往往体现出"经济人"的特征，利用管控权力寻租，进而引发腐败问题，原本维护社会公共利益的政府管控权演变成为方便于政府人员的设租与创租。因此，一方面地方政府以经济增长作为政绩

---

① 王剑锋、顾标等：《"锦标赛"增长模式的来源与演变：一个经济史分析》，《江苏社会科学》2014年第4期。

考核的主要指标，以破坏环境为代价获取经济收益；另一方面政府环境部门"可能在理性经济人的支配下，利用权力寻租、设租，从而对环境这一公共产品的供给违背初始目标"①。

二是政府追求政绩，在环境治理中要求即时效果，采用"以减代治"的"运动式"治污难以保证有效的环境治理。近两年，为了保证空气质量，各地政府陆续下达了私家车限行、污染企业停工停产、禁止户外烧烤、焚烧秸秆等降低污染物排放的行政命令来控制环境污染的速度。这种"以减代治"的"运动式"治理方式，如"APEC蓝""G20蓝"短期内取得了较好的效果，但是良好的空气质量难以持久。环境污染具有跨区域性和长期性的特点，治理也并非一朝一夕能够解决，"以减代治"的"运动式"治污短期内遏制企业和社会的各种排污行为，确实能够取得较为明显的效果，但这种方式严重影响了居民的正常生活与经济活动的正常运转，对社会和市场均有较大冲击，出于可持续发展的考虑，不能长期采用此种方式，应寻求更为有效的方式解决环境问题。

二　市场化环境治理的活力与失灵

政府管制型环境治理模式虽取得了一定的成效，但由于环境问题的复杂性以及治理中出现的困境，促使环境治理问题的研究进一步发展，国内学术界在环境治理方面的研究将目标从政府管制向推行市场化环境治理模式转变，将市场引入环境治理之中，利用市场工具来规避政府环境管制的弊端。政府也意识到环境治理并非政府单一角色得以有效完成，需要其他社会角色共同发挥作用，十八届三中全会《中共中央关于全面深化改革若干重大问题的决定》中首次提出了要"发展环保市场，建立吸引社会资本投入生态环境保护的市场化机制"。市

---

① 王虎、李长健：《主流范式的危机：我国食品安全治理模式的反思与重整》，《华南农业大学学报》（社会科学版）2008年第4期。

场因其自身活力能够为环境治理带来一定的成效,但市场亦可能出现"失灵"现象,环境治理效果会因此大打折扣。

(一)市场活力成就"青山绿水"

市场化环境治理模式即是在环境污染治理中引入市场机制,给予企业一定政策支持,企业在追求经济利益的同时改善或提高环保业绩,从而达到环境治理目标的一种方式。目前中国环境治理市场化模式主要有两种类型:一是排污企业主动治理污染或出于社会公德治理污染,二是通过政府外包或排污企业外包的方式引入专业环境服务企业提供环境服务和治理各类污染。

1.企业积极主动进行环境治理活动

20世纪80年代,国内就出现了市场在环境治理中的成功案例。如库不齐沙漠治沙的成功在国际上获得了较高的声誉。库不齐作为中国第七大沙漠,当地沙漠化严重,政府在出台各种禁牧、休牧和以草定畜等政策虽然有效地遏制了沙漠化的延展,但牧民们的收入也被迫大幅降低,并且治沙经济耗费巨大,单纯依赖政府投资难以维系。在这种情况下,当时杭锦旗盐场为了遏制沙漠化吞噬企业盐湖,从每吨盐的收益中拿出5块钱种树,长期治沙之后发现治理沙漠的过程也可以带来巨大的经济收益,从而激发了当时农牧民治沙的积极性。市场活力成功地激发了环境治理的内生动力,常年的坚持获取了明显的成效,2015年库不齐沙漠的绿化成果荣获联合国土地生命奖,创建库不齐国际沙漠论坛。

并依据学者张兵兵等对市场、能源消耗等方面的实证研究显示,企业主动治理污染能够倒逼企业自主创新,实现生产方式升级改进,从而提升能源效率水平,降低能源消耗量,减少污染物的排放,实现环境改善与经济增长双赢局面。[①]

[①] 张兵兵、田曦等:《环境污染治理、市场化与能源效率:理论与实证分析》,《南京社会科学》2017年第2期。

2.第三方环境治理成效明显

所谓环境污染第三方治理是指"由独立的第三方通过签订合同或协议承担应由政府或排污企业承担的环境污染治理任务,并从中获取收益的市场化治理模式"①。中国环境治理第三方治理初期是在如城市环境卫生、火电厂治硫、污水治理等部分行业实践。2002年建设部《关于加快市政公用行业市场化进程的意见》中强调"开放市政公用行业市场",在城市环境污染治理中引入BOT(Build-Operate-Transfer)、BOO(Build-Own-Operate)、TOT(Transfer-Operate-Transfer)等第三方治理模式;2007年颁布的《关于开展火电厂烟气脱硫特许经营试点工作的通知》《火电厂烟气脱硫特许经营试点工作方案》和2015年《关于在燃煤电厂推行环境污染第三方治理的指导意见》体现了环境污染第三方治理在火电行业成功推广;在污水治理中,学术界积极探讨引入"水污染治理和水环境保护专业公司"②专业处理水资源污染问题。江浙以及广东沿海等经济发展较快地区,二十多年前就有大量的专业环保公司,承担政府或企业的环境外包业务。

以市场化机制引入第三方治理污染,首先,不仅能够克服政府管控的不足,也能够降低排污企业的排污技术难题;其次,方便政府进行监管,相较于排污企业,第三方治理机构数量相对较少;最后,有利于推动环境保护的产业升级和发展。

(二)市场失灵导致市场化环境治理模式失败

市场作为资源配置的有效方式,对经济活动反应直接灵敏,具有内生活力。但是要实现市场对资源的优化配置则需要满足三个前提:完全竞争性、市场进出自由、健全的制度配套。在现实市场运营中,第一个条件就难以实现,同时目前国内相关制度建设并不完善,存在

---

① 刘超:《"市场化"是治理环境污染的有效探索》,《兰州日报》2015年3月19日第3版。
② 程思良:《论水资源污染治理与水环境保护的市场化运营》,《学术论坛》2009年第2期。

着制度空白或制度设计缺陷等问题,这就很容易造成"市场失灵",即由于垄断、外部性、公共物品和信息不对称等因素导致出现的市场无法实现资源的最佳配置。

"市场失灵"难以避免,环境保护领域尤其如此。环境作为典型的公共物品,难以界定产权、难以定价,市场主体——企业的逐利性进一步导致环境治理的负外部性。如2003年青岛威立雅污水处理项目中合作企业利用自身专业优势与政府签订了高价的合作协议,后期政府在了解市场价格和相关结构后要求重新与污水处理企业进行价格谈判。在此项目中,项目公司利用政府知识缺陷和错误签订不平等协议,从而引起后续谈判拖延,增加了合作的成本。然而最终污水治理效果不如人意,合作企业主管的污水处理厂误将污水处理回用水与自来水管相接,从而污染了自来水,对居民生活带来严重伤害。[①]

专业环保企业作为第三方治理污染,促进环境治理市场化发展,是目前政府鼓励和支持的一种环境治理手段,有一定的效果。但是,实施第三方治理这种方式有其障碍。

一是行业和地区发展不均衡。目前,从行业上看,推行这种模式的领域多为工业生产领域,且多集中于火电、污水治理、钢铁、水泥等大型企业,大量中小企业并不愿意承担此项费用,更多地倾向于"搭便车"。从地区看,大城市较为广泛,而在农村重污染地区因企业经济收益少,实施难度大等问题的存在第三方环境污染治理并不流行。

二是相关政策制度设置不健全。一方面是关于第三方治理的责任界定与盈利模式不够清晰,排污企业与专业环保企业的责任限定缺乏具体的法律规范;另一方面是进入与退出管理制度不完善,第三方治

---

① 亓霞、柯永建等:《基于案例的中国PPP项目的主要风险因素分析》,《中国软科学》2009年第5期。

污成本与效果的评价标准与评估机制不健全。①

三是第三方投资风险与收益的不确定。环境污染治理项目往往是周期长、见效慢，不可预知的因素较大，社会资本在进入环境保护领域时会顾虑风险与收益间的差距，从而望而止步。

三 合作型环境治理理念与现实的悖离

合作型环境治理模式是将合作治理理论与环境治理实际需要相结合的具体应用，2002年在约翰内斯堡通过的《可持续发展世界首脑会议实施计划》中主张"促进形成政府、市场（私有经济部门）和公民社会之间的良性互动关系，即公私合作伙伴关系"。近年来，这种治理模式已成为西方国家用以解决复杂的环境问题的主要手段，比如在空气污染治理、水污染治理、土地利用保护等方面。实践证明了政府失败与市场失灵对环境治理均有负面影响，于是在治理理论兴起的理论背景下，学者们将环境治理的研究与合作治理理论相结合，力图探索适用于中国的合作型环境治理模式。

（一）合作型环境治理的理论架构

相较于政府管制型与市场化的环境治理模式，合作型环境治理的治理主体多元化、治理结构复杂化，故需要对此种模式的理论架构进行阐释。

1.合作治理：合作型环境治理的理论基础

合作型环境治理是在合作治理理论的基础上发展而来，国外学者针对合作治理的研究颇为丰富，相应的概念界定也各有区别。如Chris Ansell 和 Alison Gash 在 Collaborative Governance in Theory and Practice 一文中从六个方面强调了合作治理的标准：（1）公共机构（政府）组

---

① 周五七：《中国环境污染第三方治理形成逻辑与困境突破》，《现代经济探讨》2017年第1期。

织发起；（2）参与者必须包括非官方主体；（3）各参与者直接参与决策而不仅仅是公共机构的"咨询"；（4）需要正式组织并集体参与；（5）以协商一致的方式作决策；（6）合作的焦点是公共政策或公共管理。在这六个标准下，他们提出合作治理是"由一个或多个公共机构直接将非国家利益相关者联系起来，正式的，以共识为导向的，审慎的，旨在制定或实施公共政策或管理公共计划或资产的一种治理安排。"即将公共和私营利益相关方聚集在一起，与政府一起参与集体讨论，以便做出共识性决策。[①] Kirk Emerson 等人在 An Integrative Framework for Collaborative Governance 一文中将合作治理界定为"人们为实现公共目的而有建设性地去参与跨公共机构边界、跨政府层级和/或跨公共、私人以及公民团体的界限，对公共政策进行决策和管理的过程和结构。"[②]这一概念强调了合作治理应打破公私部门间的界限。

虽然学者们针对合作治理的界定有所不同，却有着相通的部分：一是均要求治理主体多样性，各利益相关者均应被视为治理主体，打破既往传统政府一元主体模式；二是主体间的相互认可和依赖，现代公共事务的处理需要多主体发挥各自所长，需要在相互信任的基础上主体间互通有无；三是治理主体要有共同的利益目标，因共同的利益而被聚集在一起。即合作治理是在政府、市场、社会等多个利益相关方因共同的利益诉求而形成彼此认同且信任的合作伙伴关系，并设立具体的制度规则，从而进行集体活动的一种现代的公共事务治理模式。

2.合作型环境治理的内涵与分型

西方学者研究发现合作治理理论能够有效解决复杂的环境问题，合作型环境治理也相应成为研究热点，多元主体协同治理为解决复杂

[①] Chris Ansell and Alison Gash, "Collaborative Governance in Theory and Practice", *Journal of Public Administration Research and Theory*, Vol.18, No.4, 2008, pp.543–571.

[②] Kirk Emerson and Tina Nabatchi et al., "An Integrative Framework for Collaborative Governance", *Journal of Public Administration Research and Theory*, Vol.22, No.1, 2012, pp.1–29.

的环境问题提供了一种新的治理模式。如欧盟"整合性产品政策"的有效制定和实施,即是对合作环境治理机制的具体实践,这一政策"寻求减少从原材料开采到生产、分销、使用和废物管理等整个产品的生命周期对环境的影响,其驱动思想在于整合产品整个生命周期的环境影响,并使之反映在利益相关方的决定中"①。但是学者们研究的焦点大多集中于这种环境治理模式如何有效发挥效用,对合作型环境治理的内涵界定不多。蒂姆·佛西将合作型环境治理视作解决环境问题的政策策略,是市场、公民团体和地方政府等采用讨论、合约以及其他正式或非正式的管理方式的一种治理类型。同时,他指出合作型环境治理若希望有效,不仅需要不同地区的大量的主体参与并协商,而且政府应当具有成熟的环境政策能力。②在对国外研究成果总结的基础上,国内学者刘小泉、朱德米将合作型环境治理定义为"一组相互依存的利益相关者为了解决复杂的环境问题而建立跨域的合作伙伴关系,并以平等协商的方式参与环境决策制定的过程和制度"③。对合作型环境治理的含义界定,学者们的观点大致一致,即社会中各个不同主体为解决共同的环境问题而平等参与并协商制定环境决策,从而建立合作伙伴关系的过程。

Luisa Diaz-Kope等学者在对合作治理的文献研究的基础上,对复杂流域环境问题治理合作伙伴关系进行探讨,将合作型环境治理分为机构间治理、跨部门治理和基层治理。这三种环境治理模式各有其适应性:(1)机构间治理适宜于大规模、复杂、科学技术的流域环境问题,这种模式中利益相关者之间高度的机构联系允许这些类型的合作

---

① Commission of the European Communities, *Green Paper on Integrated Product Policy*, Feb. 2001, Para.2.
② [英]蒂姆·佛西:《合作型环境治理:一种新模式》,谢蕾摘译,《国家行政学院学报》2004年第3期。
③ 刘小泉、朱德米:《合作型环境治理:国外环境治理理论的新发展》,《国外理论动态》2016年第11期。

影响环境政策。(2)跨部门治理更适合对大规模实地恢复项目的管理,因为协作者有动员大量志愿者的能力。此外,由于合作伙伴的利益相关者构成的广度,这种模式能够更好地规避政治的繁文缛节。(3)基层治理在解决地方环境问题方面效果更为显著,这种模式可能能够更有效地解决地域性环境问题,最终实现更好的环境治理。①

(二)合作型环境治理的理想与现实之殇

Tomas M. Koontz 等学者指出:"如果20世纪是管理的时代,那么21世纪可能是合作的时代。对于环境问题来说尤其如此,是因为环境决策过程逐步从公共等级制向多部门合作转变。"②但是作为一种新型治理理论,合作型环境治理在国内的研究尚未成熟,主要是在借鉴国外经验和教训的基础上进行研讨,国内环境治理实践也对此种模式跃跃欲试,结果却差强人意。

以长三角地区海洋渔业环境污染的合作治理模式为例③:自改革开放以来,因国家经济政策的支持和地理优势,长三角地区经济发展态势良好,但近海的渔业环境却日益恶化,虽然政府加大了治理的投入,但是在江浙沪各地政府"各自为政"的情况下,治理收效甚微。在此情况下,江浙沪三地开展针对海洋渔业环境污染治理的合作,从最初的信息交换、高层领导会晤、各种非正式合作逐步向开展联席会议、建立联席办公室以及海上联合执法等更为具体的合作方式转变。合作之后,近海域地区污染问题有所缓解,但并无明显改善,海洋污染问题仍严峻。长三角污染江浙沪合作治理的低效,主要有以下几个因素的

---

① Luisa Diaz-Kope and Katrina Miller-Stevens, "Rethinking a Typology of Watershed Partnerships: A Governance Perspective", *Public Works Management*, Vol.20, No.1, 2015, pp.29–48.

② Tomas M. Koontz and Craig W. Thomas, "What Do We Know and Need to Know about the Environmental Outcomes of Collaborative Management?" *Public Administration Review*, Vol.66, 2006, pp.111–121.

③ 傅广宛、茹媛媛、孔凡宏:《海洋渔业环境污染的合作治理研究——以长三角为例》,《行政论坛》2014年第1期。

影响：一是合作治理主体中主要发挥作用的是各地政府，其他主体如市场、公众的参与度极低，政府、市场、公众在环境治理中的地位并不对等，这与合作治理所要求的平等多元主体不符；二是合作治理的制度不完善，缺乏有效的制度环境；三是合作主体间利益诉求不同，合作的主要主体——各地政府多"各扫门前雪"，在相关政策制定中只顾及本地，其他省份的状况并不多考虑，缺乏相互间的沟通，这对整体流域的污染治理作用不大。

合作型环境治理模式在西方国家曾取得较为广泛的应用和成功例证，国内学者开展了大量的研究，但是在环境治理实践中却较少地使用此种模式，合作型环境治理模式本土化难度较大，理想与现实间有较大差距，极易出现"治理失灵"的状况，究其原因，本书认为：

首先，西方理论与国内社会历史背景不符。中国社会经历战争从封建社会进入现代社会，社会体制发生了巨大的转变，逐渐向现代化发展，但是各种传统思想并不会随着社会制度的转变而急剧转变。国内社会长期处于权威型政府和全能型政府的思想环境，这种传统思想并不会随着民主政治的推进迅速消失殆尽，而是需要一个长期漫长的阶段。这与合作治理理论要求的政府放弃其权威与其他主体形成平等的伙伴关系之间的矛盾难以调和。

其次，理想的理论设计与现实的运作间的差距。合作型环境治理模式本意通过各个利益主体协同治理生态环境，从而形成一种网络型环境治理模式，希冀通过这一模式能够有效处理复杂的环境问题。然而现实环境治理中，环境治理所需耗费巨大并且对治理技术要求较高，除政府外其他社会角色或无力或不愿承担此项开支；且环境作为产权不清的公共物品，环境外部性效应明显。在这些因素的约束下，政府、市场与社会公众在环境治理中一方面难以形成共同的利益目标，另一方面它们难以处于平等地位。

总而言之，合作型环境治理模式作为舶来品，其应用与中国的制度与政治文化土壤存在一定的距离。

四 参与式环境治理的本土基础与优势

前文分析了目前国内外研究和使用较多的三种治理模式：政府管制型环境治理模式、市场化环境治理模式和合作型环境治理模式，并论证了以上模式的不足之处。但是目前严峻的环境问题亟待解决，需要新的治理模式。目前中国公民参与环境治理意识已经觉醒，具有一定的社会基础，同时结合环境问题的复杂性，政府主导责任的不可忽视，由此，本书认为选择在政府主导下的公民广泛参与环境治理的参与式环境治理模式是与中国国情和体制相容的具有可行性的治理模式。

（一）中国政府在环境治理中发挥主导作用的必然性

政府在环境治理中必须占据主导地位，一方面是因为在中国的国情与制度背景下，政府与社会间力量不对等的现实状况，与强大的政府力量相比较，社会力量薄弱且发展相对较为迟缓；另一方面则在于中国环境治理的困难更大，由于中国飞速发展的经济所带来的环境问题不同于西方国家，环境问题更为复杂，除政府外其他力量难以承担环境治理所需要的各种资源。

1.中国历史背景与政治社会现状

中华人民共和国成立之后改革开放之前，中国政府实行的是"全能型"的政府管控模式，执行严格的计划经济体制。在这一阶段，政府通过控制各种资源全面把控经济的发展，最终实现对社会的全面控制。"在政府全面干预社会事务、政府与社会关系高度一体化的模式下"，政府的行政力量涉及所有社会事务之中，社会力量很小，社会公民与社会组织必须完全依赖政府而生，甚至原本应当独立于政府之外的社会组织也被吸纳到政府体系之中。[①]这种模式在中华人民共和国成立初

---

① 冯华艳：《我国政府与社会关系的重新定位》，《中共郑州市委党校学报》2006年第6期。

期对于维护政权稳定、保护国家安全起到了一定的积极作用,但随着政府过于强大的管控力与日益增长的社会发展需求,这种模式逐步显现出其弊端和问题。

改革开放以后,国家政策打破了原有的计划经济体制,逐步开始实行市场经济体制,随之政府与社会间的关系也发生了改变,社会开始逐步发展,政府也在鼓励成立社会组织以壮大社会力量,但长期以来形成的强政府——弱社会的模式以及根深蒂固的思想难以在短期内得到改变。基于社会发展滞后,社会力量薄弱的政治社会背景,社会难以与政府处于平等的地位。伴随着经济的迅速发展和环境问题的凸显,环境保护社会力量开始逐步形成并壮大,但在行政力量主导的社会背景下,社会治理的目标、节奏事实上是由行政部门定义的,"尽管政府没有对非正式组织实施直接控制,但通过社区居委会或单位,政府对非正式兴趣组织实施了间接控制"[①]。

2.中国环境问题的复杂性

资本主义国家环境事件高发,是工业革命后一系列生产技术的改进以及对环境资源的粗放化利用给环境带来的负面影响,根源在于"资本主义私有制与社会化大生产之间、生产力与生产关系之间的矛盾"[②],中国的环境问题与昔日的发达国家相比,无论是成因还是危害,都更为复杂。而复杂多变的环境问题的解决,离不开政府强力的资金、技术支撑,以及各种制度保障,这就决定了中国政府在环境治理中必须占据主导地位并发挥主导作用。

一是多重因素导致环境问题。从内部原因分析,经济发展早期粗放型的经济增长模式导致环境资源大范围的被破坏。改革开放之后,

---

① 康晓光、韩恒:《分类控制:当前中国大陆国家与社会关系研究》,《社会学研究》2005年第6期。
② 万希平:《我国生态环境危机的难题成因与破解之道——论走向政府主导的环境治理》,《天津行政学院学报》2016年第4期。

在早期粗放型工业化发展与不完善的市场经济体制的双重作用下，自然资源被过度消耗和浪费，环境问题随着经济发展而日益凸显。从外部来看，西方发达国家为了避免本国环境污染，将高耗能和高污染的制造业大量转移到发展中国家，中国由于大量的廉价劳动力和极为丰富的矿产资源以及开放的招商引资政策而一度成为发达国家投资建厂的首选，从而环境问题也跟随着生产从西方转移到了东方。

二是环境问题更为复杂。中国现在正处于工业化、城镇化的现代化发展进程之中，城市的环境问题较为突出的是由工业发展带来的严重的环境污染问题，主要是大气污染和水污染；而对于工业相对较少的农村地区，环境问题则主要为对自然资源的过度采伐而带来的自然资源减少、土地沙化、水土流失等生态环境破坏的问题。目前城镇化发展越来越快的情况下，城市与农村的界限也越来越小，这两种环境问题之间相互交错影响，且时有重叠发生，就促使中国的环境问题更加复杂化。

三是环境问题的危害性更大。与发达国家几十年前的环境问题所带来的危害相比，中国面临的危害则更为复杂。与西方国家环境问题相同的是，环境问题会带来经济损失和生存危机，而不同的是现在中国面对着极具开放的国际形势，导致中国在处理环境问题时必须更为及时且妥当。互联网时代的到来，加速了信息传播的速度，在环境问题爆发之后，如果处理不当，各种负面信息会迅速传播到世界上各个角落。从国内看，政府形象受损，政府公信力下降；从国际看，会对国家形象带来负面影响，甚至影响国家的国际地位。

（二）公民参与环境治理的本土基础

1.国家的政治性质赋予了公民参与环境治理的积极意义

中国作为人民民主专政的社会主义国家，坚持的是基于民主集中制的人民代表大会制度，坚持的是中国特色的社会主义制度。中国在国体和政体上均体现了中国人民的权力，并在宪法中予以确认。《宪法》第二条第一款规定"中华人民共和国的一切权力属于人民",并在第二条第三款中进一步明确了"人民依照法律规定,通过各种途径和形式,管理国家事务,管理经济和文化事业,管理社会事务。"即人民有权管理各项事务,环境问题应属于此范畴之内。换言之,可以理解为公民有权对环境事务进行管理。但中国地广人多,在这样的情况下,基于民主与集中相结合的制度下,人民将权力通过人大表达,由政府代为执行。但是针对复杂的环境问题,单一的依赖政府力量效果并不如意,最广大的人民群众的广泛参与更能够有效地实现环境保护。

2.党中央对生态环境的重视给予公民参与环境治理的政策路径

习近平总书记在十九大报告中指出"中国特色社会主义最本质的特征是中国共产党领导,中国特色社会主义制度的最大优势是中国共产党领导,党是最高政治领导力量",要"坚持党对一切工作的领导"。环境问题的日益严重,党中央对此有着非常明确的政策指向,要"加快生态文明体制改革,建设美丽中国",并提出了"构建政府为主导、社会组织和公众共同参与的环境治理体系"来治理环境问题,从国家政策体现公民参与的重要性并给予公民在环境治理中的参与地位。党的政策导向同时需要一系列法律法规的支撑,由此,近年来国家环境法律也在不断地完善公民参与的规定以及具体的参与路径等,如新修订的《环境保护法》《环境保护公众参与办法》《环境影响评价公众参与办法》等都彰显了党中央和政府对于环境治理中公民参与的重要性的认可和践行。

3.公民力量的壮大为参与环境治理提供了现实可行性

国家经济水平的大幅提升,国民整体收入水平近年来大大增加,生活质量水平也随之提高,民众有能力在生存之余参与到社会活动之中。并且伴随着国家教育政策以及对教育投入的增加,国家公民整体受教育程度随之提升,公民的知识量与获取知识信息的能力提高。随着国家经济和政治地位的发展,公民的物质生活和精神生活都得到了大幅度的提高，从而对社会问题的关注能力和热情也在逐步提升，环境问题作为影响生存的最为重要的社会问题，公民对其的关注度和治理参与的热情也在逐步提升。公众作为环境治理中的第三方力量，发挥"纽带"作用，公众的参与能够补充信息、约束权力，解决环境治理过程中存在的信息不对称和权力监管的问题。加上中国公民数量众多，总人口排名世界第一，且目前公民环境保护意识已经觉醒，有强烈的环保意愿，众人拾柴火焰高，庞大的公民数量在参与治理的意见征集中能够为环境治理带来更多的可能性。

第二节 中国参与式环境治理的理论探索

对日益恶化的环境问题以及民主制度下公民参与的重视，学者提出了参与式环境治理的理论设想，对这一治理模式的理论渊源、主体关系、所涉具体内容、公民参与的方法和路径以及具体的运作流程等内容进行了深入的研究探讨，并且由于参与式环境治理在中国具有一定的适应性，在学术界认可这一环境治理模式的同时中国政府也给予了相应的肯定。

一 参与式环境治理的理论背景

参与式环境治理是在现实需要和理论发展的双重作用下被提出的。在政府无力应对复杂的环境问题的同时民主制度不断发展，并且社会公民力量也在不断发展壮大的社会背景下，伴随着参与式治理理论、协商民主理论与环境问题的理论结合，参与式环境治理得以产生和发展。

（一）参与式环境治理的政治社会背景

参与式环境治理的产生有其历史必然性，国内外大量学者认可并论证了参与式环境治理模式的必要性及其可能优势，并对其所产生的政治社会背景进行了描述，具体来看国内外学者的观点主要有以下几种：

第一种观点认为随着环境政府和环境科学的日益复杂和相互依赖，政府与社会间关系的变化形成新的治理角色和地位以及政治决策议程中出现的非结构化的问题，参与被视为解决环境治理方案的关键所在。①

第二种观点认为随着环境问题的日益严重和由此产生的社会矛盾的不断扩大，出现了"环境责任冲突"和"环境风险社会"。传统的政府环境管理模式越发显得无力，政治作用无力有效解决环境问题，西方民众丧失了对政府的信任和信心，从而需要社会和公民进入环境治理过程之中，这一方面能够提升公民对于政府的信任，另一方面也可以促进社会民主的发展。②

第三种观点是基于联合国以及各国的政府环境政策，认为公民需要参与到环境决策过程中，并且认为参与式决策能够更有效地促进环境治理的进展并能够体现出民主合法性。③而且通过参与式环境治理的产生和发展，能够缩小治理主体间关于经验、价值观和做法之间的差距；并且能够提高参与主体对其所参与环境政策的认可和支持，从而提高环境政策的执行效果；最后对社会民主的发展亦有所助益。④国内学者的研究主要是基于环境治理中存在"政策失败"和"市场失灵"，从而导致环境"治理失灵"，而公民参与能够有效改善这一现象。⑤公民

---

① Harriet Bulkeley and Arthur P.J.Mol, "Participation and Environmental Governance: Consensus, Ambivalence and Debate", *Environmental Values*, Vol.5, 2003, pp.143-154.

② Scott Lash and Bronislaw Szerszynski et al., *Risk, Environment and Modernity: Towards a New Ecology*, London: Sage, 1996, pp.27-43.Chris Rose, "Beyond the Struggle for Proof: Factors Changing the Environmental Movement", *Environmental Values*, Vol.2, No.4, 1993, p.285.

③ Michael Mason, "Evaluating Participative Capacity-building in Environmental Policy: Provincial Fish Protection and Parks Management in British Columbia, Canada", *Policy Studies*, Vol.21, No.2, 2001, pp.77-98.

④ Harriet Bulkeley and Arthur P.J.Mol, "Participation and Environmental Governance: Consensus, Ambivalence and Debate", *Environmental Values*, Vol.5, 2003, pp.143-154.

⑤ 洪大用：《试论改进中国环境治理的新方向》，《湖南社会科学》2008年第3期。

和环保社会组织能够促进环境治理的发展[①]，能够提高环境治理的效率和力度[②]，实现环境"善治"[③]，所以应当重视公民参与的重要性，建立健全公民参与机制以解决环境治理失灵[④]，建立参与式环境治理模式以实现环境治理路径的创新。

总的来看，参与式环境治理是在政府和市场无力解决日益复杂的环境问题与不断发展的民主和社会力量的壮大的共同作用下应运而生的，无论是国际性条约抑或是各国政府政策，也都在逐渐趋向于以公民参与式环境治理应对环境问题。

（二）参与式环境治理的理论基础

公民参与环境治理不仅是由现实社会发展的需求所决定的，民主理论和治理理论等相关理论的研究进展同样推动了公民作为参与主体进入环境治理过程中，为公民作为环境治理主体的合法性提供理论基础。

1.参与式治理理论与环境治理的结合

何谓参与式治理，具体的研究中，国内学者倾向于以公民参与为视角探索参与式治理中公民享有的各种权利，并以此解说参与式治理；国外学者则更多的是研究参与式治理中政府的具体作用。虽然学者们的表述和研究倾向性略有差异，但基本可形成一致观点：有利害关系的公民或社会组织直接主动地参与到涉及公共决策、资源分配与合作治理等领域，从而既有助于培养积极公民，又可以增强治理效果。Johanna Speer 从四个维度解释了参与式治理的特征：去集权化、协商民主、赋权与自主治理。[⑤] 参与式治理是在治理理论的基础上提出并研究，

[①] 杨妍：《环境公民社会与环境治理体制的发展》，《新视野》2009 年第 4 期。

[②] 郑思齐、万广华等：《公众诉求与城市环境治理》，《管理世界》2013 年第 6 期。

[③] 涂正革、邓辉等：《公众参与中国环境治理的逻辑：理论、实践和模式》，《华中师范大学学报》（人文社会科学版）2018 年第 3 期。

[④] 刘兆征：《中国环境治理失灵问题的思考》，《环境保护》2008 年第 16 期。

[⑤] Johanna Speer, "Participatory Governance Reform: A Good Strategy for Increasing Government Responsiveness and Improving Public Services", *World Development*, Vol. 40. No. 12, 2012, pp. 2379–2398.

着重于在社会公共事务中政府分权和向公民赋权，以实现公共事务治理效果与发展社会力量双赢的局面。随着环境问题日益突出，加之社会现实发展需要，学界结合参与式治理的内涵与特征，将其与环境问题进行结合，将公民与社会组织纳入环境治理主体并进行一系列相关研究，提出参与式环境治理，认为参与式环境治理是指"在政府制度安排下，允许与环境利益相关的公民直接、主动参与环境政策制定与政策执行过程，充分表达环境权益诉求，积极践行环保理念，并与政府部门构建民主合作的伙伴关系"，形成政府与公民间"良性互动的善治格局"，从而更好地达到环境保护的目标。[①]参与式治理的环境治理模式能够吸纳最广泛的社会公民力量的进入，通过公民参与环境治理过程，力图实现改善环境治理效果、提升政府合法性以及推进社会进一步发展的共赢目标。

2.协商民主理论在参与式环境治理中的具体体现

Johanna Speer指出了参与式治理四个特征之一即是协商民主，在参与式治理中，协商民主是政府去集权化与向公民赋权的重要体现。协商民主理论是政治学界对代议制民主的反思而兴起的一种新的民主理论和范式，这一理论体现在环境治理中即是多个治理主体成员"公开地运用理性，通过平等、自由的协商，在成员互相交流和妥协的基础上，就共同利益的问题在某种程度上达成一致或共识"[②]的过程，从而更有利于实现环境治理中聚合环境公共利益。这一理论为参与式环境治理中公民获取与政府协商作出环境决策提供了理论基础和制度前提，为公民参与环境治理提供了理论依据。

一是基于协商民主理论明确了公民参与治理主体的地位，确定了公民的权利，并规范了其作为治理主体应当承担的责任。依据协商民

---

① 于水、李波：《生态环境参与式治理研究》，《中州学刊》2016年第4期。
② 申建林、姚晓强：《协商民主理论的决策合法性构建及其批判》，《江淮论坛》2014年第4期。

主理论，在环境治理事务中强调公民直接参与到治理的具体过程中，尤其是参与到环境决策制定的过程之中，并使其得以与其他治理主体间自由平等地交流与对话，公民顺理成章成为参与治理的主体。同时，协商民主理论强调公共理性，为了规范治理主体在具体环境决策中的言论，协商民主理论要求参与主体需要承担一定的责任，即参与主体在具备一定能力的基础上能够充分表达并辩证自己的观点，通过主体间信息的交换寻找并达成公共理性。二是协商民主理论为参与式环境治理中政府与公民间的平等互动提供"制度性基础"。[①]一方面，协商民主要求治理主体间平等对话，即在环境治理中，基于环境公共利益的前提，作出符合公益的环境决策，政府和公民作为治理主体应平等且理性沟通互动，避免出现政府强权力对决策方向施压的状况。另一方面，明确的"回应"对于环境问题的解决和环境决策的制定有着重要意义，而协商民主主要以"利益聚合"为导向，在协商中或形成决策共识或接受不同意见，都需要明确回应环境政策，协商有利于治理。

二 参与式环境治理的具体内容

基于前文中参与式治理与环境治理的理论结合，参与式环境治理可被看作"公民分享环境治理场域的话语权"[②]，是在政府"开放的政治制度"[③]下，公民或环保社会组织依其所享有的环境参与治理权以理性化、组织化、合法化的协商参与到环境治理之中。

（一）参与式环境治理的主体及其关系

通过梳理学界研究不难发现，参与式环境治理的主体从既往的政

---

① 杨煜、李亚兰：《基于协商民主的生态治理公众参与研究》，《科学社会主义》2017年第4期。

② 于水、李波：《生态环境参与式治理研究》，《中州学刊》2016年第4期。

③ Archon Fung and Erik Olin Wright, *Deepening Democracy: Institutional Innovations in Empowered Participatory Governance*, London: Verso, 2003, pp.23–25.

府单一主体向政府、公民、公民社会组织的多元主体转变，主体的增加必然导致治理的复杂性随之增加，明确主体间的相互关系有助于治理的有序运转。参与式治理并未否认政府的主导力，参与式治理理论与复杂环境问题的结合，要求政府在其中必须发挥主导作用，公民和环保社会组织以治理参与者的身份进入其中。

1.环境治理的主导地位：政府

参与式环境治理强调公民参与，同时也注重政府的积极作用，有学者认为其实"政府允许政策利益相关的公民分享权力、责任和资源的过程"①，亦可认为公民参与程度主要取决于政府的态度。也有研究指出在中国实施参与式环境治理不仅需要公民积极参与，也需要地方政府的积极推动。②政府作为强有力的公权力机构，在环境治理中发挥其主导作用，应着重从以下几个方面做起：一是政府主动将部分权力转向社会，将部分可由公民和公民社会组织完成的事务交由社会承担，一方面可以减轻政府负担，另一方面可以实现社会公民价值，增进政府与社会的沟通和信任；二是政府通过制定相应的规章制度，约束各个治理主体的权责，从而以制度规范政府言行、保障公民参与，与此同时对公民参与的范围应予以明确；三是发挥政府的能动性，提高对社会公民作用的重视，以政府之力推动公民与公民社会组织不断发展，助其能够更好地参与到环境治理之中。具体地说，政府可从制度保障、环境信息公开、畅通参与渠道、激励公民参与以及相应的行政约束等方面来体现在环境治理中的主导作用。

2.环境治理的参与治理角色：公民与公民组织

环境问题长久以来被认为是政府的职责所在，应由政府全权管理，给社会满意的答卷，但是政府在环境管理中逐步凸显出其不足之处，

---

① 于水、李波：《生态环境参与式治理研究》，《中州学刊》2016年第4期。
② 辛方坤、孙荣：《环境治理中的公众参与——授权合作的"嘉兴模式"研究》，《上海行政学院学报》2016年第4期。

需要其他力量的介入。伴随着公民对环境权的认知不断加深，以及公民环境保护意识的增强，中国公民对环境治理的需求越来越高。但因中国社会力量的薄弱，以及面对着强有力的政府，社会力量唯有通过参与进环境治理之中，才能实现参与环境治理的目标，社会力量主要由公民与公民组织即环保社会组织构成。

（1）公民

对"公民"的界定源自古希腊时期，亚里士多德认为公民是有权"参加议事和审判职能"[①]的人，但在当时公民是一种特权的象征。在经历了漫长的中世纪之后，西方社会进入文艺复兴时期，在资产阶级革命取得胜利之后，新的"公民"概念登上了历史舞台。现代意义上的"公民概念是由市民概念演变而来的"，是通过"政治的行动"使得"市民"转变为"公民"，并且国家公民有三种相互依存的法的属性：一是自由；二是平等；三是独立。[②]现代国家通常通过宪法确认国家成员的公民身份以及相应的权利义务，公民依法享有法律赋予的权利以及必须承担相应的义务。现代国家一般以国籍来确定公民身份，如《中华人民共和国宪法》第三十三条"凡具有中华人民共和国国籍的人都是中华人民共和国公民"。并且宪法中对公民所享有的基本权利和义务予以明确。故而，现代意义上的公民是享有充分社会权利和政治权利的主体，是相对于国家而言的政治身份象征。公民作为与国家相对的政治主体，享有法定的权利和义务，这与"人权"有所不同。"人权"是脱离了人的本质和共同体的利己主义的人的权利，而公民权利则是只有同其他公民一起参加政治共同体、参加国家活动才能行使的权利。

公民享有环境权利，一方面是作为自然人有良好环境的要求，另一方面是作为公民享有参与环境治理、维护良好环境的权利。环境问

---

① ［古希腊］亚里士多德：《政治学》，吴寿彭译，商务印书馆1996年版，第116—117页。
② 韩水法：《康德法哲学中的公民概念》，《中国社会科学》2008年第2期。

题作为社会大问题，依据中国现有的政策和法律，作为公民有权参与到环境治理过程之中，这不仅是体现作为自然人的"人权"的要求，而且是作为公民的"公民权利"的诉求。

（2）环保社会组织

公民可以以个体的形式参与环境治理，亦可通过集体参与的形式影响环境治理，即以自发组成的专业性的环保社会组织的形式参与。环保社会组织不仅是环境治理的新兴力量，也是公民环境利益诉求的代言者。作为社会力量，环保社会组织因其保护环境的组织目标、公益组织的性质及环保作用的发挥而成为参与环境治理的主体之一。环保社会组织是由公民因环境保护的同一目的而自发组成的代表环境公共利益的社会组织形式，有着广泛的民众基础，并因其组织化程度较高，能够与政府对话或理解吸收环境政策，从而可成为政府与社会沟通的桥梁，在环境保护中作用不可忽视。一是环保社会组织有助于提高公民环保意识，帮助公民能够更好参与到环境治理中；二是环保社会组织具有较为专业的人才队伍、技术和社会影响力等优势，能够以专业的视角作为环境公共利益代表参与到环境治理中，为政府环境决策谏言纳策，影响环境政策的制定与实施；三是作为政府与公民间的桥梁，能够以其力量积极化解政民间的矛盾，缓解政府危机的同时表达公民权益要求；四是聚合社会资源集中社会力量解决力所能及的环境问题。

（3）参与主体的分类

"参与的水平和方法、由谁参与、如何参与以及何时参与，关键取决于参与的目的与利益倾向。"① 公民参与环境治理的积极性与程度大小，主要取决于环境问题是否与其形成一定的利害关系。而且在"程

---

① Meredith Edwards and John Halligan et al., *Public Sector Governance in Australia*, Canberra: ANU Press, 2012, p.152.

序设计和权利配置"方面,尤其要区别不同的利益,根据不同的利益诉求来确定参与主体的参与方式与强度。因此,本书基于是否与环境问题存在利害而将环境治理参与中的公民分为"利害相关者"与"利害无关者"[①],从而区分不同类型主体在环境治理中的参与程度与方式,使其更具现实上的可操作性。其中,由于环保社会组织是以环境公益为目的而组建的,其应当列入"利害无关者"的范畴之中。

(二)参与式环境治理中公民参与的限度与内容

参与式环境治理是在政府放开环境权力的基础上,公民通过积极参与环境治理过程表达环境权益诉求和践行环保理念,政府与公民针对环境问题民主合作,共同保护环境,形成政府环境管理与环境自治间良性互动的一种方式。但是参与式环境治理并非意味着公民能够毫无限制地参与到环境治理环节中,而是需要理性化、组织化、合法化的协商参与,在此限度内行使公民所享有的环境知情权、参与决策权、监督评价权以及环境救济请求权等。

1.公民参与的限度

一是制度化理性参与。环境作为社会公众共同面对的问题,具有公共特性,极易引起社会共鸣,若无规范化的参与渠道或路径,公民参与就可能会演变成为群体化的运动式参与,即公民以环境群体性事件的方式参与到环境治理中。因此,针对环境问题的公共性,环境治理时,要在法律与制度的约束下,政府与司法机关保障人民的理性参与,避免群体性事件和群众运动的发生。并且在环境治理中,对公民而言,只有理性参与到环境治理之中,才能培养"无穷的远方、无数的人们,都与我有关"的公共精神;对政府而言,多渠道吸纳公民参与,才能进行科学民主决策。

---

① 徐以祥:《公众参与权利的二元性区分——以环境行政公众参与法律规范为分析对象》,《中南大学学报》(社会科学版)2018年第2期。

二是组织化有序参与。公民环境权的保障依赖于公民参与，而公民参与若无法实现有序的组织化，公民便无法获取有效参与的各种资源，只能选择"无所事事"或"无所顾忌"，并且碎片化的公民参与不仅难以实现有效参与，反而很容易进入无序参与的状态，而公民的个体权益在"相互冲突和高成本游戏"中往往被淹没或忽视。① 分散的公民个体通过组织化的方式参与到环境治理中，在平衡各方利益代表结构的同时能够提高自身的参与能力，并且组织化的参与也能够为其带来更多的参与资源、更为丰富的信息以及更强大的政策影响力。

三是代表性负责参与。为保障公民参与的有效程度，不能无条件地全面参与，也不能够是随机或偶然参与，而应当是由公民推选出能够代表公民利益诉求并为公民负责的代表们的理性参与。公民身份的普遍性以及对环境问题的高诉求之间存在着参与能力不足、参与意愿不高、参与意识不强等问题，通过推选将权利委托给具有较强能力、参与意愿和意识并愿意为之负责的代表们，由代表们代为进入程序，能够更好地保障公民参与的效度。

四是协商性科学参与。环境问题的解决离不开科学技术，离不开专业技术人才的知识能力如污染物的排放如何降低、涉及哪些环节、需要何种技术等问题的解决并非口头谈谈即能有效解决，必须要有专业科学技术知识的切实支撑。因此环境治理的科学性要求参与不能是公民简单的自由意志与价值观念的表达，而应是在具备环境治理相关知识的专家介入与参与的条件之下，由专家对公民环境协商与责任表达进行专业性的指导。

2.公民参与的具体内容

公民参与的内容，即公民"如何参与治理"。依据前文中对参与式环境治理中的公民分类，环境治理中公民参与的具体内容根据不同的

---

① 王锡锌：《利益组织化、公众参与和个体权利保障》，《东方法学》2008年第4期。

公民类型亦有所区别。

（1）环境问题利害相关者

关于环境问题"利害相关者"，即认为环境问题对此类公民产生影响，他们的实体性权利受到侵害。由于在实际运作中难以有效界定"间接受影响者"，本书认为只有受环境问题直接影响的公民可以被认定为"利害相关者"。与环境问题有着直接利害关系的公民，因其与环境问题有着直接的实体利害关系，参与内容应更为广泛和具体，不仅包括一般制度所规定的程序性的相关内容，而且包括实体性的环境请求权，即公民依法享有对环境侵权行为而申请司法保护的权利。

具体地看，程序性公民参与主要包括：环境信息公开和知情权、公民参与到环境影响评价与环境监督之中、参与政府环境决策并且反馈意见与建议等。作为维护"利害相关者"实体权益重要方式的环境请求权可分为两个部分：一是依据政府环境行政行为，如"当公民合法权益有受特定项目许可侵害的重大威胁时公民依法享有的预防性的干扰防御请求权；公民合法权益不可避免地受到侵害时而享有的损害补偿请求权；以及合法权益受到违法行政行为的侵害时享有的撤销环境行政行为的请求权"等。[①] 二是当政府环境行政不作为，公民权益难以通过政府行政行为得到有效保障，则公民应依法享有环境诉讼权，即向人民法院提起环境诉讼，以此种方式保障自身环境权益。

（2）环境问题利害无关者

环境问题的利害无关者分为两个部分，一是出于环境公益的环境保护社会组织，二是与环境问题无直接利害影响的其他普通公民。

环境保护组织与环境问题间鲜有直接的利害关系，但是出于环境公益而设立的环保组织因其所具有的专业性、组织性和规范性，能够

---

① 徐以祥：《公众参与权利的二元性区分——以环境行政公众参与法律规范为分析对象》，《中南大学学报》（社会科学版）2018年第2期。

避免公民个体参与如无序性、非理性等弊端，从而在世界范围内普遍认可环境保护组织的参与权。环保组织的参与内容与出于环境私益的利害相关者相类同，同样享有环境信息知情权、环境决策参与权、环境影响评价与环境监督的参与权、环境请求权等诸多权能。与利害相关者不同的是对于环境保护社会组织的资格认定上，"利害相关者"因其自身权益受到直接影响，对于环境问题治理具有天然的合法性，而环保组织则需要满足依法成立登记在案并符合法律规定的条件的环境保护社会组织才能具备公民参与权利。

在参与环境治理中，作为与环境问题无直接利害影响的其他普通公民，具体参与内容包括：环境信息知情权，即有权获取环境信息，拥有环境信息的组织、企业和行政机关应依法公开或依申请公开环境信息；检举权，即针对环境违规违法事件向行政机关或司法部门检举，此项权利不受有无利害关系的限制；其他方式间接参与环境治理，如通过民意投票、请愿、组成公民顾问团等方式对环境治理产生影响。

（三）参与式环境治理的运作流程

由此，结合学者们的理论研究能够刻画出政府主导的公民参与式环境治理的运作流程（见图3-3）。在政府的制度保障、公开环境信息、畅通参与渠道、激励公民参与以及相应的行政约束的主导力之下，当出现与环境相关的问题时，公民与此若无直接利害关系，一部分公民可应用环境知情权掌握相关的环境信息、检举权以检举揭发环境事业中存在的违法违规情况以及其他间接参与方式，另一部分具有较强意愿的公民可以以志愿者的身份成立或参与环保NGO，以环保NGO为平台参与到环境治理之中，出于环境公益的目的发挥知情权、参与决策权、监督权以及诉讼权等。若公民与环境问题间有直接的利害关系，则这部分公民出于环境私益参与到环境治理中，他们可以通过推选代表的方式直接参与也可通过借助环保NGO来进行专业性更强的参与。

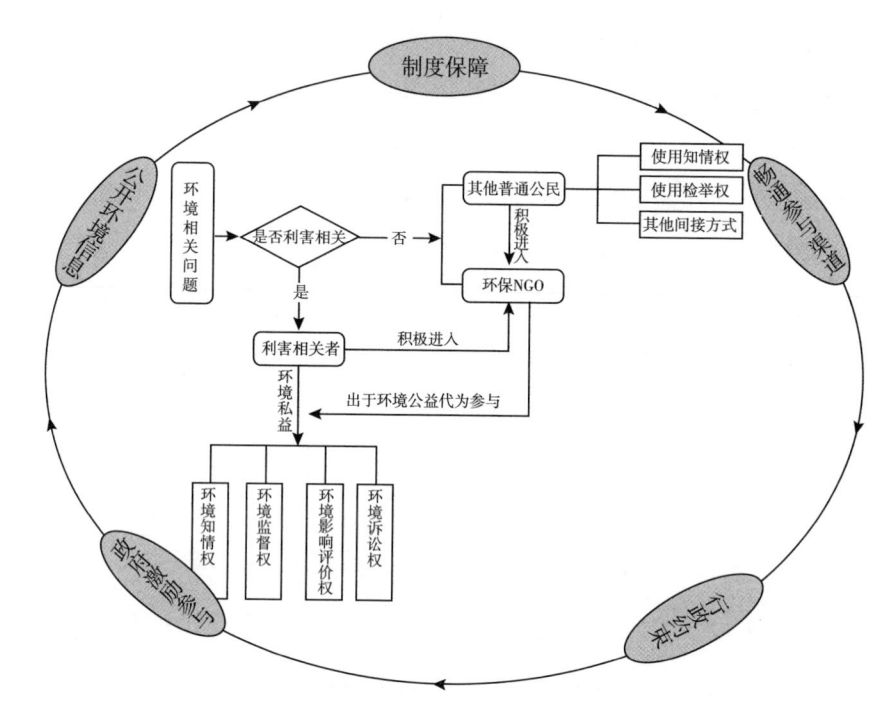

图3-3 政府主导下公民参与式环境治理运作流程

三 参与式环境治理的具体运作机制

在"强政府—弱社会"的社会背景下，学者们在探索参与式环境治理时更为关注公民参与的相关问题，具体来看，主要是对公民参与的具体参与方式以及参与的效度评估等方面进行考量。

（一）公民参与的途径与方式

西方国家环境治理公民参与相比较而言更为成熟，公民参与的途径也较为完善，因此，可在对西方公民参与的方式借鉴的基础上结合中国的实际运作。目前中国公民参与环境治理的途径与方式主要可通过成立或参与环境保护社会组织、环境知情权的应用、咨询委员会、听证会与座谈会、环境诉讼等方式进行完善。

1.成立或参与环境保护社会组织

西方国家公民参与环境治理最普遍的方式就是成立或参与环保社

会组织，成为一名环境保护志愿者。①环保社会组织目前是世界范围内得到广泛认可的公民参与环境治理的方式之一，并且日趋成熟。环保社会组织活动范围较广，工作范围主要包括：一是对环境保护的宣传教育；二是对地方环境行政政策的执行与监督；三是影响地方环境行政政策的制订方向；四是协助普通公民进行环境救济，甚至部分专业化的环保社会组织会通过资助专业科研机构的方式以获取专业性的技术支持。

2.环境知情权的应用

无论是否存在直接利害关系，使用环境知情权都是公民参与环境治理的重要途径之一。公民通过了解政府行政部门或企业发布的各种环境相关信息，以及摸清各种环境规章制度规定，有利于更进一步参与。作为无利害关系的普通公民，通过了解环境信息、遵守相关的法律和行政规章、日常环境保护观念以及转变粗放式的生活方式等参与到环境治理之中；有利害关系的公民则更加关注环境信息，以此作为保障或补偿环境权益的前提。在互联网发展迅速的现代信息社会，网络已逐渐成为公民获取环境信息的重要路径之一。

3.咨询委员会

咨询委员会是由各种利益代表者以官方或非官方的形式共同组成的决策咨询平台。这一平台主要由民众、专家和政府以及各种环保社会组织代表共同参与，并为环境保护谏言纳策，对政府环境行政决策提供建议与意见。官方形式成立的咨询委员会需要有固定的章程、均衡各个群体代表、公开会议以及会议记录，业务范围是为政府提供专业化、综合性的建议。非官方形式的咨询委员会一般是由居民推选产生的委员会，是公民参与环境治理的主要平台。通常情况下，环境行政决策之前需要听取委员会的建议。这种咨询委员会一般具有如下特

---

① 楼苏萍：《西方国家公众参与环境治理的途径与机制》，《学术论坛》2012年第3期。

点：一是不同利益群体代表均应涵盖；二是固定的会议安排；三是记录参与者的观点和评论，即要求参与者需要对其观点和评论负责；四是寻求意见一致但不强求。

4.听证会与座谈会

听证会是政府因立法或行政决策，向社会公开举行的，由意见相反的双方互相辩论的一种公民参与立法和行政决策的方式。听证会不仅是对与立法和行政决策相关的信息与客观事实的表述，而且需要听证陈述人作为公民代表表达主观意见并陈述理由，其中为避免听证会被政府操控，听证陈述人的产生应是从报名参与听证会的公民中随机选取而非指定人员。听证会中获取的信息和公民意见，应当成为立法和决策的重要依据，如若未被采纳，政府必须进行信息反馈并给予解释说明。与环境相关的听证会目前涉及比较多的有环境影响评价听证会、环境行政处罚听证会、环境违法案件听证会、环境治理听证会等。

座谈会是针对特定目标选取参与对象，由这些对象针对环境问题发表见解，从而为环境治理给出建议和意见的一种形式。相比较听证会而言，座谈会更倾向于政府听取意见和建议，是政府给予公民发表意见和态度的一种路径，能够为环境治理提供更为广泛的方案建议。

5.环境诉讼

环境诉讼是公民因环境权益被侵害而采取的救济措施，也是公民直接参与环境治理的方式之一。公民可因企业的排污行为侵害自身环境权益而向司法机关提起诉讼，要求企业补偿或赔偿并停止污染环境的行为；或可因政府环境行政主管机构的行政不作为行为而向人民法院提起诉讼，要求撤销政府的行政许可或裁决等。环保社会组织则可因企业的排污行为或政府的行政不作为而对环境公益而带来的损害向司法机关提起法律诉讼，保障环境公益，最终保护环境。公民或环保社会组织在公民环境诉讼中直接介入到法律的执行与完善，是一种积极主动的参与方式。

(二）公民参与的广度与深度

公民参与环境治理的广度，是针对参与的普遍性，通俗地讲是参与环境治理的公民的数量，即有多少公民参与，有多少公民持观望态度，又有多少公民漠视。公民参与环境治理的深度，即公民的参与活动对整个环境治理的影响度和重要度，是对公民参与环境治理的效度的考量，主要是指"公民参与的层次，包括参与议题、参与决策、参与执行、参与监督、参与反馈等环节，以及参与过程中产生的影响力、有效性和持续性"[①]。

环境问题公民参与的广度与深度两者之间有着内在的统一性。通过提高公民参与的广度与深度，从而保证公民参与的力度和效度。环境问题能够影响到地球上每个存在的生命体，任何公民都难以与生态环境割裂开来，作为与人类生存息息相关的生态环境问题，倡议更多的公民参与到其中，不仅是对于生态环境的保护，更是为了保证人类生存的可延续性。增大公民参与的广度，鼓励公民广泛参与环境治理，养成良好的环境友好型生活习惯、积极的参与态度以及志愿服务精神，一方面需要政府通过传播媒介的大力宣传和加强对环境意识的教育力度等手段的积极引导，并发挥政府的主导作用为公民参与环境治理提供保障和便利。另一方面在物质文明迅速发展的同时加快精神文明建设的步伐，在社会中形成良好的环境观念，每位公民作为生态系统的一部分，不能将自己置身于环境治理之外，均应积极参与到环境保护与治理的活动中。为实现公民参与的深度，则需要政府适度"放权"，真正吸纳公民参与到其中。政府引导公民通过各种方式参与到环境治理的过程之中，尤其是参与到与环境相关的立法与行政决策之中，赋予公民参与权利的同时充分发挥公民参与的主观能动性，不仅对促进民主化建设有益，而且能够提升公民的环境保护主人翁意识和参与能

[①] 陈丽霞：《论社区治理中公民参与深度》，《中国经贸导刊》2009年第14期。

力。并且还能够体现"众人拾柴火焰高",从而更加有益于治理环境。

公民参与的广度与深度之间又存在着天然的矛盾性,参与的范围越广,参与者人数越多,参与就越难以深入,参与者自身对于参与有效性的感知越低;而若想加深公民环境的参与深度,那么广度上必然会难以满足,规模会因此受限,如听证会作为参与程度较深的一种公民参与方式,只能选取有能力的部分参与者作为听证陈述人,无法将所有具有参与意愿的公民纳入其中。这就使得在不同的参与层次上要给予不同的要求:参与层次较浅的,比如环境知情权、日常环境保护意识的培养和形成等可以扩大参与的规模,鼓励公民积极参与到其中;而对于参与层次较深的,能够对环境行政决策产生一定影响的,如咨询委员会、听证会等对知识要求和综合能力要求相对较高,则可以通过公民自发推选代表参与,代表公民意愿。

四 参与式环境治理在中国的适应性

中国政府在环境治理问题上,对政府主导下的公民参与式环境治理模式予以认可,在党的环境政策以及相应的环境法规中明确指出了鼓励公民参与环境治理。在中国实施参与式环境治理,符合国情与政府、社会发展的需要。

(一)参与式环境治理推进协商民主的实践应用

为化解代议制民主的部分决策"合法性危机",协商民主理论通过公民参与、制度设计、追求公共价值等积极"重建决策合法性"[1]。中国的政治协商制度体现了协商民主,目前,协商民主理论已经开始逐步运用到中国的公共事务范畴,"已经成为社会主义民主政治的特有形式和独特优势"[2]。参与式环境治理是政府与公民间以平等的对话、协

---

[1] 申建林、姚晓强:《协商民主理论的决策合法性构建及其批判》,《江淮论坛》2014年第4期。

[2] 于水、李波:《生态环境参与式治理研究》,《中州学刊》2016年第4期。

商等方式针对环境问题进行交流，在环境治理事务层面推动了协商民主的实践应用。政府充分听取公民意见并给予及时的信息反馈，通过协商民主的方式能够"有效促进公众与决策者的双向互动以达成利益聚合"，即以协商民主为核心赋予公民参与环境治理的"民主权力"[①]，确立公民参与的主体地位。参与式环境治理中，政府尊重并重视公民的参与作用，积极主动地与公民协商合作，支持鼓励公民参与环境治理主动性和积极性；公民应以理性的态度参与环境治理，维护政府的权威，依法参与环境治理事务，在协商民主的基础上，政府与公民双方民主合作，实现环境治理双赢的局面。

（二）参与式环境治理有益于服务型政府的建设

所谓服务型政府是"在公民本位、社会本位理念的指导下，在整个社会民主秩序的框架下，通过法定程序，按照公民意志建立起来的以为公民服务为宗旨并承担着服务责任的政府"。[②]中国的服务型政府是以具有"核心竞争力""民主和负责""法治和有效""合理分权"和"提供公共产品与公共服务"为特征的政府。[③]参与式环境治理中一方面政府环境行政部门通过合理分权实现对公民的"赋权"，坚持了"以人为本"的核心竞争力，体现了平等、民主和责任。同时参与式环境治理中政府承担着主导作用，政府分权并不意味着其对环境公共产品和服务的懈怠或推诿，相反通过公民的参与和监督能够更加有益于政府提供公共产品和服务。另一方面，将公民作为环境治理的主体，打破传统模式将其视为管理对象的理念，并且通过公民有效的环境治理参与，在环境治理中具有核心地位的环境决策阶段中力图实现"自下而上"的决策模式，形成了政府行政系统改革的外生动力，从外部催动政府行

---

① 杨煜、李亚兰：《基于协商民主的生态治理公众参与研究》，《科学社会主义》2017年第4期。

② 刘熙瑞：《服务型政府——经济全球化背景下中国政府改革的目标选择》，《中国行政管理》2002年第7期。

③ 竹立家：《服务型政府的核心特征》，《领导之友》2004年第5期。

政部门以"满足公民环境需求为导向"的服务意识[①],从而有益于推动服务型政府的建设。

(三)参与式环境治理切实维护公民的环境权益

据《全国环境统计公报》统计,2012年至2014年发生的突发环境事件就有1725次,其中重大突发环境事件11次,较大突发环境事件33次。国内平均每天都会有突发环境事件的发生,平均每个月发生1次以上重大或较大突发环境事件。环境问题的频繁发生加之公民环境意识的觉醒,直接导致爆发各种环境群体性事件。而公民采用环境群体性事件这一非理性维护环境权益的做法,究其根源在于缺乏对政府权力有效制约的制度及措施、缺乏畅通有效的公民环境权利诉求渠道以及政府环境管理的社会公信度下降等。通过参与式环境治理建立政府—公民合作互信的关系,政府主动构建与公民互动沟通的路径,畅通公民信息获取和表达的渠道,从而公民能够切实参与到环境治理过程,不仅可以通过理性方式维护自身环境权益,还能够实现对政府行政权力的监督,增强政民之间的合作互信度,从而大幅降低环境群体性事件的发生,减少社会的不稳定因素,实现和谐社会。

第三节　中国参与式环境治理的实践尝试

近年来,参与式环境治理模式在国内各地有着不同程度的实践尝试,中国公民逐渐从"环境关心"转向"环境行动",逐步实现"象征参与—实质参与—科学参与"的路径转变。[②]不断完善的规章制度、对社会开放的官方环境信息平台、主动畅通的官民沟通渠道、社会自身环保意识的觉醒以及鼓励基层社区自治等从多维度体现了参与式环境治

[①] 于水、李波:《生态环境参与式治理研究》,《中州学刊》2016年第4期。
[②] 涂正革、邓辉、甘天琦:《公众参与中国环境治理的逻辑:理论、实践和模式》,《华中师范大学学报》(人文社会科学版)2018年第3期。

理模式在中国的具体实践。

一 出台政策法规，保障公民参与环境治理

公民参与环境治理受到中央和地方各级政府的重视，无论是从党的生态环境政策倾向，还是从环境法律法规、环保部门规章，抑或地方性环保条例来看，均在不同程度上体现并强调了公民参与，力图通过制度保障公民参与环境治理的主体地位和具体的参与实施。

中央政府在不断地探索如何在环境治理中促使公民更好地发挥主动性和积极性，近几年来，制定出台了一系列的法律或部门规章用以鼓励和保障公民参与。如2014年修订的新《环境保护法》中专门设立了"第五章 信息公开和公众参与"，以法律条文的形式明确规定政府环境信息公开的内容，保障公民包括监督、举报等参与环境治理的权利，以此将公民参与环境治理合法化。并对环保社会组织向人民法院提起环境公益诉讼进行了明确的规定，弥补了环境公益诉讼的法律空白。[1] 2015年为进一步落实《环境保护法》中"信息公开和公众参与"的规定，切实保障公民获取环境信息、参与和监督环境治理，并畅通参与渠道，加快公民参与环境治理的发展，环境保护部制定公布了《环境保护公众参与办法（试行）》，其中明确规定了环境保护公民参与的具体范围[2]、参与的原则[3]、具体的参与

---

[1] 新《环境保护法》第五十八条：对污染环境、破坏生态，损害社会公共利益的行为，符合下列条件的社会组织可以向人民法院提起诉讼。（一）依法在设区的市级以上人民政府民政部门登记；（二）专门从事环境保护公益活动连续五年以上且无违法记录。符合前款规定的社会组织向人民法院提起诉讼，人民法院应当依法受理。提起诉讼的社会组织不得通过诉讼牟取经济利益。

[2] 《环境保护公众参与办法（试行）》第二条：本办法适用于公民、法人和其他组织参与制定政策法规、实施行政许可或者行政处罚、监督违法行为、开展宣传教育等环境保护公共事务的活动。

[3] 《环境保护公众参与办法（试行）》第三条：环境保护公众参与应当遵循依法、有序、自愿、便利的原则。

办法^①并明确表达了环保行政部门应当对环保社会组织提起的环境公益诉讼予以帮助和支持^②。2015年《中共中央国务院关于加快推进生态文明建设的意见》中第八章"加快形成推进生态文明建设的良好风尚"明确了要"鼓励公众积极参与",构建全民参与环境保护的社会行动体系^③。党的十九大报告中明确提出了要构建以政府为主导社会组织和公众共同参与的环境治理体系。环境影响评价公民参与作为构建参与式环境治理体系的有效途径,为了适应公民不断增强的环保意识和健全环评相关法律法规,生态环境部于2018年修订公布了《环境影响评价公众参与办法》以鼓励和规范环境影响评价公众参与,进一步保障公民的知情权、参与权、表达权和监督权。这一办法优先保障了受影响公民的参与权^④,并明确了信息公开的具体方式应至少包括网络、报纸、张贴公告三种,方便公民知晓相关信息更有利于公民参与。

法律法规和中央政府的各种规章制度以及政策文件,促使各级地方政府相继出台了相应的规范性文件。为规范环境信息公开,保障公民的环境知情与参与,国内如北京、江西、河南、河北、广西、新疆

---

① 《环境保护公众参与办法(试行)》第四条:环境保护主管部门可以通过征求意见、问卷调查,组织召开座谈会、专家论证会、听证会等方式征求公民、法人和其他组织对环境保护相关事项或者活动的意见和建议。公民、法人和其他组织可以通过电话、信函、传真、网络等方式向环境保护主管部门提出意见和建议。

② 《环境保护公众参与办法(试行)》第十六条:环境保护主管部门可以通过提供法律咨询、提交书面意见、协助调查取证等方式,支持符合法定条件的环保社会组织依法提起环境公益诉讼。

③ 《中共中央国务院关于加快推进生态文明建设的意见》(三十一):鼓励公众积极参与。完善公众参与制度,及时准确披露各类环境信息,扩大公开范围,保障公众知情权,维护公众环境权益。健全举报、听证、舆论和公众监督等制度,构建全民参与的社会行动体系。建立环境公益诉讼制度,对污染环境、破坏生态的行为,有关组织可提起公益诉讼。在建设项目立项、实施、后评价等环节,有序增强公众参与程度。引导生态文明建设领域各类社会组织健康有序发展,发挥民间组织和志愿者的积极作用。

④ 《环境影响评价公众参与办法》第五条:建设单位应当依法听取环境影响评价范围内的公民、法人和其他组织的意见,鼓励建设单位听取环境影响评价范围之外的公民、法人和其他组织的意见。

等诸多省区政府均制定出台了地方性的环境信息公开管理办法。以河南省为例，河南省环境保护厅于2013年出台了《环境信息公开管理办法（试行）》，明确规定了环境信息公开的责任部门、公开信息的具体内容、主动公开以及依申请公开的程序和方式等。并且在各种专项环境治理条例中各省市也明确提出要推动公民参与环境保护，如《河南省大气污染防治条例》中第十条提到了要"提高公众的大气环境保护意识，推动公众参与大气环境保护"。《浙江省建设项目环境保护管理办法》中规定建设项目在开工前要加大公众参与决策的力度，可以采用问卷、座谈会、听证会、论证会等方式进行公众调查，并且对于可能直接影响公民生活环境的建设项目必须事先征求受直接影响的利害关系人的意见。对于公民参与环境治理所取成效和社会影响较大的"嘉兴模式"，嘉兴市政府先后制定出台了《鼓励发展基层环保组织指导意见》《嘉兴市环境保护公众参与管理办法》等规章制度，更为具体地帮助和指导公民参与。

二 公开环境信息，鼓励公民环境监督评价

依据《中华人民共和国政府信息公开条例》和《环境信息公开办法（试行）》中针对信息公开的具体规定，近年来，各级政府均十分重视环境信息的公开，从中央生态环境部到省生态环境厅以及地市环境保护局，均在政府网站上公布各种环境信息，力图打造透明式政府。目前通过对政府网站的浏览，公民得以及时了解官方发布的各类环境信息。生态环境部官方网站中设置了"信息公开"专栏，社会公众能够通过点击网页了解政府的相关公告和文件、生态环境部的政务信息、国内环境要闻、相关通知公告、公示以及政策法规官方解读等信息。各省市环境保护厅或环境保护局官方网站中同样设置了"信息公开"相关栏目，公众能够通过访问政府网站更为便捷地获取信息。在当前空气质量堪忧的状况下，为方便社会掌握准确及时的空气质量数据，各

省市环境行政部门官方网站上均对实时空气质量监测进行公示。政府主动公开环境数据的信息，一方面"公民能够获取更多的环境信息"以便于"与政府进行有效沟通并形成良性互动"；另一方面可以"帮助公民更好地参与治理，从而推动环境治理创新"。[①]以环境信息的公开，实现优化环境治理的效果。

也有部分省市积极探索信息公开的新渠道，通过"拓宽信息公开领域和信息公开范围，以此探索公民参与环境治理模式、加大公民监督力度，以此推动政民互动合作"。[②]如山东省充分利用政府网站、微博、微信和微视频等新媒体方式发布环境信息，打造"一网三微"的新型信息公开平台，拓宽信息渠道；隶属于北京市生态环境局的环境保护宣传中心建立"京环之声"的网站，通过发布环保视频、文字、新闻图片和环保知识等形式，向民众解读环保政策法规，发布环保信息，向社会公开展现北京环境污染治理工作，引导公民参与。同时国内诸多地区在6月5日世界环境日时纷纷举办"环保开放日"活动，通过公民实地参观环保机构以及环境监测站和监控中心等活动吸引公民代表与环境保护"零距离"接触，政府以此活动为依托方便公民了解政府环境治理的措施和投入。这不仅有助于激发公民的环境责任意识、监督环境治理过程、鼓励公民参与环境治理，而且有助于提高政府环境治理的社会公信力。

三 拓宽沟通渠道，畅通公民表达环境利益诉求

畅通的官民沟通渠道，不仅有助于公民环境利益诉求的表达，提高环境决策的民主程度，而且有助于得到公民的认同，提高政策应用的社会认同度。囿于国家政策与法规的限制，政府环境行政部门在环

[①] 郑石明：《数据开放、公众参与和环境治理创新》，《行政论坛》2017年第4期。
[②] 郝力耕：《信息公开与公众参与，全民参与环境治理》，《世界环境》2017年第3期。

境影响评价以及环境决策相关的问题方面，大多会通过听证会、圆桌会、论证会等程序性沟通渠道的方式依照法律规定组织吸纳公民代表参与到其中，表达所代表群体的利益诉求并进行论证。公民的意见建议被作为目前政府环境决策的重要参考内容。同时有些政府为体现民主并充分调动公民参与和监督环境治理的积极性，诸如广州、南京等城市成立了"城市废弃物处理公众咨询监督委员会""城市治理委员会"等由环保专家与市民共同组成的组织，这些组织能够直接当面与行政领导沟通和反映问题。

同时，伴随着新媒体和大数据时代的到来，国内许多地区政府积极开拓公民利益表达的新渠道，建立政府与公民直接沟通、协商对话的途径。目前国内采取比较多的方式有政务服务热线、网络问政平台以及政务电视直播互动等，以此帮助公民直接与环保部门主管人员对话交流。这些措施在部分省市实施效果显著，如国内大部分城市均开通了12345市民服务热线，解决市民在生活、生产中遇到的难题，福州市在24小时12345热线电话的基础上，在互联网上建立了"福州市12345便民服务平台"，市民在这一平台上能够更加直接便捷地咨询、投诉、建议、求助和查询各种信息。武汉、南宁、济南、西安等地纷纷开设了广播电视直播问政节目，通过广播、电视实现官民互动，体现"阳光政务"。在济南市政务互动电视直播中，环保局、发改委、城乡建设委员会、市政公用事业局、城市管理局多个部门主管领导到场答疑，现场公民代表与热线观众针对环境问题提出诸多犀利问题拷问环保政务，同时为体现对公民意见的重视，节目中现场观众需要对所到单位进行打分，打分结果将被列入本单位本年度行风评议的总成绩之中，并且在节目结束之后，市委市政府督查室跟踪督查所提问题，对存在的不作为、乱作为、吃拿卡要、推诿扯皮等问题严肃处理。公民可以通过这些渠道，表达自己的环境利益诉求，不仅能够更加有效地参与环境治理过程，而且对于化解社会矛盾也有所助益。

四 社会环保意识觉醒，推进公民参与进程

"环保意识是人们通过一系列心理活动过程而形成的对环境保护的认识、体验与行为倾向。"[①]国内公民和社会组织主动或被动参与环境治理的实践，彰显了国内公民环保意识的提高，而公民环保意识的提高是进一步深入参与环境治理实践的内在催化力量。近年来，通过广泛开展环境保护的宣传教育，社会整体的环保意识觉醒并提高，最为突出的表现就是国内环保社会组织参与环境治理程度的逐渐深入。

20世纪末期公民环境保护意识萌发，国内民间环保社会组织开展了一系列的环境保护活动。如1995年发起的保护滇金丝猴和藏羚羊行动引发了公众对物种保护的关注，1999年"北京地球村"进行的绿色社区试点工作，环境保护深入基层，这些活动有效带动了公民环境知识水平的提高，公民环保意识初步形成。进入21世纪后，公民环境保护意识进一步增强，环保社会组织开始介入公共事务，从而影响政府环境决策。较为突出的事例如2005年中华环保联合会向国务院和原国家环保总局呈交了《中国公众对编制国家"十一五"环保规划意见建议书》，部分建议被政府采纳；2004—2005年由环保社会组织倡导发起"26度空调节能行动"迅速影响全国，随后于2007年国务院办公厅发布了《关于严格执行公共建筑空调温度控制标准的通知》。2006年由公众环境研究中心（IPE）开发的首个民间环境公益数据库——中国水污染地图（www.ipe.org.cn）的上线，进一步催化了公民环境监督意识、环境治理参与意识以及维护自身合法环境权益意识的觉醒。2010年IPE将水污染、空气污染、固体废弃物污染等信息合并，形成中国污染地图数据库，这一数据库在2014年时上线手机应用"蔚蓝地图App"，通过更为快捷方便的信息公开，便利于公民随时随地了解环境信息并发挥环境监督作用。公民在关注保护自然环境，发挥环境知情权与环境

[①] 李宁宁：《环保意识与环保行为》，《学海》2001年第1期。

监督权的同时,如何有效地"维护自身的环境权益逐渐成为环境意识觉醒和受到环境污染所害群众"更为关心的事项,①近年来由环保社会组织或利害相关人作为原告向人民法院提起诉讼的大量案例,在较大程度上体现了理性化公民环保意识开始形成。

五　公民参与环境治理的实践模式

目前国内公民参与环境治理的成功事例较多,在环境治理中取得了较好的成效和社会影响,如石家庄市的"环境圆桌对话会"、广西高校环保社团联合发起的"广西绿色联盟"、绿色汉江公众环境宣教项目、屏南1721名山民的环保维权事件、"中国母亲河保护贵阳模式"以及积极鼓励公民参与环境治理的"嘉兴模式"等,在这些成功的事例中,本书认为由环保社会组织主动参与并开展的"贵阳模式"与政府积极引导公民参与的"嘉兴模式"最具代表性和影响力,同时通过对这两个案例的比较也进一步证实环境治理中政府能够直接影响公民参与的深度和广度。

(一)环保社会组织主动参与的"贵阳模式"

贵阳市境内有98条河流,关系到全市近400万居民的饮水安全。然而,随着经济的发展,贵阳市内的河流污染状况严重,污染源主要来自工业污水、城镇排污、乡镇和农村垃圾污染等,其中河流沿岸村镇生活垃圾向河流中随意倾倒的形势尤为严峻,大面积的水污染问题已经严重影响了全市居民的饮水安全。2010年,贵阳公众环境教育发起了"绿色江河全民保护行动",将公民与公民组织等各种社会力量吸纳入环保过程之中,形成了"中国母亲河保护贵阳模式"。

1.项目的具体实施

第一阶段:水环境调查市民行动。

---

① 郑庆宝:《从环保NGO的发展看公众环境意识的觉醒》,《环境保护》2009年第19期。

在贵阳市委、市政府的支持下，贵阳公众环境教育中心与环保、水利等行政部门合作进行了水环境调查活动。在地方水利、环保部门专业人员的指导下，贵阳公众环境教育中心发动了全市四千余名的环保志愿者在12个区县的范围内对河流状况进行了历时3个多月的摸底调查，首次摸清了贵阳市内的98条河流的水环境状况，形成了《贵阳市水环境调查市民行动调查报告》。通过该项目的努力，环保局确定了98条河流的断面取水点，水利局在每个取水点位置设立河流保护碑，作为贵阳市水源地保护的永久性标志。并且依据该项目的成果，贵阳市政府将水源地保护列入了"十二五"规划中的"十大民生工程"，在立法层面推动了贵阳市环保事业的发展。

第二阶段：绿色江河全民保护行动。

由贵阳公众环境教育中心、中华环保联合会、水利局、环保局、志愿者协会等政府部门和社会机构组成组委会，由组委会发动各机关企事业单位和社会公众，报名"认领"保护市内98条河流中的任何一条，建立志愿者巡河小组。截至2011年9月，98条河流已经全部设立了巡查小组，设置一名组长和三名以上组员，定期巡查河流环境状况，并以电话或书面报告的形式向环保和水利部门举报和监督，充分行使公民环境监督权。关于这一行动的志愿者招募、专业培训、巡查监督等日常管理全部由贵阳公众环境教育中心承担。

第三阶段：对母亲河保护的长期监控。

贵阳公众环境教育中心承担完成了全社会对98条河流的认领、在沿河每个村镇培养1名农民环保监督员、各水政和环保监察部门建立8小时快速反应机制、完成沿岸企业的GPS定位并绘成电子地图监督企业达标排放。由此建立起对河流的长期监控，使贵阳市98条河流均控制在Ⅲ类水体以内。

2. 项目的成效与反思

"贵阳市绿色江河全民保护行动"对水环境保护发挥了巨大的作用

和影响力。公民的有效参与不仅提高了公民自身的环保意识，生活垃圾的排放得到了较好的控制，而且极大程度地弥补了环境执法部门的人力不足，公民通过参与充分发挥监督作用，促使污染企业整改，减少了工业污染源的排放。

贵阳模式之所以能够取得良好的成效，除了政府的大力支持之外，最重要的在于贵阳公众环境教育中心这一民间环保社会组织作用的发挥。公众环境教育中心在意识到水环境的危机之后，积极与政府、公众、媒体进行沟通，使各方力量发挥所长，从而更好地实现贵阳市水资源保护的目标。具体地看，政府部门在其中主要发挥着制定政策法规以及行使规范的环保行政行为；司法部门以法律公正维护合法的环保行为，监督执法行为，赋予公民参与环境保护的司法保障；公民以志愿者的身份参与到环境治理过程中，定期巡查市内河流，充分发挥公民的各项环境参与权利，最终在多方力量的共同努力下，贵阳市保护母亲河活动取得了成功。

针对这一成功案例，不难看出目前环境治理进入了新的阶段，政府在面对环境治理的诸多困境之时亦期待着更为有效的治理手段，而公民环保意识在已经觉醒的情况下，俨然已经成为目前环境治理的角色之一。在环境治理问题上，"贵阳模式"为河流保护提供了一个良好的范例，具有推广价值，并且该模式不仅可以运用在水环境保护方面，在其他领域如土壤、大气等保护中亦可予以借鉴。然而，因政府仅停留在支持发展阶段，并未呈现出对公民参与环境治理更多鼓励和帮扶，贵阳市公众环境教育中心参与组织河流保护的这一活动并未将公民参与深入到环境治理中决策这一核心阶段，公民参与更多地停留在"监督"层面，并且涉及的环境事务也相对局限。

（二）政府引导公民参与的"嘉兴模式"

目前国内许多省市鼓励公民参与环境治理，积极探索并尝试公民参与的具体内容与做法，就公民参与的程度和成效而言，公民参与能够有效深入环境决策阶段的"嘉兴模式",无疑是国内公民参与环境治理较为典型和成效突出的实践案例。2016年联合国环境规划署正式发布了《绿水青山就是金山银山:中国生态文明战略与行动》的报告,报告中专门介绍了浙江嘉兴市探索公民参与环境保护的经验,并将其称为"嘉兴模式"。

1. "嘉兴模式"的缘起与发展

嘉兴市地处浙江与江苏临界,与苏州紧邻。长期以来嘉兴市与苏州市盛泽镇间因水污染矛盾未被有效解决,2001年嘉兴市渔民以堵塞航道的极端方式来解决上游盛泽镇带来的环境污染事件,又称"麻溪港筑坝拦污行动"①,引起了中央的高度重视,国家环保总局在江浙边界建立了水质自动监测站,每天实时监测上报至中央并予以公开。在此之后,嘉兴市水污染问题进入治理程序。

这一行动,成为促使嘉兴公民环保意识觉醒的一次重要事件。在公民环保意识觉醒的基础上,嘉兴市市政府广泛邀请包括各类环境保护社会组织、环保专家以及其他普通公民等真正参与到环境行政工作之中,公民通过与政府的对话协商参与到规划、评议、审批、执法以及监督的各个环节之中。2007年嘉兴市建立公民参与环境保护的监督机制,构建监督平台,鼓励全民参与。并为公民参与环境治理提供了一系列的参与平台,便于公民参与到环境决策相关的听证会、论证会

---

① 20世纪90年代以后,苏州市盛泽镇印染业发达,由此而产生的污水经界河麻溪港进入下游的嘉兴市,水污染成为嘉兴市污染治理的难题之一,当地百姓诸多呼吁均无济于事。2001年11月,污水流入再一次引起的大面积死鱼事件给嘉兴渔民带来了高额的经济损失,受损渔民于11月20日到江苏省人民政府上访,期待江苏省政府能够解决上游苏州市盛泽镇的污水排放问题,但他们并没有得到满意的答案,失望而归。政府对问题的消极态度与行政不作为,迫使嘉兴当地民众采取非常规的方法解决污水问题,意图激起政府的重视。于是在22日凌晨,嘉兴北部渔民自发筹资筑坝截断苏州与嘉兴的界河麻溪港,阻拦污水流入,盛泽镇与嘉兴的往来航道被切断。同时,受损渔民向嘉兴市中级人民法院提起诉讼,诉讼要求盛泽镇排污企业赔偿他们的经济损失。嘉兴当地渔民以堵塞航道的极端方式来解决环境污染的事件,又称"麻溪港筑坝拦污行动"。

以及监督环境执法与污染整治活动等。为方便公民参与环境治理，在政府的大力支持下，2007年9月成立了参与人数近万的环保志愿者服务队。2008年1月，成立了主要由党员干部、人大代表、政协委员和环保专业技术人员构成的节能减排志愿者先锋服务队，旨在促进节能减排的宣传、监督和技术服务等工作内容；同年3月，又成立了实际参与环境执法的市民环保检查团，监督和纠正环境违法行为。2009年2月，由专家组成的环保专家服务团成立，为环境污染治理提供专业技术指导。2010年12月，由嘉兴市环境科学学会、新闻工作者协会、律师协会、节能协会和环保产业协会五家社团发起，成立嘉兴市环保联合会。2011年2月，市环保局组建生态文明宣讲团，广泛性开展环保宣讲，11月嘉兴市环保联合会成立环境权益维护中心，成为第一个专门通过法律手段保护环境权益的组织。与此同时，嘉兴市政府先后制订出台了《鼓励发展基层环保组织指导意见》《嘉兴市环境保护公众参与管理办法》等，从制度上保障公民参与环境治理。因此，有人提出环境治理的"嘉兴模式"就是在政府支持下，形成以嘉兴市环保联合会为龙头，以市民环保检查团、环保专家服务团、生态文明宣讲团和环境权益维护中心为支撑的"一会三团一中心"组织框架，进而推动公众充分参与环境治理的一条路。

2. "嘉兴模式"公民参与环境治理的具体路径及成效

"嘉兴模式"通过对公民参与环境治理的不断探索，公民参与的形式、程序和途径逐步实现制度化、规范化。嘉兴市公民主要通过五个途径实现有效参与，即公民可以通过"大环保""圆桌会""联动化""点单式""评审员"五种制度性程序来保障公民环境知情权、监督权和决策权等。

（1）"大环保"——公民共同参与环境治理的格局

为打破传统的环保行政部门在环境治理中单一作用的发挥并且充分发挥公民的集体能力，嘉兴市政府积极主动引导社会力量进入环境治理过程。政府通过公开招聘、推荐选拔、邀请等方式向社会广泛吸纳各种环保社会组织、环保专家学者以及各个领域中的其他公民深入参与到环境治理事业，促使"政府—专家学者—普通公民"之间得以有效沟通和互动，形成在政府主导力之下公民普遍参与的"大环保"格局。

（2）"圆桌会"——公民参与环境决策的平台

在涉及诸如环境规划、项目引进、环境政策等决策性问题时，为提升决策的科学性和合法性，政府主动邀请包括环保社会组织、专家学者、媒体、企业、市民等共同参与到"圆桌会"中就待决策问题进行开放式民主协商讨论和沟通并进行论证，从而这一举措更加有益于决策的实施。如2010年，嘉兴市一项投资高达100亿元的橡胶项目在市民环保检查团和环保专家服务团的实地调研之后，向市政府提出建议认为不适合开展此项项目，应当予以否决，继而该项目未被审批通过。并且通过成立专家库，成功解决了部分生态建设和污染防治的难点问题。

（3）"联动化"——公民参与环境治理监督的信息渠道

"联动化"即政府环保行政部门与社会组织、公民以及其他社会力量相互配合相互监督地进行联合行动。嘉兴市的主要做法是公民与政府环保部门的互动、公民与环保社会组织间的互动、公民参与监督区域污染防治工作，以及各种网络信息互动平台。如嘉兴市开通环保官方微信群，并在网上设立"市民检查团""12369网上投诉中心""环保志愿者在行动"等专栏，并在微博上建立"嘉兴环保"接受公民投诉和意见反馈，并及时予以处理。

（4）"点单式"——公民参与环境行政执法的措施

嘉兴市采取公开执法的方式，公民代表有权参与到环境执法过程中。政府通过公开报名而选拔出的普通市民、环保社会组织、专家学者等公民代表有权随机抽查执法检查对象，就环境治理和污染物排放等进行现场调查和问询,并提出整改意见和要求,同时公示检查结果。这一做法不仅能够避免政府与企业"暗地交易",而且能够降低政府执法的成本,同时还能够提升政府环境执法的社会公信度。

(5)"评审员"——公民参与环境行政处罚的角色

在环境行政处罚案件中政府向社会公开招募邀请公民代表作为"评审员",这些经由个人报名、单位举荐、媒体招募等方式产生的包含各行各业的"评审员",每年至少参加一次案件评审,在案件评审之前环保局首先排除与案件有直接利害关系的人员,之后再随机抽选不少于五人的参加者并具体召集安排。这些出自不同领域的"陪审员"以独立身份对行政案件进行评议并依据少数服从多数的原则给出集体决议,环保行政机关以此作为最终行政处罚的重要参考依据,提高政府环境行政处罚的科学性,并且避免出现政府行政不作为行为,有助于提升整体的环境治理水平。

3. "嘉兴模式"的主要启示

"嘉兴模式"成功示范了公民参与环境治理模式。目前国内各地纷纷支持公民参与环境治理,然而大多收效甚微,嘉兴市的这一做法却取得了良好的社会效应和影响,究其原因,主要有以下几点:

一是政府观念的转变,给予公民参与充分的制度保障。嘉兴市政府改变传统全能型政府的认知,充分认识到环境治理需要公民参与,在环境治理中公民参与能够有效改变政府"孤军奋战"。从而政府通过分权,积极鼓励支持公民力量的发挥,并给予公民参与整体性、系统性的制度,以制度保障公民参与和约束政府行为。

二是通过信息公开,营造互相信任的社会局面。嘉兴市利用搭建参与平台、组建社会团体等线上线下多种方式公开环境信息,政府与公民之间建立了积极的信任关系,从而他们之间的协商对话机制得以有效运行。并且从信息公开、平等参与和沟通、公共补偿、监督等多个方面建立公民参与环境治理机制,避免公民参与流于形式。

三是公民参与政府环境决策，有助于提高参与积极性。公民参与到由政府主导的行政决策过程中，能够有效地激励公民参与环境治理的积极性。如公民所提意见或建议得到政府部门的及时反馈，明确了解被采纳抑或未被采纳的原因，能够更好地激发公民参与环境治理的积极心态。

在面对复杂多变的环境问题时，摸索有效的符合国情的环境治理模式是治理环境问题的重要议题。本章力图通过理论探讨与实践现状分析证实参与式环境治理的科学性与合理性，首先对目前国内外研究及实践较多的环境治理模式，即政府管制模式、市场化模式以及多元合作模式等进行分析，并指出这几种模式存在的不足之处，然后基于参与式环境治理的本土基础和优势，对参与式环境治理进行了理论探索，明确参与式环境治理在中国的适应性，最后简要介绍了目前国内参与式环境治理的实践状况以证实参与式环境治理具有现实可行性。

第四章

中国参与式环境治理的实践困境及其制约因素

参与式环境治理在中国已经具备了生长的土壤，公民逐渐成为环境治理的重要力量，公民参与也逐渐成为环境治理中的重要环节。但是中国公民参与环境治理的实践现状与理想模式仍有较大距离，参与式环境治理在实施中存在诸如传统环境管理思维带来的参与壁垒与分散滞后的公民参与力量并存、环境信息公开方面的问题、公民自身参与能力的不足以及参与渠道不畅等参与困境。而这些问题的存在主要是由传统的政府管理理念的制约、政府与公民间的信任关系紧张、公民环境权的法律保障缺失以及公民参与制度的不健全等因素所导致。

第一节 公民参与环境治理的实践困境

中央和地方政府充分重视公民在环境治理中的重要作用，并为此做出诸多工作和努力，如制定各种维护和保障公民参与环境治理的法律法规并积极采取多种措施帮助公民参与到环境治理过程中。这些努力取得了一定的成效，但就目前参与现状来看，公民参与环境治理仍有实践困境。

一　传统治理思维与分散滞后的参与并存

（一）传统环境管理思维带来的参与壁垒

环境治理中公民参与的发展受国家和社会的实际状况以及传统思想的制约，目前地方政府在中央政府高度重视公民参与环境治理的政策要求下，不得不将公民参与纳入环境治理的过程中，但是长期以来传统的政府环境管理思维导致了公民参与环境治理倾向于形式化参与，实质性参与较少；或公民参与难以深入环境治理的核心环节，如环境决策、环境立法建议等。

首先，在环境问题应由政府管理的传统思维的影响下，公民参与往往流于形式，这主要体现在公民参与环境治理的各种制度趋于形式化。近年来，中央政府高度重视环境问题的解决，公民作为影响环境治理效果重要的社会力量进入政府环境治理的视野之中，中央给出了公民参与环境治理的政策指示，并制定了相应的配套制度保障公民参与环境治理的权利，但是这些制度在具体的执行中，因地方政府受传统政府管理思维的影响，认为公民无权也无能力参与到环境治理之中，从而公民参与的诸多制度执行被流于形式甚至弄虚作假。如公民参与最多的环境影响评价公民参与制度，这一制度有着明确的政府规章《环境影响评价公众参与办法》的指导，但是在实践中仍难以避免被控制和操作，公民参与成为走过场的"真人秀"，象征性意义较大。如浙江宁德鼎信实业有限公司三期环境影响评价中涉嫌公民参与数据弄虚作假，当地居民向宁德市环保部门提出质疑时，环保局以"不得公开涉及国家秘密、商业秘密、个人隐私的政府信息"为由拒绝信息公开。并且该企业三期项目在未经环评环节即开始试生产，环境影响评价的公民参与和环评听证会严重程序化和形式化，未对企业起到任何制约作用，从而导致企业肆意妄为地破坏环境，而对企业的违法事实，地方政府和环保部门皆是知情状态。当地居民的环境治理参与权被严重侵害，法定的参与渠道得不到应有的成效，当地居民不得不以公开信访的方式向上举报，集体给当时的环保部副部长写了一封公开信。

其次，政府环境管理促使公民参与停留在治理的浅层阶段，决策与立法等阶段的深层参与则相对较少。Sherry R.Arnstein在研究多个国家公民参与的演进状况之后提出了公民参与阶梯理论，将公民参与的程度由弱到强分为四种类型：假参与、表面参与、高层次的表面参与和深度参与，依次对应着8个层次的公民参与类型：操纵、治疗、通知、咨询、安抚、合作关系、授权、公民控制（见表4-1）。①

表4-1　　　　　　　　公民参与阶梯理论的内容

参与类型	含义	参与程度
操纵	治疗和操纵都是旨在"治愈"或"教育公民"，往往通过运用公共关系的技术，达到使公民放弃实际权力的目的	假参与
治疗		
通知	可能是恰当参与的第一步——但往往只是一个单向过程，没有真正地反馈给那些掌握权力的人	表面参与
咨询	是发现人们的需要和表达其关切的重要尝试，但往往只是一个假装倾听的仪式	
安抚	给予公民提出建议的机会但没有实际权力	高层次的表面参与
合作关系	通过协商和责任的联合承担重新分配权力	深度参与
授权	赋予公民决策和问责的权力和权威	
公民控制	赋予公民完全的决定和控制执行资金的责任	

资料来源：参见蔡定剑《公众参与：欧洲的制度和经验》，法律出版社2009年版，第13—14页。

在环境污染治理中，公民往往是通过论证会、听证会、座谈会、媒体报道、电话举报热线、互联网等方式参与到其中，这些参与方式难以有效地进入环境治理的核心环节——环境决策及立法阶段。具备

---

① Sherry R.Arnstein, "A Ladder of Citizen Participation", *Journal of the American Institute of Planner*, Vol.35, No.4, 1969, pp.216-224.

参与效力的论证会、听证会、座谈会等作为具备"通知""咨询""安抚"作用的参与方式只是"表面参与",而其他的常用方式则难以被界定为公民的真实参与。政府较为认可的方式通常为举报和监督,这种方式则一般通过政府在电话或网络上设立的举报平台来进行,并且无疑是更为简便易行的方式,然而在实际运作中举报成了一个公众与"呼叫中心"的游戏,更多的不是为了解决问题而存在,而是为了缓和公众的愤怒,协助"灾难拖延术"的表演[①],这种方式的功能更类似于"操纵""治疗",并不能将其界定为真正地参与。目前国内公民参与仍处于较低层次和程度,只有非常少的案例能够体现"合作关系""授权""公民控制"等公民深度参与到环境治理的核心领域。

（二）公民参与力量发展滞后

公民参与力量的分散滞后也成为影响参与式环境治理实施效果的问题之一。中国的环境社会组织发展较晚,近年来部分环境社会组织在环保事业中做出了突出的贡献,但是国内大量的环境社会组织的发展有其难以跨越的困境。

一是缺乏经济基础。环境社会组织作为公益性组织,不以营利为目的,但是据统计中国2/3以上的环境社会组织没有稳定的经费来源,这成为环境社会组织发展受限的关键因素。没有稳定的经济来源,一半以上的环境社会组织没有固定的办公场所,没有能力为职员提供"五险一金"等福利保障。西方国家环境社会组织主要依赖于政府向社会组织购买社会服务,中国目前仍处于摸索阶段,虽然2016年民政部出台了《关于通过政府购买服务支持社会组织培育发展的指导意见》以昭示政府对社会组织发展的支持,但是就目前来看,在各种原因的限制下鲜有政府与社会组织间的经济合作。而公民个体参与环境治理的成本又相对较高,经济问题成为制约公民参与的重要因素之一。

---

① 冯永锋、梧桐:《公众参与环境保护,无可阻挡》,《世界环境》2013年第2期。

二是缺乏专业性的人才队伍。首先是环境知识人才的缺乏。环境问题对于技术知识的要求颇高，在环境治理中需要专业知识的支撑而不能一味地只表达抗议的态度而无技术论证，但是目前的环境社会组织因缺乏专业人才，他们所从事的业务更多的是志愿性地向社会传达环境信息或朴素的环保知识的宣传教育，在面临较为复杂的环境问题时难以给出具体有效的解决方案或建议，更妄谈与政府进行对话。据统计，环境社会组织现有从业人员中1/5的人员没有环保知识，接近一半的环境社会组织中仅有一两名环境专业人员。其次是法律知识人才的缺乏。参与环境治理涉及各种环境权益，当权益受到侵害需要救济时，即需要配备具有法律专业知识的人才，然而就目前来看，自2015年新《环境法》实施以后，全国发生大量环境侵权事件，环境社会组织采取向人民法院提起环境公益诉讼的数量屈指可数。以2016年为例，一整年时间里全国范围内仅7家环境社会组织参与环境公益诉讼[①]，这样低的诉讼数量主要是因为环境社会组织中技术和专业知识人才的缺失。最后，目前环保社会组织的成员主要是以志愿的形式参与，多以兼职、实习、志愿者的身份参与其中，缺乏稳定的人员管理机制。

在环境治理中公民的环境诉求相对较为分散，作为环保的主要社会力量，环保社会组织的作用不言而喻。而目前中国组织化的公民参与环境治理的力量发展与发达国家相比仍有较大的差距，环境社会组织的发展难以满足环境治理公民参与力量的需要，即环境社会组织参与环境治理的能力不足，参与的效力不高。

二 环境信息公开的供给缺陷

近年来中国各级政府的环境事务信息积极通过政府网站向社会发

[①] 苗阳、陈兰等：《环境NGO介入环境公益诉讼的必要性和复杂性研究》，《环境科学与管理》2017年第9期。

布,自2011年发展至今取得了较大的进展,公民能够通过政府网站获取相关环境信息资料和数据,同时企业环境信息公开也以政府规章文件的形式被约束。但就目前来看,环境信息公开依然存在着公开信息内容不足以及信息的真实性存疑等问题。

(一)环境信息公开的内容不足

一是政府环境信息公开的部分滞后与缺失。目前公民得以从政府网站中获取诸如大气环境、水环境、土壤环境以及固体废弃物等与其生活息息相关的环境信息,但是存在着环境信息内容简单、信息公开的持续性差、信息更新效率低等问题。如部分环境质量信息并不能实时发布,公民得到的往往是滞后的环境信息,类似于固体废弃物信息公开的一直都是前一个年度的环境信息。其他的专项环境信息公开也存在着信息公开不足的问题,诸如环境影响评价信息的公开。虽然政府针对环评信息公开出台了专门的指导意见《建设项目环境影响评价政府信息公开指南》,但是政府在具体的公开中依然存在着一些问题:首先,环境影响评价信息公开的内容避重就轻。环境影响评价各个阶段的信息往往不予公开,并且公开的环评信息对于公民关注的重点内容往往简化或避而不谈。[①] 如2018年1月,山东昌邑市环保局在公开浆纱厂的环评信息时,即未曾公开环评审批材料和验收材料,经公民梁某申请后仅公开了环评审批意见和验收意见,仍不公开审批过程和验收过程中的其他相关支撑材料,政府环保部门也不曾对此进行解释。其次,信息公开程序不够科学合理。如文件要求环境影响评价征求公民意见的时间不少于10天,大部分地区以10天为公示期限,但是环评信息往往存在着与其有相关利害关系的公民在对公示毫不知情的情况下,公示期已然结束。

---

① 王华、郭红燕、黄德生:《我国环境信息公开现状、问题与对策》,《中国环境管理》2016年第1期。

二是企业环境信息公开不充分。国家虽然于2015年实施了《企业事业单位环境信息公开办法》，加快了企业环境信息的公开进度。但是在对企业环境信息的规定中，国家仅对重点排污企业环境信息公开制度约束，对于一般排污企业则是以自愿的态度来决定是否公开，然而一般排污企业的环境保护意识通常不足。重点排污企业信息公开方面也存在着问题：首先，公开的环境信息不全，强调环境污染物排放总量的公开，具体的有害物质的伤害性和生产过程中阶段性污染状况并无涉及；其次，企业环境信息公开的违法成本低，依据现行的规定，重点排污单位在被发现未按时公开真实环境信息时，仅需公开相关环境信息和缴纳三万元以下罚款[①]，与生产经营收益相比，这样低的违法成本促使重点排污企业存在侥幸心理。

（二）环境信息的真实性存疑

一是政府公开的部分环境信息的真实度有待考证。随着中央政府对环境信息公开的重视，以及将环境信息公开作为政府信息公开的重要内容，诸如对环境信息的瞒报、不报等状况日益减少，各地方政府积极响应并公开环境信息。但是政府公开的环境信息数据与真实的环境状况却有差异，比如近年来雾霾天气的影响，各地政府均开展了空气质量检测，空气质量合格天数成为衡量地方政府工作成效的指标之一，为了得到合格的空气检测数据，地方政府或将检测仪器安置于绿化率超高的公园中或在检测仪器附近市政洒水车24小时运行并实施严格环境监管。这样得出的部分区域的空气质量，实难成为地区性空气质量的真实体现。

---

① 《企业事业单位环境信息公开办法》第十六条：重点排污单位违反本办法规定，有下列行为之一的，由县级以上环境保护主管部门根据《中华人民共和国环境保护法》的规定责令公开，处三万元以下罚款，并予以公告。（一）不公开或者不按照本办法第九条规定的内容公开环境信息的；（二）不按照本办法第十条规定的方式公开环境信息的；（三）不按照本办法第十一条规定的时限公开环境信息的；（四）公开内容不真实、弄虚作假的。法律、法规另有规定的，从其规定。

二是部分地方政府成为污染企业的保护伞，以欺上瞒下的态度来应对环境信息公开的问题。部分地方政府并不重视环境治理的重要性，为了追求地方GDP增长，屡屡为重污染企业开环保绿灯，向上报虚假的环境信息，向下瞒报企业真实信息数据。如2017年5月，中央环保督察组在接到葫芦岛市群众举报反映东野环保产业开发有限公司、华兴锆钛有限公司和锦航钛业有限公司三家企业存在长期违法排污、严重污染环境的生产经营活动之后向当地政府质询，当时葫芦岛市相关部门给予的反馈信息则是三家企业均处于停产检修状态，且在停产之前企业排放污染物均能达标，但是当2018年7月现场检查时发现这三家企业的环境污染情况严重、环境违法问题十分突出，当地地方政府已经俨然成为污染企业的保护伞，甚至不惜弄虚作假。

三是部分企业自身在追求经济收益忽视环境保护义务的驱使下，会通过伪造相关环境数据，从而公开虚假信息。同时由于企业并非实时公开环境信息，公民无法及时获取真实的企业环境信息。如2017年4月浙江诸暨市上峰建材有限公司通过干扰自动监测设施超标排放化学需氧量、氨氮、二氧化硫、氮氧化物等污染物；2017年9月广西玉林博白县祥盛纸业有限公司通过篡改、伪造自动监测数据和干扰自动监测设施导致无法正常获取企业废水排放的真实数据，超标排放污水。

三　公民参与环境治理的能力不足

公民参与能力作为公民能力的一种，分为主观方面和客观方面，主观方面包括公民的参与意识与态度；客观方面包括公民的信息获取能力、参与方式选择能力、参与方法运用能力、团队组织能力、与政府对话能力等。公民参与环境治理的能力直接决定了参与式环境治理的成效，而就目前而言，中国公民参与环境治理的能力存在缺陷：主观方面公民参与环境治理的知识不足且主体意识不够，客观方面公民理性参与环境治理的能力不足。

（一）公民参与环境治理的主体意识不够

环境意识源于人类与自然的关系变化，是"个体的内在特质与生活方式对生态环境的态度和行为的影响，特别是有益于环境保护的影响"①，推动人类与生态环境间的良性互动和发展。中国环境意识自20世纪80年代至今，取得了较大的进展，但是整体的环境意识水平仍然较低。现阶段，在中国公民参与环境治理的主体意识普遍不强的情况下，与西方国家公民参与环境治理相比较，中国公民参与环境治理的积极性也相对较差。

1.公民的环境认知与环境行为间的差距较大。1983年第二次全国环保会议中确立了环境保护为基本国策，同时环境意识被提升为国策意识。之后随着国家的重视和环保社会组织的发展，公民环境治理意识也随之不断增强。2013年中国综合社会调查数据（CGSS）显示公民环境认知水平达2/3以上，但是同期的环境行为水平仅为一半。②中国公民环境意识的认知程度高于行为水平，说明公民积极参与环境治理的意识不够，对于"环境的忧患意识及对环境的索取倾向高于对治理环境污染的奉献和参与意识"③。公民对于其参与公共事务的作用大小的主观感受，也是其选择是否作出环境行为的原因之一。当公民认为其参与意义较大时，往往会主动参与到其中，反之则消极对待。现实中从公民主观感受来看，环境治理中公民参与对治理结果的影响远小于政府和企业。并有学者的调研数据显示公民从主观意识上"扩大了政府环境治理能力，缩小了公民参与的作用"④，从而公民的环境行为与

---

① Radmila Prislin and Judith Ouellette, "When it is Embedded, it is Potent: Effects of General Attitude Embeddedness on Formation of Specific Attitudes and Behavioral Intentions", *Personality and Social Psychology Bulletin*, Vol.22, No.8, 1996, pp.845-861.

② 魏勇、范支東等：《中国公众环境意识的现状与影响因素》，《科普研究》2017年第3期。

③ 曹运星、姚静、黄海鸣：《公民参与地方政府环境污染治理时存在问题的根源分析》，《今日中国论坛》2012年第11期。

④ 赵磊、邓维等：《太湖流域农村公众环境意识案例研究》，《长江流域资源与环境》2005年第3期。

环境意识间存在着较大的差距。

2.公民的环境行为多与自身利益相关，缺乏参与治理的主体意识。2007年全国公众环境意识调查数据显示，公众采取的环保行为主要以"能降低生活支出或有益于身体健康"的行为，其他方面的行为则较少。① 这表明公民的环保行为主要在有益于个体利益的前提下约束个体行为为主，大部分公民没有监督和影响与自身利益无关的他人行为的意识，并且公民普遍认为环境污染的主要来源是企业，环境治理的主体责任在于政府，因此环境污染治理应由政府和企业来负责，公民的作用无足轻重。而环境问题作为与公民生存息息相关的不容忽视的大问题，应改变公民旁观者的角色，使其以参与者深入到环境治理过程中，提高公民参与环境治理的主体意识。

3.公民参与环境治理的主体意识的城乡与阶层发展不平衡。首先，农民的环境意识更为匮乏。据1999年和2007年的两次全国公众环境意识调查的数据显示，农村的环境知识水平普遍低于城市。城市与农村因经济、教育、社会环境等多方面因素的差距较大，城市和农村的环境意识差距也较为明显。仅以文教支出为例，城乡居民文教支出的人均差距从1998年的339.98元增大到2013年的1808.11元。文教支出的差异在很大程度上影响着城乡居民环境知识的获取水平，城市居民的环境认知水平远远高于农村居民，从而城乡居民的环境意识差距也被拉大。其次，不同阶层间的公民环境意识差异较大。这主要是因为各阶层的知识结构、教育水平、经济收入等方面间的差异所造成的，与工农阶层相比较，干部及知识分子由于他们所具有的信息接受与理解方面的能力，他们的环境意识更强一些。

（二）公民理性参与能力较弱

参与式环境治理要保证环境治理的效果，需要具有相应参与治理

---

① 中国环境意识项目办：《2007年全国公众环境意识调查报告》，《世界环境》2008年第2期。

能力的、理性的公民积极主动地参与到环境治理过程中。然而中国公民的理性参与能力普遍较弱,从而即使公民具有强烈的参与意愿,也会囿于能力缺陷而难以实现参与环境治理的目标。

公民的"民主权能……与在分析争论和制定有影响的策略中,使用这些信息的能力的相联系"①。大量公民对环境政策、环境知识等相关信息的获取能力不足,并且缺乏信息筛选和理性判断的能力,一是会导致他们参与环境治理的积极性不高,尤其是在个人利益未受到直接损害的情况下,往往以一种"事不关己,高高挂起"的态度来处理。从历年来的多次公民环境调查可看出,公民的环保行为往往局限于可能影响健康或与个人利害相关的部分。因此公民即使有机会参与到其中,如参与听证会、座谈会或被访谈,也只是形式化的参与,难以形成实质性的意见或建议反馈,从而极易成为政府环境管理程序合法化的工具。二是缺乏选择参与环境治理有效的途径与手段的能力。在公民的环境权利可能会或已经受到侵害时,他们往往以向上级政府投诉或信访的方式寻求解决方案,其他几种参与途径如成立或参加环境保护社会组织保障环境权利、参加相关的听证会或座谈会、向人民法院提起环境诉讼等的使用较少。

并且在参与意愿与选择参与方法的能力极度不匹配的情况下,大量公民容易被一些有心人士"蛊惑"产生"跟风""人云亦云"的情况,诱导这些人选择各种非理性甚至触碰法律底线的方式参与到环境治理之中,期望以"群情激愤"的方式引起政府重视,从而导致环境群体性事件屡屡发生。中国也进入了"环境群体性事件的多发期",根据统计,近年来的环境群体性事件以年均29%的速度在增长。大量环境群体性事件因其组织化程度较低、缺乏相关专业知识的咨询指导、难以

---

① [美]加布里埃尔·A.阿尔蒙德、西德尼·维巴:《公民文化:五个国家的政治态度和民主制》,徐湘林等译,东方出版社2008年版,第86页。

以合理合法的方式维护环境权益，最终演变成为恶性社会事件。这不仅会破坏政府与公民间的互信度，而且会严重影响社会的安全稳定。如浙江海宁的"9·15"环境污染群体性事件，当地500余名公民在未对网络信息理性判断的情况下对浙江晶科能源有限公司进行围堵，并恶性打砸破坏，对当地的社会稳定带来了极为恶劣的影响，最终政府不得不以拘留违法人员的方式处理此次事件，严重破坏了政府与公民间的信任关系。①

四 公民参与环境治理的渠道不畅

目前公民参与的渠道可分为体制内渠道和体制外渠道，体制内渠道是通过正式选举程序而产生的各类代表性制度，往往是间接参与，如人民代表大会制度；体制外渠道则是以公民身份直接参与社会事务的途径。环境治理作为广泛性的民生问题，公民往往通过体制外渠道参与其中以维护和保障环境权益，如听证会、举报平台、政务论坛等。但是这些参与渠道在实践中往往被形式化，难以实现其应有的作用和效力，一些非常规的参与渠道如环境群体性事件却往往能够更有效地实现民意地表达。

（一）参与渠道的真实度：形式与实质的割裂

随着对公民参与环境治理重要性的不断强调，公民参与的渠道也得到了丰富和多元化的发展，呈现出"繁荣"状态。目前较为常用的参与渠道有以下几种：发布公示征询意见、电视广播政务论坛、环境民意调查、环境举报热线与网上投诉平台、听证会、论证会、座谈会以及各种咨询委员会等，这些渠道在形式上为公民广泛、直接参与提供了便利。这些参与渠道在理论设计之初，意图促使公民能够通过这

---

① 事情源自海宁市袁花镇红晓村村民孙某在网络上散布的"8月底围绕该公司（晶科能源）落户的红晓村今年的体检报告出来了，竟然有6个白血病，31个癌症患者，而红晓村总共只有人口3300多人"的信息，后经卫生部门核实，该信息为虚假信息。

些渠道表达真实的环境利益诉求和维护自身环境权益或环境公益，但是在实际运作中参与渠道往往被形式化，实质上不再是公民实现权利保障的有效路径，而是成为"一种贴着法治、公正与民主权利标签的形象工程"[①]。如环境影响评价中的公民参与，法律法规要求建设项目在环境影响评价过程中必须要有公民参与的环节，充分听取公民意见或建议，写入环境影响评价报告草案之中。然而，在实际运作中部分地方政府为了"政绩"，帮助项目建设能够顺利通过环评，常常会出现环评报告中涉及公民参与的内容或是弄虚作假而来，或被束之高阁置之不理的情况，蒙混过关。如浙江伟明环保股份有限公司与秦皇岛市政府合作的西部生活垃圾焚烧发电厂项目的环评报告中的公众意见调查表显示"100%支持"，而实际上通过走访当地村民发现填表的100人中，15人"查无此人"、1人死亡、13人常年在外、1人负罪潜逃、1人重复填表；另65位村民表示"未见过调查表"，并均明确表示不同意该建设项目。[②] 甚至理应对社会开放、广泛吸纳公民意见的环保听证会中具备参与听证会资格的人员是被"筛选"和"安排"产生的，听证会成为由部分地方政府安排的完全合理合法合程序的"虚假"听证，成为"虚假民意的秀场"。如曾被中央电视台曝光的"鄂州规划局听证会造假事件"，鄂州市规划局在召开规划听证会后，审查批准在鄂州明塘后路8号院内建一幢6层高楼，然而这个听证会中的参会代表是冒充的、签名也是虚假的，看似畅通无阻的参与渠道实则成为某些地方政府与企业利益勾结合法化的舞台，这些行为带来了极为恶劣的社会负面影响，严重影响了政府的社会公信力。

（二）参与渠道的有效性：合法与非法的现实较量

从公民参与的现实状况来看，公民选择合法、理性的参与渠道往

---

① 刘玉蓉：《论公民参与公共政策的渠道：形式与实质的断裂》，《湖北函授大学学报》2011年第4期。

② 胡建兵：《只有公众参与环评才有价值》，《法制日报》2018年8月7日第7版。

往难以实现预期的效果，不能满足公民的利益诉求和权益保障的要求，而公民通过非常规的、非制度化的参与渠道，如环境群体性事件反而能够迅速引起政府的重视，问题经常能够得到较快地解决。

中国社会科学院在《2012—2013年中国社会形势分析与预测》中指出，目前国内每年发生多达十万余起群体性事件，其中环境问题和劳资关系引发的群体性事件达到30%左右的比例，环境问题日益成为社会大问题。在环境污染事件发生之后，公民环境权益受到侵害，利益诉求通过官方渠道得不到满足，即公民通过如环境信访、人大代表提出议案、社会媒体披露等多种合法参与渠道向政府反映企业的环境污染行为，但企业的排污行为和侵害行为得不到公权力有效制止的情况下，环境权益受损的公民逐渐对官方渠道丧失信心，转而选择"自立性救济"，通过自己的方式去解决问题，而这些"自立性救济"方式通常缺乏理性引导，参与者极易因权益受害而产生极端心理和情绪，从而爆发各种环境群体性事件。这些因环境问题而产生的群体性事件不仅影响了地方的稳定性，而且在当前社会网络发达、信息传递迅速，地方政府迫于来自上级政府和社会各界的压力不得不迅速面对和解决问题，环境问题因各类群体性事件而得到迅速解决。湖南浏阳镇头镇镉污染事件就是最为鲜明的案例[①]，从当地公民最初向政府反映问题至问题的最终解决，镇头镇居民经历了几年的时间，以大量的村民中毒为结束，这其中不难看出政府的态度和效率以及公民在参与环境治理过程中渠道选择的无奈。

自2015年中央政府加大对地方政府的环境治理管控之后，地方政

---

① 2003年湘和化工厂以生产饲料添加剂为由入驻湖南省浏阳市镇头镇，而实际上是炼钢炼镉。2006年前后出现职工镉中毒之后双桥村村民集体签名上书到镇政府并向湖南省环保总局反映湘和化工厂严重环境污染一事，但是政府却未引起重视，坚持化工厂继续生产。该化工厂生产持续到2008年时，附近村里大面积的幼儿中毒引发了村民的极度恐慌、愤怒和抗议，并不断向各级政府反映问题，然而依旧不被重视，后当地村民不得不以抗议游行的方式表达诉求，最终引起各级政府的重视，事情方得以解决。

府处理环境污染问题的速度较以往明显提升，但这并非出自政府对公民参与和公民环境权利的重视，而主要是地方政府领导对中央高压政策的畏惧以及地方环境政绩考核的需要。这是因为虽然"政绩最大化和地方公共利益最大化都是地方政府的效用目标，但两者之间并不总是统一的，往往需要地方领导作出某种取舍……政绩最大化是地方领导实现政治晋升最重要的'资本'，当两者不能统一时，牺牲地方公共利益就可能成为理性的地方领导的选项"①。直到目前，公民参与的渠道逐渐明朗化，但是公民在环境权益受损、现行渠道不能实现他们快速有效地参与和诉求表达时，采取非常规的方式向地方政府"施压"无疑依然是最为有效的解决方法。因此，对于环境治理来说，寻求真实有效的公民参与渠道仍旧需要引起重视。

第二节 公民环境治理参与不足的制约因素

现实环境治理中公民参与的困境和难题，较大程度上是由政府传统管理理念的制约，政府与公民间的信任危机，公民的环境参与权理念缺失并缺乏保障，参与机制不健全等因素导致的。

一 政府传统管理理念的制约

公民参与环境治理在较大程度上受制于政府传统管理理念的影响，具体来看，传统行政思想影响了公民参与的扩大和效率；全能型政府管理理念和决策思维阻碍了公民参与的发展和参与深度。

（一）政府官员传统行政思想的消极影响

中国传统行政思想是以权威、等级、保守等为主要特征的人治思想。在传统行政思想观念下的实践活动往往表现为人格取向，强调的

---

① 何显明：《市场化进程中的地方政府行为逻辑》，人民出版社2008年版，第431页。

是"治民"，民众是治理对象而非参与伙伴。这一行为惯性对公民参与环境治理带来了负面影响。

一是政府强制权威型管理的传统，形成了政府主动"命令控制"与公民被动"服从执行"的思维定式。这一传统习惯，使得地方政府官员不重视公民参与甚至畏惧公民参与。在强制权威型管理思想里，政府作为环境管理的主体运用权力负责环境管理、决策和控制等，而公民作为环境政策的客体只适合作为管理对象或社会控制对象来被动接受、服从和执行政府命令，从而将公民排除在环境治理的主体之外，公民参与流于形式。并且很多地方政府在社会管理中往往秉承着"维稳第一、参与第二"的原则，环境问题作为社会问题也不例外，从而地方政府消极应对可能带来不稳定因素的公民参与环节。同时部分政府官员认为公民参与会影响到环境行政行为秩序和他们的利益，并且会增加环境行政工作的程序和难度，从而政府经常是以消极应付甚至防御抗拒的态度应对公民参与。

二是政府官员向上负责的观念影响公民参与环境治理。中国的行政体制导致长期以来地方官员都是对上负责的态度，这一传统观念使得地方官员忽视对下回应，即忽视对公民参与的回应。参与式环境治理要求政府回应公民参与，倡导公民同样作为治理的主体参与到环境治理过程与政府协商对话，但是由于传统行政体制的影响，政府官员习惯于对上级行政机关负责，在环境治理中不重视、不习惯回应公民参与。从而导致公民参与成为单向的反映问题，难以得到政府的积极回应，参与效果大打折扣。当公民的环境权益受损，公民参与意愿得不到正常的认同与回应时，就会以非理性的如"静坐""散步"等方式表达利益需求，而地方政府基于维稳的需要以"聚众闹事""扰乱公共秩序"等对非理性的公民参与行为进行定性，从而导致政府与公民间的协商对话难度加大。

（二）全能型的政府管理和决策思维

"全能主义"长期以来都是中国政府治理的代名词，其产生有着必要的历史和社会背景，但是随着市场经济的不断发展，"全能型政府"逐渐凸显出其难以避免的弊端。近年来中国不断对政府管理进行改进，改变党政体系的决策方式和治理模式，力图打破传统的"全能"政府，实现"有限"政府。然而一些学者坚持认为目前中国公共管理模式仍是"政府主导的全能主义"，依旧呈现出明显的"权力本位""家长制"和"包办制"的特点。

在治理实践过程中，全能型政府承担"家长"的职责，社会呈现出"依赖性"和"逆反性"成为这种治理模式常见的现象。[①]政府在环境问题方面的管理也不例外。一方面，全能型的政府管理模式导致了公民的环境依赖。公民依赖于政府权力，认为环境问题是政府的责任，环境的好坏取决于政府的治理能力和决心，对环境参与漠不关心。全能型政府所呈现出的"家长制"和"包办制"的特点，促使政府包揽一切环境管理事务，在这一模式下，公民也是其管理的对象。而通常情况下作为被管理者的公民，只有在违反环境法律政策时才会被约束，大量未触及法律或政策底线的公民认为环境治理是政府的责任范畴，与己无关，从而参与治理的主动性与积极性会受到影响。另一方面，全能型政府管理带来社会的"逆反性"可能导致公民非理性参与。全能型政府管理强调权力集中，治理环境的各项权力主要集中在政府手中，公民无权过问相关事宜，而权力的过于集中会产生一定的管理效率同时也会滋生由权力集中而带来的各种腐化行为，如政府与企业间权力与利益交换的"黑暗交易"导致生态环境被破坏，社会的不满情绪会随之不断增加，公民非理性参与的可能也会大大增加。

---

① 燕继荣：《破解全能主义的政府改革》，《理论参考》2014年第2期。

全能型的政府管理思维在实践中已经凸显出其内在的弊端，同时环境污染作为全社会难以逃避的问题，仅靠政府力量明显不足以应对，在环境治理中应力图实现政府从"全能"向"有限"进行转变，将权力向社会转移，给予公民参与的支持和可能。

二 政府与公民间的信任关系紧张

环境问题的日益恶化和政府工作人员明显的"行政人治"特点，导致政府信任度下降，出现政府社会信任危机；同时，因环境问题的复杂性与专业性较高，部分地方政府认为公民难以有效理性参与治理过程，反而会增加行政成本。政府与公民间针对环境问题方面呈现出互不信任的状态，参与式环境治理难以有效实施：一方面，政府将公民排除在环境治理过程之外，在环境治理问题上公民只需配合政府工作；另一方面，当公民存在环境利益表达诉求时，选择非理性的手段实现目标。

（一）政府信任危机导致公民出现参与"疏离感"

所谓政府信任关系是政府机关在行政权力执行过程中，行政客体（包括公民、社会组织和各级行政组织）"对行政体系总体的、也包括对行政体系各要素和各要素间的关系及其运动状况的合理期待，以及与行政机构的互动与合作关系。"[①] 简单理解，即是政府与公民、社会团体和其他组织之间的关系状况。而衡量这一关系的重点在于行政客体对于政治系统与结构、政策和官员的信任与否。

环境治理问题所涉及的主要是行政客体对政策和官员的信任态度。在环境政策方面，目前中央政府的环境政策的倾向性日渐明朗，鼓励公民积极参与并制定了一系列的保障制度，并以各种方式向社会发布。尤其是近年来伴随着民主化程度的提高，国家出台的与环境相关的各

---

① 程倩：《政府信任关系：概念、现状与重构》，《探索》2004年第3期。

项法律、法规及各种政策以及中央各种环保综合督查办法彰显了中央政府对公民参与环境治理的重视，公民对国家政策的认可度也较高，能够明显感知国家对公民环境权利保护的意愿。然而在政府官员的信任度方面，公民对官员的认可度和信任度偏低。这主要是因为地方政府官员受"经济人"驱使的"理性追求政绩"与明显的"行政人治"特点，部分地区在环境治理问题上表里不一，表面上遵循国家政策大力支持公民参与到环境治理过程之中，而实际上仍坚持政府环境治理的"一言堂"模式，公民参与被严重过场化和形式化。而且在地方政府的高压之下环境治理效果并不尽如人意，导致公民对于地方环境治理认可度较低。同时因部分政府官员存在的腐败违法行为，也严重影响了政府官员在群众心中信任度的整体评价。在对政府官员产生不信任的心理映射下，公民对政府的信任度也随之下降，政府信任关系较弱，从而公民极易产生参与治理的"疏离感"，公民不参与、不关心、不讨论环境问题，或当公民个人环境权益被侵害时，通过非理性和非常规的方式表达利益诉求，寻求解决方案，继而引发不必要的社会不稳定因素。

（二）政府对公民的信任障碍

政府强调公民参与环境治理的权利，逐步在各项环境相关的政策和制度中体现对公民参与权的重视，然而在制度中并未详细规定公民参与的具体范围和办法，同时在实践中设置各种门槛和限制以弱化公民参与的程度。之所以会产生这些矛盾现象的原因之一即在于政府对公民的不信任，具体来看有以下因素。

一是部分地方政府责任部门为逃避责任，认为部分环境信息的发布可能导致公民在了解全部的真实信息后会加大他们非理性言行发生的可能性，从而在环境信息发布时采取拖延战术，不愿将真实状况和事件缘由展示给公民，极力将重要的信息隐瞒或押后暂缓发布，以免导致群体性事件从而影响政府形象和社会稳定。

二是政府认为公民普遍的"利己"心态导致他们的环境保护意愿较弱,在环境政策制定和执行时公民参与作用不大,还可能适得其反,因此政府认为通过强制性的环境政策要求公民服从的成效与民主化的公民参与相比效果更为明显。地方政府在制定环境政策时,更多地倾向于将公民视作政策管制的对象,而非治理的主体伙伴,以强制性的惩罚措施实现政策目标。如政府已经倡导了多年的"绿色出行",呼吁公民以公共交通工具替代私家车,但是在每年冬季时北方大部分城市政府仍会以"汽车限号"的惩罚性措施要求公民被动服从,主要是因为政府一方认为公民的环保意识较低,不足以抵抗自身的利益需求,而公民一方因并未参与政策制订与出台的任何一个程序,对政府强制性的环境政策意见颇大。

三是因为公民缺乏环境治理的能力,参与并不能有效地解决环境问题,反而会增加政府环境治理的难度,增加环境行政成本。环境治理具有复杂性和科学性,需要各种知识的支撑,而公民缺乏相应的知识和能力,参与治理过程难以给出切实有效的解决方案,反而往往是对政府工作的挑剔,不能有效地解决问题,还可能会带来整个环境治理工作量的增加。针对专业性较强的环境社会组织,政府的态度也往往是仅让其发挥环境宣传和环境教育的作用,对于其他方面的参与不予重视。

三 公民环境权的法律保障缺失

目前国内法律对公民环境权的权利保障较为滞后,无论是环境权实体性权利还是程序性权利,法律保障都存在不足。在公民权利不明确的情况下,参与行为必然会受到影响。

(一)公民的环境实体权利规范缺失

中国目前的环境法律法规中虽然体现了对公民环境权益的保护,但是无论是宪法还是环境法中更多的是对政府环境管理权力与责任和公民环境保护义务的规范，都没有明确确认公民环境权。如《宪法》第2条中规定了"人民依照法律规定，通过各种途径和形式，管理国家事务，管理经济和文化事业，管理社会事务"，即宪法赋予公民参与公共事务管理的权利；继而第26条中明确了"国家保护和改善生活环境和生态环境，防治污染和其他公害"，确立了政府的环境管理责任。宪法中虽然隐含了公民参与环境管理的权利，但是并未明确表达权利内容。而且这些规定的原则性强于实体性，不利于公民基本环境权利的保障。宪法作为国家基本大法未对公民环境权进行确认导致其他环境法律也难以对环境权进行明确规范，公民环境权在没有法律条文明确规范的情况下，公民维权必定会受到影响。实体性权利得不到保障，环境参与权就如同无源之水、无本之木。从而导致在环境问题出现时，国外公民可以要求市长依法辞职，而我们却只能喊着请环保局长下河游泳。

（二）公民环境权的程序性权利缺乏保障

公民参与要求在法律和制度的保障下有序进行，然而在公民参与环境治理过程中，公众参与的程序性权利保障不足导致公民参与环境治理的难度增大。

1.环境知情权的保障不足

在环境治理中，公民在享有获取环境相关信息的权利的前提下才有机会参与到治理过程。从现有法规来看，《宪法》《环境保护法》以及其他法律法规中并没有明确赋予公民环境知情权。2014年实施的《中华人民共和国保守国家秘密法实施条例》中提出政府官员不得随意以"国家秘密"为由拒绝向公民公开公民有权知晓的信息，这进一步保障了公民的知情权，但是这一规定并没有明确到底哪些信息可以公开，哪些不得公开，政府部门在环境信息披露时具有很大的自由裁量权，经常以"国家秘密""企业经营秘密""个人隐私"等为由拒绝向社会公开。中国在缺乏专门的环境信息公开法律法规的情况下，环境知情权难以由"应然权利"转换为"实然权利"[①],并将直接影响到公民环境治理参与权的有效实现。

2.环境参与权的保障不足

《环境保护法》与其他各种环境保护部门法或规章中都指出公民有保护环境的义务,并有权向政府和人民法院、检察院等司法机构检举和控告环境污染行为。但是这些规定基本上是将公民参与置于环境污染产生之后,即认为公民参与主要发挥事后监督的作用,同时被赋予的权利也限于检举和控告。虽然目前已经通过《环境影响评价法》和《环境影响评价公众参与办法》,在环境影响评价方面已经引入了公民参与,但是只是认可了公民参与的作用和必要性,并未从立法上确认公民参与应当享有的权利。同时,环境政策、决策以及在建项目均需进行环境影响评价,而环境政策、决策中鲜少能看到公民参与的影子。因此仅作为规范建设项目环境评价的《环境影响评价公众参与办法》并不能保障公民参与环境治理的全部环节。

与公民所拥有的参与权和监督权相比,中国的环境保护相关法律法规更重视公民对国家、政府的服从。具体地看,法律条文中对政府享有的环境管理权和处理权规定十分详尽,而公民享有的权利则十分抽象,且不具有实体性权利的性质,这种公权和私权过于明显不对等的状况,使公民环境权利的实现难上加难。[②]并且与公民相关的环境法律法规大多集中于强调公民应尽的义务,涉及的相关权利非常少,在权利与义务存在严重落差即义务重于权利的情况下,公民的参与积极性显然难以被调动。

---

① 王朝梁:《中国酸雨污染治理法律机制研究》,中国政法大学出版社2012年版,第62—63页。

② 王树义等:《环境法基本理论研究》,科学出版社2012年版,第211页。

四 公民环境治理参与制度不健全

虽然目前国内有公民参与环境治理实践的成功案例，但这些实践都是"一些孤立的点，没有连贯的线"，偶发性或者片段性较强，并没有成为"普遍存在的常规制度"。①而制度的缺失往往导致公民参与机制的不健全，在公民参与环境治理中主要体现在运行保障机制与侵权救济的不健全，其中侵权救济则主要集中于环境公益的救济，即目前国内环境公益诉讼制度不健全。

（一）公民参与环境治理的运行保障制度效率低下

中国目前的环境治理公民参与制度正处于逐步丰富的阶段，就目前的状态来看，相关的制度规定要么含糊简单要么缺乏具体实施指导，因此在执行过程中政府意志的倾向作用明显，自由裁量权较大。因此，当公民环境权利与政府利益相冲突时，公民在与政府间的博弈中难以取胜，公民权利往往会被剥夺。因此，即使公民参与意愿强烈也会因参与保障机制的残缺而无力参与。

首先，环境信息公开制度不健全。环境信息是公民参与的前提与基础，环境信息公开机制不健全，公民就无法得到完整的环境信息，更妄谈参与治理。虽然较多环境相关的法律法规中都要求环境信息公开，但是在具体的实践中往往存在问题，这一问题被称为"结构性失衡"，即政府环境信息"宏观信息公开多、微观信息公开少"，企业环境信息"任意公开多、强制公开少"。②出现这一失衡主要是由于环境信息公开制度缺乏具体性的规定与惩戒，政府和企业会以各种理由拒绝向社会公开信息。政府环境信息在具体公开环节中，当涉及可公开亦可不公开的信息时，政府一般情况下倾向于以信息涉及"国家秘密、商业秘密或个人隐私"为由而不公开，公民只能获取有限的环境信息。

---

① 蔡定剑：《民主是一种现代生活》，社会科学文献出版社2010年版，第198页。
② 张玉林：《环境与社会》，清华大学出版社2013年版，第156页。

这主要是由于《中华人民共和国政府信息公开条例》和《环境信息公开办法（试行）》等文件规定较为宽泛，并且缺乏信息公开协调机构和机制。而对于企业环境信息公开的规定主要源自《环境信息公开办法（试行）》，依据这一《办法》只有重污染企业才被强制要求向社会公开企业环境信息，一般排污企业则全凭自觉。因此，当信息公开机制存在漏洞的同时又欠缺环境信息公开的保障机制，公民就难以获取真实全面的环境信息，从而限制了公民的有效参与。

其次，公民参与的运行机制不健全，主要体现在参与主体筛选制度、具体运作机制与参与责任承担制度等存在不足。一是参与主体筛选方面，目前相关的环境法律法规中均提出了公民参与，如《环境影响评价法》《环境影响评价参与办法》中对公民参与进行了详细规定，然而并未明确具体的参与主体的范围，从而导致在环境管理中处于管理对象的公民无法确定自身合法的参与资格，他们的利益诉求也就难以得到合理表达。二是参与的具体运作方面，目前较为成熟的公民参与法规如《环境影响评价法》《环境保护公众参与办法》中指出公民可以通过"意见征求、问卷调查、座谈会、论证会、听证会"等方式参与环境治理过程[①]，但是这些规定是原则性的指导意见，并未对这些规定具体化。法律赋予的权利需要经过一定的机制使其体现，否则就失去权利的实际价值和意义，而在环境治理中这些看似丰富的渠道或方式因缺乏相应的机制建设导致实际的运作效果不佳。三是公民参与的责任承担方面，公民参与的监管维护机制不健全。如果一部法律没有配套的处罚措施或没有实效性，就会被称为"没有牙齿的法"[②]。环境治

---

① 《环境保护公众参与办法》第四条：环境保护主管部门可以通过征求意见、问卷调查，组织召开座谈会、专家论证会、听证会等方式征求公民、法人和其他组织对环境保护相关事项或者活动的意见和建议。

② 王朝梁：《中国酸雨污染治理法律机制研究》，中国政法大学出版社2012年版，第60—61页。

理公民参与相关的法律文件中，对影响公民参与的责任主体和内容的规定较少且界定不清，对侵犯公民参与权的行为应承担何种责任并未具体明确，当责任与惩戒措施不明时，很难保证政府或其他组织积极支持公民参与。

（二）环境公益诉讼制度不完善

出于对侵害环境公共利益而采取司法救济措施的环境公益诉讼是指"任何公民或社会团体，在环境受到侵害或可能受到侵害的情形下，向环境侵权者依法提起诉讼，追究其法律责任的制度"[①]。近几年国内环境公益诉讼制度获得了较大的进展，《民事诉讼法》和新《环境保护法》认定了社会组织和环境监管部门的诉讼主体地位[②]，之后又通过了《人民法院审理人民检察院提起公益诉讼案件试点工作实施办法》以在北京、内蒙古等13个省、自治区、直辖市实行试点的形式实践由人民检察院提起环境民事公益诉讼与行政公益诉讼，具有一定的效果和较好的社会反响。但是实施几年时间以来，环境公益诉讼案件数量与环境事件相比有较大的差距，究其原因在于环境公益诉讼制度设计存在着一定的缺陷，针对环境公益的司法救济明显不足，公民参与力量薄弱。

一是环境民事公益诉讼的制度设计问题。就目前来看，法律规定能够提起环境民事公益诉讼的主体有人民检察院、环境社会组织和公民，这其中人民检察院作为国家检察机关即官方机构，在有规章制度

[①] 王朝梁：《中国酸雨污染治理法律机制研究》，中国政法大学出版社2012年版，第93页。

[②] 2012年《民事诉讼法》第55条：对污染环境、侵害众多消费者合法权益等损害社会公共利益的行为，法律规定的机关和有关组织可以向人民法院提起诉讼。2014年《环境保护法》第58条：对污染环境、破坏生态，损害社会公共利益的行为，符合下列条件的社会组织可以向人民法院提起诉讼。（一）依法在设区的市级以上人民政府民政部门登记；（二）专门从事环境保护公益活动连续五年以上且无违法记录。符合前款规定的社会组织向人民法院提起诉讼，人民法院应当依法受理。提起诉讼的社会组织不得通过诉讼牟取经济利益。

的支持下作为诉讼主体向法院提起公益诉讼相对较为容易，而环境社会组织和公民作为民间力量，在缺乏官方支持的情况下，向法院提起公益诉讼的具体程序、证据规则等其他相关配套的规定并未涉及，只是以立法的形式明确了环境公益诉讼的法律依据，立法不够完善，制度设计缺乏可操作性与可实践性。如《环境保护法》中关于具备起诉主体资格的社会组织的认定问题成为司法实践的难题之一，立法设计与现实实践间出现了严重脱节的情况，从而大量民间环保组织因此无法进行环境公益诉讼。这主要是源自环境公益诉讼的立法缺陷，在立法"技术、听证、评估"等方面存在问题。[①]而"如果因为立法过程的封闭性、公共参与的有限性导致立法质量无法得到保证，而同时又没有相应的评估与监督体系来对其进行补救的话，我们就无法让立法发挥其应有的作用。"[②]

二是环境行政公益诉讼的制度设计问题。目前国内明确提出具备环境行政公益诉讼主体资格的只有人民检察院，《人民法院审理人民检察院提起公益诉讼案件试点工作实施办法》中对检察院公益诉讼人的身份和被告的范围进行了明确[③]，但是其中对公益诉讼人权利义务的规定并未明确指出，只是提出以《行政诉讼法》中的相关规定为参照。然而环境行政公益诉讼与普通行政诉讼存在着差异：一是诉讼主体的差异，以目前的规定仅限于部分地区的检察机关有权向人民法院提起环境行政公益诉讼，质疑环境相关行政部门的违法行为；二是忽略了检察机关作为公益诉讼人与普通行政诉讼人的差异，检察机关作为国

---

① 孙洪坤：《环境公益诉讼立法模式之批判与重构》，《东方法学》2017年第1期。
② 朱志昊：《实践商谈与理性参与：立法科学化问题研究的新视角》，法律出版社2014年版，第34页。
③ 《人民法院审理人民检察院提起公益诉讼案件试点工作实施办法》第十四条：人民检察院以公益诉讼人身份提起行政公益诉讼，诉讼权利义务参照行政诉讼法关于原告诉讼权利义务的规定。行政公益诉讼的被告是生态环境和资源保护、国有资产保护、国有土地使用权出让等领域行使职权或者负有行政职责的行政机关，以及法律、法规、规章授权的组织。

家公权力机关，其权利与义务与普通行政诉讼主体并不同，检察机关权利与义务的来源是宪法赋予其对行政机关的法律监督权，而其他行政诉讼主体的来源则是宪法赋予公民的控告、检举权，这两者间具有本质的差异。从而在既有的环境行政公益诉讼制度中，应对诉讼主体具体的权利义务进行明确。①同时新《行政诉讼法》中对提起行政诉讼的主体进行了约束，指出需要与行政行为有"利害关系"的公民、法人或其他组织方有权提起诉讼②，从而在法律或司法解释未对"利害关系"进行解释之前，各方均持观望或谨慎的态度对待，间接导致目前检察机关成为行政诉讼的单一主体。在环境行政公益诉讼方面也是如此，其他社会组织或公民难以作为行政公益诉讼的主体进入司法环节，从而公民的环境监督权在一定程度上难以有效发挥，另外也导致公民参与环境治理的积极性受挫。

　　发现问题方能解决问题，本章主要探讨了参与式环境治理在中国的实践困境及其影响因素。因传统环境管理思维的限制形成公民参与的主要壁垒，公民自身参与力量与参与能力不足，不完全或虚假的环境信息公开以及参与渠道不畅等因素导致参与式环境治理模式实践的局限性，而深究造成这些问题的原因主要在于长期以来政府管理理念的制约、公民的环境权保障意识以及公民环境权相关制度的不足、政府与公民间的信任关系较为紧张以及国内公民参与制度体系的不健全等几个方面。

---

　　① 湛中乐、尹婷：《环境行政公益诉讼的发展路径》，《国家检察官学院学报》2017年第2期。
　　② 《行政诉讼法》第二十五条第一款：行政行为的相对人以及其他与行政行为有利害关系的公民、法人或者其他组织，有权提起诉讼。

第 五 章

中国参与式环境治理的创新之路

　　参与式环境治理实践与理论建构之间的距离需要继续探讨与跨越，理论的成功建构取决于思维的自恰性和论证的合理性，但实践的成功则取决于相关的现实条件。以中国的现状来看，参与式环境治理有其发展的政治和社会环境，具备了一定的外部条件和内生力量，然而公民在参与环境治理过程中也存在着一定的现实困境，因此如何能够在现实困境约束下实现或接近理想的效果是值得探讨的问题。本章根据公民参与的困境以及影响因素，并结合中国政治体制情境下的模式适用性来思考创新参与式环境治理的路径选择。

第一节　政府治理思维与权能定位的并轨转变

　　前文阐述了参与式环境治理具有解决目前中国环境污染问题的政治、社会的适应性，然而长期以来中国环境污染问题主要依赖政府部门的管理，参与式环境治理存在着一定的实施困境。为保障公民实质性与有效性地参与，政府可从转变治理思维和明确权能定位两方面向环境治理转变，从而更好地发挥其在参与式环境治理中的主导作用，积极引导和鼓励公民参与。

一 政府环境治理"观念—职能—责任"三位一体转变

参与式环境治理是以政府为主导的公民参与的环境治理模式，根深蒂固的传统政府环境管理思维长期存在的情况下公民难以真正参与到环境治理过程中，造成公民参与的壁垒之一。因此可从转变政府环境治理观念、政府服务职能和有限责任三个方面转变政府环境治理思维，以期改变传统模式下政府应对环境污染问题的全能型管制方式，吸纳公民有序参与到环境治理的过程之中。

（一）从环境管理向环境治理的观念转变

在传统环境管理理念下，政府依据其所享有的环境管理权开展各种环境保护和污染治理的活动，这一观念主要源自环境作为典型的公共物品可能会产生"公地悲剧""搭便车"行为，同时环境影响社会整体的利益，只有政府这一具有强大公权力的机构才能负担起治理环境的相关责任。在这种管理观念下，尽管中央政府非常重视公民参与对于环境治理的意义、赋予公民环境参与的权利、提供公民参与的各种措施和路径等，但是地方政府作为具体环境政策的执行者，地方官员将公民参与视作解决官民矛盾的一种技术手段，在实践中并未真正赋予公民能够影响环境治理决策方向的相关权利。

但是随着环境问题的日益恶化以及社会民主化程度的不断提升，公民参与社会公共事务的管理已经得到了普遍的认可，政府作为承担环境管理的责任者，更应重视新主体的参与对于治理环境的良好意义。

首先，应转变政府管理思维。"观念是行动的先导，观念变革深刻影响制度变革和社会变迁。"[1]中国长达几千年的封建思想影响着现代社会的部分政府官员，他们仍旧秉承着"官本位"的认知，认为作为地方"父母官"理应承担着地方公共事务，环境问题作为社会性问题更应

---

[1] 彭向刚、程波辉：《论社会管理职能创新的观念变革》，《南京师大学报》（社会科学版）2012年第3期。

是政府管制的范围，尤其是在解决环境问题方面，公民与环保社会组织无权也无能。然而伴随着社会的不断发展，公民的环境权益意识不断增强，政府环境管理工作也已经出现了力不从心的现实困境，政府官员应打破传统的思想观念，认识到公民的生存与环境息息相关，吸纳其成为环境治理的参与主体有益于环境污染问题的解决。只有在认可公民环境治理参与主体的基础上，拥有强大公权力的政府在解决环境问题的具体实践中才会对公民参与给予制度上和参与路径上的帮助和保障。

其次，树立正确的权力观，即要求政府官员以正确权力观为指导，促使政府环境管理权向公民的部分让渡。由于管理与治理的不同，政府由环境管理向环境治理的转变必然意味着需要将部分环境管理权力让渡给社会，而这是政府在环境治理转变中的主要障碍之一。就目前来看，仅依靠政府公权力环境问题难以得到有效解决，需要社会力量的参与，即政府与公民的相互配合，然而大量地方政府官员因对权力转移带来的各种不稳定因素的担忧，或因难以把握政治体制管理创新的未知性而拒绝向社会分权。出现这些问题的原因主要在于政府官员对"权力"的来源认知不足，政府官员没有意识到他们虽然行使权力，但"并不是权力的所有者，而是人民群众授权的执行者"[①]。明确权力的来源，将部分可掌控范围内的环境管理权力让渡给社会，如赋予公民和环保社会组织监督排污企业、参与政府环境决策提案与草案研讨等权力。同时，鼓励社会力量参与环境治理活动不仅能够减轻政府负担，而且能够提升公民保护环境治理环境的主体意识和责任感。

总之，政府向环境治理的转变，应使其观念从环境管理向治理进行转变，即主要是使政府官员从观念上纠正传统政府环境管理的惯性思维，从思想上认可公民及环保社会组织成为环境治理参与主体的身份。

---

① 顾阳：《领导干部要树立正确的权力观》，《党政干部学刊》2019年第2期。

(二) 从政府管制向政府服务的职能转变

在社会事务管理方面,政府管制主要表现在政府包揽社会事务,严密控制社会秩序,从而导致公民社会组织力量弱小发展滞后,公民很少或不愿参与到社会事务管理的过程中。环境治理作为社会问题,由于环境治理成本投入高、收效慢,环境问题的解决长期以来都是由政府负责,因此目前大多数地区仍旧是政府管制型模式,这一模式取得了一定的成效,但是政府的管制权力过大也为治理环境污染带来了一些负面影响:为追求地方经济发展而出现的地方政府环境行政不作为、官员个人逐利而出现的官商勾结寻租腐败等。而在环境治理中高效的公民参与不但需要"铲除管制文化的舆论和心理基础,而且更需要树立服务理念,强化'公仆意识''顾客意识'"[①],即以公民需要为政府工作的基本出发点,以公民满意度为衡量政府服务质量的核心。因此,为保障公民参与环境治理,实现参与式环境治理模式的有效性,可从转变政府职能着手,政府职能从既往的环境管理向为社会提供满意的环境公共物品转变,从而打破政府对环境事务的绝对控制现状,杜绝因政府权力过大而滋生的各种不利于环境治理的现象。

近年来,中央政府意识到应转变政府职能,并于十八大报告中提出了要"建设职能科学、结构优化、廉洁高效、人民满意的服务型政府",具体到环境治理事务中,政府从管制向服务的职能转变,应注重以下几点:一是政府要重新定位其在环境治理中担当的角色,在充分发挥政府主导作用的同时引入社会力量,激发社会创造力,将公民和环保组织纳入环境治理体系之中,打破既往环境治理中政府的垄断地位,鼓励公民和环保社会组织以多种形式参与到环境治理过程中,充分考量公民参与的重要性。但是在环境治理中,政府发挥服务职能并

---

① 彭向刚、王郅强:《服务型政府:当代中国政府改革的目标模式》,《吉林大学社会科学学报》2004年第4期。

非对其管制职能的完全否定,此处所讲的管制职能是基于更好地为社会提供环境服务的前提。针对可能带来严重后果、危害公共安全的社会力量无力与其抗争的环境违法事件,仍需由政府发挥强制性的管理措施。二是转变政府环境管理方式,完善政府环境行政工作机制,从环境政务公开、环境民主决策、依法行政等多方面改革政府环境行政工作。三是完善监督机制,加强对地方环境行政机关的执法监督,通过政府内部监督与社会外部监督的共同作用,避免因权力过大而带来的各种腐败寻租现象。

(三)从全能政府向有限政府的责任转变

计划经济体制下的中国政府包揽了社会一切事务,承担了国内政治、经济、社会、文化等各个方面的责任,严格控制社会的各个方面,这种行政权力高度集中的全能型的政府模式在一定的社会背景下有其历史必然性和可行性,但是伴随着改革开放和市场经济的推动,逐渐呈现出其弊端。虽然近年来政府体制一直在改善,但是部分政府官员仍然认为社会缺乏自治力,政府应对社会事务全面负责,这种思想在环境污染问题治理中尤为明显。既往在全能型政府模式下,政府作为环境公共产品的供给方,承担着这一公共服务的"供给者、生产者和监管者",公民则仅是公共服务的"享有者"。[①]因此在环境污染治理中,全能政府的全权管辖,一方面需要政府投入大量的经济、人力等成本用于环境治理但收效无法尽如人意,政府不堪其重;另一方面公民环境保护意识觉醒,已经具有参与社会事务管理的意愿和能力的公民与高度集权的全能型政府之间难以避免地出现矛盾,从而导致社会民众对政府怨声载道、负面评价较多。

为了更有效地治理环境并且满足公民参与的现实需要,政府所承

[①] 姚冬琴、王红茹等:《从"全能政府"到"有限政府"》,《决策探索(下半月)》2013年第12期。

担的责任应从全能向有限转变。转变政府责任过程中，首先是要明确政府环境治理中的职责，可通过"确立责任机制强化对政府自身的限制"，并要求公民在享有环境参与治理权利时必须承担与所拥有权利相对应的责任和风险。政府在环境管理中要"保障公民的基本环境权利，但不承担维护公民生存和发展的无限责任"[①]。其次是依据权责对等原则，依据民主社会的要求，政府权力从集权转向分权，即改变既往全能型政府模式，政府将环境治理中的部分权力让渡给社会，赋予公民参与环境治理的合法化权利。

二 参与式环境治理中政府权能的重新定位

在政府转变环境治理思维时，为了更加明确政府主导力的范畴，需进一步明确其应当具备的权力和职能。具体到参与式环境治理中，"政府允许政策利益相关的公民分享权力、责任和资源"[②]，应当作为"规章制度的制定者"制定规章制度以约束各方权利，作为"不同政策主张"间沟通交流的组织者，作为"各个子系统"间团结合作的"总体机构"[③]。而政府在参与式环境治理中充分发挥制度保障、信息公开、畅通参与渠道以及激励与约束等方面职能时，不仅需要实现政府环境管理向治理的思维转变，而且需要明确政府内部的环境权能关系以及再分配政府与公民间的权力。

（一）厘清政府内部环境权能关系

1.中央政府与地方政府的权力平衡

"权力之分配，不当以中央或地方为对象，而当以权力之性质为对象，权之宜属于中央者，属之中央可也，权之宜属于地方者，属之地

---

① 伍俊斌：《从全能政府走向有限政府》，《企业导报》2009年第11期。
② 于水、李波：《生态环境参与式治理研究》，《中州学刊》2016年第4期。
③ ［英］鲍勃·杰索普：《治理的兴起及其失败的风险：以经济发展为例的论述》，漆燕译，《国际社会科学杂志》（中文版）1999年第1期。

方可也。"[①]明确合理的划分中央政府和地方政府的环境权力，并保持中央和地方的权力平衡，明确各自的权限与职责，在环境治理过程中各司其职各尽其责，有助于提升治理成效。

对于中央政府而言，要明确其在环境治理中的具体定位：普遍事务的宏观调控监管与特殊事件的具体协调。一方面，针对普遍性环境事务，中央政府主要制定适应于全国范围的环境法律法条等规章制度以及一般性环保标准，并提出国家环境开发与保护的基本政策导向等，主要发挥着宏观调控的作用；另一方面，直接管理或积极协调部分具体性的环境事务，如全国性的江河等水环境治理、大气污染治理、大范围的严重沙尘暴治理等具有较强外部性特征的环境事务。受行政管辖范围的影响以及治理能力的局限，地方政府无权或无力解决这类环境事务，而在地方政府间的环境治理合作中，因各地方政府个体理性的存在导致集体的非理性现象，出现"集体行动的困境"，难以达到较好的环境治理效果，从而需要发挥中央政府的协调作用。最后，中央政府需要作为最高的监管者，监管地方政府的环境治理行为，避免或减少地方政府治理不力或违法违规的现象。如近两年来，中央生态环保督查活动就取得了较好的监管成效，不仅发现了地方政府在环境治理中存在的各种问题，而且通过"回头看"要求地方政府及时整改，推动了地方政府环境治理的积极性和主动性。

对于地方政府而言，主要承担的是中央政策的执行者角色。首先在严格遵守中央政府制定的法规等政策文件的前提下，通过进一步制定符合地方发展的地方性环境保护的规章制度，并认真履行中央政府和地方政府所出台的各项政策，积极协调地方发展与环境保护间的利益关系，避免因地方经济利益而无视长远利益即保护环境的重要意义。

---

① 金太军、赵晖等：《中央与地方政府关系构建与调谐》，广东省出版集团2011年版，第45页。

同时在具体的环境治理事务处理方面,地方政府应完全承担行政区域内部的环境事务,如地方性河流治理、日常废弃物处理、环境日常监测等,而对于区域性的重大环境事务,如跨区域、跨流域的重大环境问题的治理,应以全局性的视角对待,在中央政府的协调下积极主动地与其他地方政府配合,共同分担环境治理责任。

2.环境保护行政部门间的职能关系

目前行政体制下,诸多行政部门承担了环境保护的职能,如发改委、环保部门、水利部门、林业部门、农业部门、国土部门、交通部门等,这些分管部门之间的关系模糊,并且环保部门与其他部门处于同等级别,导致难以实现统一的环境监督治理。因此,在现实的行政体制与政治环境下,明确各行政部门间的职能关系,构建统筹协调的环境监管体制尤为重要。环境问题从产生到不断外溢,会逐步形成局部性的、区域性的乃至全球性的问题,尤其在我们国家现阶段,最突出、最典型的莫过于区域性的雾霾污染和流域性的水污染,这些环境问题的出现并不断蔓延,解决这些问题的难点不仅仅表现为空间范围与行政管辖的区域矛盾,更多的是环境问题成因与影响同各职能部门职责交叉或权责矛盾,使得现行体制很难解决此类跨域、跨职能的环境问题。不同部门共同管理环境问题,从整体结构而言缺乏统一性和协调性。因此对于环境资源的综合调配会产生各种机制性障碍。所以,面对这些问题,在各行政部门间构建一个统筹协调的制度构架十分必要。尤其在环境监管和行政执法领域,由于上述原因的存在,导致各个部门都拥有执法资质和一定的监测能力。正是由于多部门分管,职能交叉严重,需要整合各领域、各部门、各层次的监管资源和执法力量,建立一个"统一监管、分工负责"和"国家监察、地方监管、单位负责"的环保监管体系。

(二)政府环境管理权向公民环境参与权让渡

1.通过立法为公民环境参与权提供刚性的法律保障

制度是"人类设计出来的、用以型塑人们相互交往的所有约束"①。环境治理中，完善有效的制度决定治理主体的权利和义务，给予公民平等、有效参与的法律基础和制度保障，并同时对政府具有一定的约束力。

立法机构要根据环境治理的实际情况和要求，以法律法规的制度化形式明确以下几方面的内容以保障公民参与的权益：一是公民参与环境治理的资格，即哪些群体或个体具备法定的参与权，在环境治理中具备参与资格的为公民与符合法律规定的环保社会组织；二是公民参与的基本原则，即要坚持法律面前人人平等、公民权利与义务的对等统一、个人利益与国家利益相结合三项基本原则；三是公民参与的具体途径与方式，即公民以何种途径和方式具体参与，关键在于规范政府畅通公民参与渠道；四是公民参与的具体程序规范，以法律条文规定公民参与的具体流程和相关规范，如信息公开与自由获取制度、环境公益诉讼制度、公众参与环境治理决策制度等，一方面方便于公民参与到治理过程之中，另一方面对治理主体有着程序上的约束作用。

2.保障公民环境知情权

政府环境信息公开是公民行使环境知情权并参与到环境治理的前提，对参与式环境治理具有现实意义，能够推进公民参与环境保护与环境治理的进程。一般情况下，政府需要对环境监管信息、环境污染源信息、政府与公民的环保互动信息、企业的排污数据以及环境评价的相关信息等进行公开。依据现实政府环境信息公开的情况，政府在除需对当下的环境状况的真实信息向社会公开之外，还需重点对可能造成环境污染的项目建设的行政审批信息、重点排污企业的环境信息、主要污染源的监督管理信息以及其他需要公开的环境信息等进行详细公开，以便于公民了解真实状况，真正参与到环境治理之中。

---

① [美]道格拉斯·C.诺斯：《制度、制度变迁与经济绩效》，杭行译，格致出版社2014年版，第4页。

3.畅通公民参与的渠道

参与渠道影响着公民参与的效果,是公民参与环境治理的基本条件。公民可以通过官方渠道正式参与到环境治理环节之中,也可以通过民间渠道参与到环境治理过程之中。官方渠道有制度性参与与自愿性参与,制度性参与渠道如政治协商会议等,自愿性参与渠道如听证、座谈、民意调查等,制度性渠道因较为容易被政府控制而备受政府青睐,而自愿性参与往往被政府忽视或流于形式。民间渠道则通常是在官方渠道不畅的情况下公民以非理性的群体性事件参与到环境治理过程之中,以此种方式保护环境权益并影响政府环境决策的制订。因此,政府需要畅通公民参与的官方渠道,方便公民选择以制度性抑或自愿性渠道参与,避免非理性事件的发生,影响社会稳定。

4.政府对公民参与的激励与约束

因公民在受教育程度、对环境保护的认知程度以及经济能力等诸多方面的个体化差异,并非所有公民都会积极参与到环境治理之中。发挥公民参与对环境治理的积极效应,需要对其进行引导和激励,给予一定的激励措施。在积极保障公民参与的同时,政府亦需要对公民参与环境治理进行行政约束,这是因为公民行使环境治理参与权,"必然展现为一个相关的程序设计并受此程序的约束",否则就会变成无序参与,与最初的参与目标相背离。政府需要对公民参与的两方面进行约束,一是在程序约束方面,需要对环境治理中公民行使参与权的时间进行限制,即需要在具体的时间范围内行使权利,过期不予受理等;二是为了避免因私利而导致的决策不公,政府机关应当在充分给予公民正当权利的前提下拥有最终的决策权以及对效力的控制。[①]

---

① 徐以祥:《公众参与权利的二元性区分——以环境行政公众参与法律规范为分析对象》,《中南大学学报》(社会科学版)2018年第2期。

第二节 "信任类型—信任结构"二元重构政民信任关系

参与式环境治理是多个主体对治理过程的共同努力，主体间的相互信任对于实现高效率的参与式环境治理有着重要意义。而目前政民间的信任危机直接影响参与式环境治理的成效。一方面，政府作为公权力机构，政府信任危机影响公民参与的效果，因此有必要改善政府形象从而尽力破解政府与公民间的信任危机。另一方面，信任关系的重构需要从信任本身进行转变，即从转变信任的类型与结构来重构环境治理中政府与公民的信任关系。

一 信任对参与式环境治理的影响

"信任"是"对未来的期望"，这种期望会对公民的行为决策产生影响。[1]既往大量文献证实了信任有助于公民参与环境治理，如学者们经过研究得出"信任有助于美国公民对环境公共物品的供给"[2]"政府与公民间的信任与互惠有助于环境计划的推广"[3]"信任对于改善公民购买环境友好型产品的行为有积极意义"[4]"信任与环境影响间显著正相关"[5]等结论。具体到信任与参与式环境治理的关系而言，参与式环境

---

[1] 何可、张俊飚等：《人际信任、制度信任与农民环境治理参与意愿——以农业废弃物资源化为例》，《管理世界》2015年第5期。

[2] Jeremiah Bohr, "Barriers to Environmental Sacrifice: The Interaction of Free Rider Fears with Education, Income and Ideology", *Sociological Spectrum*, Vol.34, No.4, 2014, pp.362-379.

[3] Jaroslav Prazan and Insa Theesfeld, "The Role of Agrienvironmental Contracts in Saving Biodiversity in the Post-socialist Czech Republic", *International Journal of The Commons*, Vol.8, No.1, 2014, pp.1-25.

[4] A. Zaušková and Miklencicova R. et al., "Environmental Protection and Sustainable Development in the Slovak Republic", *European Journal of Science and Theology*, Vol.9, No.6, 2013, pp.153-159.

[5] 赵雪雁：《村域社会资本与环境影响的关系——基于甘肃省村域调查数据》，《自然资源学报》2013年第8期。

治理作为治理环境的一种有效模式，主体间的信任会对治理产生重要的影响。

（一）简化治理的复杂性从而降低环境治理的成本

在环境治理过程中，信任的作用之一是"简化复杂"①，能够使主体之间减少因揣测和计算而产生的诸多"麻烦"②。参与式环境治理中，发挥主导力的政府在选择参与主体时，往往基于某些指标划定参与主体范围，再选择具体的参与主体，之后赋予其环境参与权并吸纳他们的建议或对策。然而，相对于环境治理结合社会以及公民的复杂性，政府的认知和识别力却是有限理性，从而政府不得不借助"信任"以简化复杂问题。同时，信任可以在环境治理中减少非必要的环节并节约成本，"一旦信任被给予某个行为者，它就成为一种节约信息和信息成本的有效手段"③。因此，信任作为一种将复杂问题简单化的非理性行为，"不仅可以作为一种风险投资行为增进福祉，还可以缩减搜寻、试探和确认环节的耗损"④，降低环境治理中的各种成本。

（二）维护主体间稳定的关系

环境治理中，主体间稳固的关系是实现治理秩序的前提。传统政府管制型环境治理模式是以政府为单一主体，政府实行自上而下的管控，鲜有其他治理主体参与环境治理之中，即便有也是在政府的严格控制之下。然而，随着社会的不断进展，这种模式逐渐凸显出其弊端。参与式环境治理作为政府和公民以及公民组织共同发挥作用的一种模式，治理主体趋向于多元化，多主体间的关系是否稳定直接影响到治理的效果，而主体间稳定关系的基础源自相互间的

---

① 郑也夫：《信任的简化功能》，《北京社会科学》2000年第3期。
② Paul A. Pavlou, "Institution-based Trust in Inter Organizational Exchange Relationships: The Role of Online B2B Marketplaces on Trust Formation", *Journal of Strategic Information Systems*, Vol.11, No.3-4, 2002, pp.215-243.
③ ［美］马克·E.沃伦：《民主与信任》，吴辉译，华夏出版社2004年版，第45页。
④ 柳亦博：《简化与元简化：信任在国家治理中的两种功能》，《学海》2017年第2期。

"充分信任"①。因此,为使主体间保持稳定的关系,需要培育充分的信任关系,在信任的基础上营造主体间的合作互动。

(三)有利于构建治理秩序

信任通过建立一种内在的约束机制,进而影响环境治理。目前能够起到较强约束作用的主要是法律和道德规范,法律通过强制力约束主体行为以保证治理秩序,而当出现"法不责众"时,法律就是失信的;社会道德规范通过社会规范和价值观念对公民发挥约束作用。而信任能够形成一种"软约束",规训和塑造环境治理秩序,进而有效地抑制"搭便车"等机会主义行为,避免因互相不信任而出现"囚徒困境"②。并且依托于信任这一"软约束",还能够引导公民正确认识人与自然的关系,有助于激励公民养成主动参与环境治理的态度和行为。③

二 重建环境治理中政府与公民的信任关系

政府与公民间的信任紧张影响公民参与环境治理的程度和效果,而政府与公民信任关系中,政府信任危机俨然是影响公民参与的主要因素,故而需要改变政府信任危机的现状。信任关系的状况同时取决于目前社会信任的类型与结构,因此在改善信任关系时,应注重信任自身的转变。

(一)改善政府形象,破解信任危机

信任能够影响参与式环境治理,构建政府与公民间的信任关系有助于实现公民有效参与环境治理,而这其中最大的问题源自政府信任危机。政府信任危机一旦形成,会造成严重的政治后果,公民会质疑

---

① 曲纵翔:《信任、合作与政策变迁:一个实现政策终结的逻辑阐释》,《学海》2018年第5期。

② 何可、张俊飚等:《人际信任、制度信任与农民环境治理参与意愿——以农业废弃物资源化为例》,《管理世界》2015年第5期。

③ 王建明:《资源节约意识对资源节约行为的影响——中国文化背景下一个交互效应和调节效应模型》,《管理世界》2013年第8期。

政府治理的合法性，并且会对参与治理产生厌恶、冷漠和疏离。而政府并不能通过强制要求或者宣传信任政府的重要性来获取公民的信任。因此，在完善参与式环境治理过程中，通过改善政府形象，恢复良好的政民关系是破解政府信任危机的可行之道。

影响公民对政府的信任度的因素涉及政治、经济、社会、文化等多个方面，而究其根本最重要的因素来自政府自身。具体来看，导致政府信任危机的主要因素包括政府绩效、政策管理能力与政府工作透明度。[1]首先，政府的绩效越好，公民对政府信任越高。部分西方学者以政府绩效为影响政府信任下降的关键变量进行研究，指出当政府绩效低的时候政府信任度随之下降，[2]国内学者相应的研究也证实，提高政府绩效是获取公民信任的主要方式，较高的政府绩效有助于提高公民的政府信任度。[3]其次，政府政策管理能力也会直接影响到政府信任。当政府无法制定出符合社会公共利益的稳定的公共政策时，容易产生政府信任危机：一是经常变化的公共政策会带来公民的不满情绪；[4]二是当公民认为公共政策未代表社会公共利益时会对政策产生抵触，从而影响政府信任。[5]最后，推行政府信息公开和提高政治透明度能够有效地提高政府信任。[6]透明政府能够满足公民知情权，消除公民对政府

---

[1] 朱春奎、毛万磊：《政府信任的概念测量、影响因素与提升策略》，《厦门大学学报》（哲学社会科学版）2017年第3期。

[2] Terence R. Mitchell and William G. Scott, "Leadership Failures.the Distrusting Public.and Prospects of the Administrative State", *Public Administration Review*, Vol.47, No.6, 1987, pp.445-452.; Forrest V. Morgeson and Claudia Petrescu, "Do They all Perform Alike? An Examination of Perceived Performance, Citizen Satisfaction and Trust with US Federal Agencies", *International Review of Administrative Sciences*, Vol.77, No.3, 2011, pp.451-479.

[3] 杨宏星、赵鼎新：《绩效合法性与中国经济奇迹》，《学海》2013年第3期。

[4] Arthur H. Miller, "Political Issues and Trust in Government: 1964-1970", *American Political Science Review*, Vol.68, No.3, 2017, pp.951-972.

[5] Marc J. Hetherington, "The Political Relevance of Political Trust", *American Political Science Review*, Vol.92, No.4, 1998, pp.791-808.

[6] 于文轩：《政府透明度与政治信任：基于2011中国城市服务型政府调查的分析》，《中国行政管理》2013年第2期。

的疑虑，从而公民与政府建立起良好的信任关系。①因此，改善政府信任危机，可从改善政府管理能力从而提高政府绩效和提高政府信息公开度建设透明政府两方面入手。

（二）转变信任类型，改善政民信任关系

中国长期以来是以人际信任为主要的信任类型，所谓人际信任源自血缘、地缘，是建立在感情基础之上的熟人社会中的信任。马克斯·韦伯就曾指出"在中国，一切信任……明显地建立在亲戚关系或亲戚式关系的纯粹个人关系上面"②，弗兰西斯·福山也对此持相类似的观点，认为"在传统中国社会里，信任家族以外的人或赋予其责任无异是一种弱点"③，这种人际信任在短期内能够带来一定的效应，但是不利于社会发展和稳定，基于血缘、地缘等的人际信任不够稳定和普遍，易受到外界因素的影响和干扰。现代法治社会是以制度信任为其主要的信任类型，是以正式的法律法规、部门规章等为基础在陌生社会环境中构建的一种信任，在违背制度信任时会受到制度的惩罚，因而由制度的约束力而产生的制度信任与人际信任相比更具稳定性和普遍性。从人际信任向制度信任转变有助于在政府和公民间构建和保持稳定、持久的信任关系，在环境治理中制度信任也更有利于治理成本的降低并能起到一定的警示和约束作用。因此，构建政府与公民间的信任，应改善现有的信任类型，从传统的人际信任向制度信任转变，以法律和规范在政府和公民间建立稳定、持久的信任关系。

制度是信任的基石，"当制度被建构起来以便应对交流时，信任不断发展"④。环境治理过程中的制度信任要求"个体公民或组织中的决

---

① 缪婷婷、宋典：《政府透明能获得政府信任吗？——基于公众知晓的中介效应研究》，《人才资源开发》2015年第5期。
② ［德］马克斯·韦伯：《儒教与道教》，王容芬译，商务印书馆1999年版，第289页。
③ ［美］弗兰西斯·福山：《信任：社会道德与繁荣的创造》，李宛蓉译，远方出版社1998年版，第104页。
④ ［美］马克·E.沃伦：《民主与信任》，吴辉译，华夏出版社2004年版，第317页。

策者对政府制订的各种环境法律制度的认同和信赖"①，公民"对政府的信任很大程度上取决于政治制度的安排和国家的法治化程度"②，因此从人际信任向制度信任的转变首先要确立科学合理的法律法规等制度，然而目前中国的环境治理的制度建设与治理要求间仍有较大的差距，制度设计与使用过程中存在漏洞，如学者蒋熙辉指出了中国的制度设计与执行中存在的四大通病："制度虚置、制度异化、制度陷阱与制度架空"③。这些问题在环境法律制度体系中，制度虚置主要表现为地方政府为应对上级要求或出于对政绩的追求，枉顾地方实际状况而跟风设计的相关制度，从而导致制度难以推行而被搁置；制度异化是地方政府为了"实现地方利益或者部门利益，力求将局部利益的负外部性通过制度外化，或通过制度实现超额的垄断利益"，在设计环境制度时强调利益倾向性；制度陷阱则是由于制定者缺乏系统性思维，在制度执行中新旧制度的更替出现困境，这就要求在制度设计时"通过顶层设计来防止制度陷阱"；制度架空的主要表现在特殊利益集团"践踏社会道德标准"并可能"绑架制度"，无视制度的执行与实施。实现环境治理中的制度信任，就必须解决以上在制度设计与执行中存在的诸多问题，一是在制度设计环节中，制度设计者可以基于"理性""约束""标准""时空""情感"五个维度明确环境法律制度，建立科学合理的环境制度体系，避免出现制度虚置、异化与陷阱等；二是在制度执行过程中，通过约束制度执行者行为，明确执行者的责权，把握制度执行的原则性与灵活性，营造良好的制度执行氛围，从而避免出现"制度架空"等现象。④

---

① 徐忠麟：《我国环境法治的信任缺失与建构》，《江西社会科学》2018年第10期。
② 张维迎：《信息、信任与法律》，生活·读书·新知三联书店2003年版，第14页。
③ 蒋熙辉：《当前制度建设中亟需解决的四个问题》，《学习时报》2011年11月21日第5版。
④ 陈满雄：《提高制度执行力》，《中国行政管理》2007年第11期。

（三）转变信任结构，提高政民信任程度

不同的信任类型与社会发展的不同阶段有一定的对应关系。①张康之教授依照人类社会历史的进展，将社会分为农业社会、工业社会和后工业社会，在这些社会类型中对应的信任关系是习俗型信任、契约型信任和合作型信任。②参与式环境治理实质上是政府与公民在环境治理问题方面的合作，因此，可基于合作的前提构建他们之间的信任关系，而三种信任关系基础上的合作状态存在着差异：农业社会的习俗型信任出自习俗或习惯，是不具有直接的功利目的的一种非理性的信任，而基于非理性的习俗型信任，合作的效果不易被掌控；工业社会的契约型信任是"对契约以及维护契约的规则的信任"，具有较强的工具理性主义色彩，从而契约型信任可被视为合作的一种工具，但不利于信任关系的进一步推进；进入后工业社会的合作型信任是受社会结构决定且同时满足主体情感需求的信任，不再拘束于工具，是实质理性的信任，从而只有合作型信任是将信任与合作一体化，合作才脱离工具与手段的属性，成为稳定的社会关系。③据有关学者调查，目前习俗型信任与契约型信任仍旧大量存在，合作型信任相对较为缺失，因此，在环境治理中应注重向合作型信任的转型。合作型信任需要促进信任发展的"内驱力"，即主体间对于信任的需求，并依赖于信任主体间的"信息对称"和各个主体所秉持的"实质理性"，从而"通过合作的可能性和合理性以及价值需求"来推动合作主体间的信任。④

政府与公民间信任结构向合作型转变，应基于主体对于信任的追

---

① 丁香桃：《信任转型的内在逻辑——以唯物史观为视角》，《湖北行政学院学报》2009年第3期。
② 张康之：《在历史的坐标中看信任——论信任的三种历史类型》，《社会科学研究》2005年第1期。
③ 张康之：《行政伦理的观念与视野》，中国人民大学出版社2008年版，第206—218页。
④ 张春秋：《信任的基本类型及建构模式研究——兼谈张康之教授〈行政伦理的观念与视野〉》，《汕头大学学报》（人文社会科学版）2018年第11期。

求这一"内驱力"从而通过政民合作以创建两者间的相互信任框架，即在政府能够提高公民对其信任的同时公民亦需要得到政府的信任，并力图通过合作加强相互之间的信任。"当合作双方都意识到对方的需要时，它们之间将会建立起高度的信任。这一信任将使双方的关系得以继续。"[①]这主要是因为"信任既是合作的前提，也是合作的结果"[②]，合作型信任关系作为一种现代社会的信任模式，需要的是政府与公民间的相互信任，而不仅仅是公民对政府的单向信任。国内大量文献研究论证了政民互信框架中政府的重要作用，对政府失信行为及改进提出了各种对策方案，而对于其中公民的作用却研究较少，这种研究现状的存在并非意味着公民不需要政府的信任，在现实中存在着诸多因政府对公民的信任度不够，从而增加治理成本甚至影响治理成效的情况。同时主体间的"信息对称"程度直接影响到相互间的信任，主体间不对称的信息资源会导致相互猜忌与防备，不利于合作关系的维护，并且信息在传递过程中可能会遭受到各种干扰从而导致信息失真，因而搭建客观、平等、稳定、开放的信息平台能够有助于提高主体间的互信程度。而信任的发展离不开外在社会环境与制度的推动，因此在营造合作型信任关系时，外在社会的影响力应当受到重视。

第三节　理性构建公民参与环境治理的制度逻辑

目前国内公民参与环境治理的相关法规取得了一定的进展，公民参与的内涵、方式等有了较为明确的规定，但是公民环境参与权与公民参与运行过程中的相关制度并未完善，导致公民在参与过程中经常出现权利行使的无法可依和参与过程的制度障碍。因此，必须健全公

---

① [美]罗德里克·M.克雷默、汤姆·R.泰勒：《组织中的信任》，管兵等译，中国城市出版社2003年版，第76页。

② 张康之：《有关信任话题的几点新思考》，《学术研究》2006年第1期。

民参与环境治理的相关制度，对环境参与的实体性权利和程序性权利以及公民在环境治理中的具体参与过程包括信息获取、参与决策和司法救济等方面的法律制度进行完善。

一 完善公民环境参与权的相关法律法规

公民环境权目前在国内外法律法规中皆得到了不同程度的体现，中国的法律中公民环境权的相关规定相对较为滞后，而公民参与环境治理与环境权间有着理论和现实的逻辑关联性，因此公民参与需要有相应的法律权利支撑，即需要公民具有法律意义上的环境权。从而需要对中国的环境权相关法律进行完善，具体地看是在法律上明确公民环境权的实体性权利与程序性权利。

（一）构建公民环境权法律规范体系

中国法律文本中，目前与环境权相关的法律法规主要体现在各种环境法和地方规章上，从数量上看初具规模，但是从整个法律体系来看，关于环境权的规定并不能形成一种体系，更多的是强调公民环境保护的义务，针对公民环境权利方面的内容较少，出现了"责""权"不统一的局面；并且法条中规定的是健康、安全的环境，只满足了最基本的公民环境权的需要，不符合现代社会发展中公民对环境权的需求[①]；部分法条虽然规定了公民环境权救济方面的途径，但是在"给环境相对人提供一个维护其合法权利的途径的同时，却忽视了受害公民的权利，从而导致公民环境权的落空。"[②]因此，需要构建规范的法律体系保障公民环境权。

1.公民环境权入宪

从世界范围看，越来越多的国家宪法中增加了环境权条款，以昭

---

① 袁航：《论我国公民环境权的立法完善》，《法制与社会》2016年第21期。
② 张力刚、沈晓蕾：《公民环境权的宪法学考察》，《政治与法律》2002年第1期。

示对环境权的重视,从而表现出人权和环境可持续发展的重要程度。中国宪法作为基本大法,在其中增设环境权条款不仅能够更加凸显中国公民权利的进步,而且更能为公民参与环境保护和治理提供法律保障,成为其他环境法中公民环境权的宪法依据。因此,可在宪法的"公民的权利与义务"这一章节中增加"公民享有良好的环境权"条款,同时规定政府有为公民环境权提供保障的义务,将公民环境权与整个国家环境保护相结合。

2.制定《环境法典》

虽然中国目前的《环境保护法》及其他的单行环境法规定了公民环境权的相关内容,但是并没有对其进行具体的明确和解释,相互之间不存在逻辑联系,只是笼统地提及环境保护的目的在于维护公民健康,法律法条中更多的是对公民保护环境义务的规定。因此,有必要将中国的《环境保护法》和其他单行法律结合,制定《环境法典》,在法典中明文规定公民拥有在良好环境中有尊严的生活的权利,将环境权和财产权、物权分开来,明确区分公民环境权的法律权利和道德权利,从而让环境权能够独立地成为环境法上的核心权利。①

3.调整当前的单行环境法

中国现有的单行环境污染防治法中关于环境权的规定基本上都是对《环境保护法》的简单重复,即"任何单位和个人都有保护环境的义务,任何单位和个人有权对造成环境污染的单位和个人进行检举和控告,以及受到污染损害的单位和个人有权要求依法赔偿。"②这些规定主要是对环境权义务以及程序性权利的简单描述,并没有明确公民环境权的实体性权利,本书认为应当在具体的环境污染防治法条中明确公民环境权的内容,即法律明确公民享有健康、良好的环境权,同

---

① 陈先年:《我国公民环境权法律体系的反思与重构》,《常熟理工学院学报》2009年第3期。

② 周训芳:《环境权论》,法律出版社2003年版,第281页。

时对环境权的子权利做出规定,与《宪法》《环境保护法》保持一致,形成环境权法律体系。

4.完善地方规章与条例

环境问题具有较强的地域差异,各省市面对的主要环境问题各具差异,制定的地方环保条例与各地的环境实际状况相符。目前中国各省的地方环境保护条例中涉及公民环境权,部分省市在条例中直接明确了公民的"环境权"一词,但是并未对环境权进行具体解释,地方条例应在宪法和环境法的基础上,具体阐述公民环境权并将其与地方环保相结合,帮助公民更好地参与环境治理。

(二)完善公民环境程序权的制度规范

为促进和保障公民参与,除了在法律中明确公民环境权之外,还应通过法律赋予公民参与所需要的具体权利,即从法律上明确规定环境权的程序性权利。

1.明确公民环境参与权基本权利的属性

基于"权利本位"的立法思想明确公民参与环境治理是一项基本权利,并设立专门的环境程序权法律法规或规章制度。目前的环境相关法律法规在应对环境问题时普遍规定了"义务性条款",即只确定公民所承担的义务而忽视相应的权利保障内容,然而"义务是依附于权利、以权利为目的和归宿的,环境义务的赋予不是目的,只是实现环境权利的手段。当法律只有义务性规定而没有权利内容时,法律作为一种行为规则对公民激励不足,法律预期目的也就难以充分实现"[①],从而导致法律在防治环境问题时公民力量内生动力不足,参与的主动性不强。基于认为权利在权利与义务的法律关系中起主导作用的决定性因素的"权利本位"思想,在环境治理法律中除规定公民义务之外,还需要进一步明确公民参与环境治理的具体权利,并以专门的法律法规或

---

① 吕忠梅:《〈水污染防治法〉修改之我见》,《法学》2007年第11期。

规章制度保障公民参与的程序性权利,即明确公民的环境知情权、环境参与权与环境请求权,并通过具体的法律法规或规章制度等条文明确权利的主体、内容、义务对象以及相应的保障措施。

2.立法中协调和统一环境程序权的各项子权利

在立法中协调和统一环境程序权中的各个权利,即要在立法设计中对知情权、参与权与请求权之间的关系进行综合考量。《里约环境与发展宣言》中对环境知情权、参与权与请求权进行了阐述[①],而且这三者之间具有逻辑上的联系,因此环境程序权的立法完善需要将它们紧密结合起来。公民有效的环境参与依赖于对信息的充分知情,具体到环境立法中,应当注重明确规定与环境治理相关的立项、可行性论证、环境影响评价、开工建设、验收、生产实施等各个阶段向社会公布信息与公民参与的具体方式以及相应的惩戒措施,而非泛泛而谈,从而切实实现环境参与权。环境请求权是参与权的保障,应通过法律明确公民寻求救济的路径,当政府或企业违反了环境信息公开和破坏公民参与的相关法律规定,公民均能够通过法律法规寻求行政申诉或司法诉讼等保障措施。因这三者间的逻辑关联性,在环境立法时,不仅要对各个权利进行明确和阐释,而且需要协调三者之间的关系,使其在公民参与环境治理中更具有法律意义上的保障作用。

二 完善公民参与的运行保障制度

依据环境治理中公民参与的限度与内容,在政府的主导力作用下,可从环境信息公开制度、公民参与的具体过程相关的制度以及环境公益诉讼制度的完善等方面对公民参与予以制度保障。

---

① 《里约环境与发展宣言》原则十:环境问题最好在所有有关公民在有关一级的参加下加以处理。在国家一级,每个人应有适当的途径获得有关公共机构掌握的环境问题的信息,其中包括关于他们的社区内有害物质和活动的信息,而且每个人应有机会参加决策过程。各国应广泛地提供信息,从而促进和鼓励公众的了解和参与。应提供采用司法和行政程序的有效途径,其中包括赔偿和补救措施。

(一)完善环境信息公开制度

环境知情权的实现离不开完善的环境信息公开制度，中国越来越重视环境信息公开，在新《环境保护法》中强调公开环境信息之后又陆续出台了相应的信息公开法规或条例，但是仍旧存在一些不足之处。鉴于目前改善环境问题的迫切性和环境信息公开的重要性，有必要对目前环境信息公开制度进行完善。

1.从制度上明确扩大信息公开主体的范围

目前国内的环境信息主要由政府环保部门与重点排污企业向社会公开发布，主体的范围过于狭窄。对于政府环境信息公开而言，不应将公开主体局限于环保行政部门，其他与环境相关的如国土资源、水资源、农林业等相关行政部门也应及时、准确地向社会公开相关信息，方便社会公众及时了解环境信息。对于企业环境信息公开而言，法律规定重点排污企业需向社会公开环境信息，而对其他普通企业并无强制要求，但是就目前的环境污染状况，并非超标排放的企业才对环境带来影响和破坏，普通企业的污染物排放同样可能带来严重的影响后果，因此，企业环境信息公开的主体不仅要包括已经带来污染的重点排污企业，而且也应包括可能带来严重污染后果的普通企业。依据国内现实，可将以下类型的企业纳入环境信息公开的主体之中：国企、上市企业、在建工程、污染物排放超标的企业和存在环境污染事故隐患的企业等。

2.在制度中扩大环境信息公开的范围

政府环境信息公开方面，依据《环境信息公开办法》目前政府环境信息公开的范围主要是环保部门依据规定编制的政府环境信息公开目录中所涉及的内容，主要包括环保法规、环境质量、城市污染物以及重大环境事件等信息，而并未明确何种环境信息可依申请公开，只规定了涉及国家秘密、商业秘密、个人隐私的政府环境信息不予公开。这一规定过于笼统，在环境信息公开中，可通过立法对环境信息公开细化，避免出现政府以"秘密""隐私"等为由拒绝向社会公开发布信息。企业环境信息公开方面，目前国内企业主要是结合排污标准向社会公开企业的排污信息，而针对相关生产设备信息并无相关规定。而生产环节的相关信息公开可能会涉及商业秘密的泄露，因此可通过法律来要求企业在商业秘密与信息公开中寻求平衡，主动向社会公开污染物产出到排放的各个环节的信息，以起到公民监督作用。

3.完善环境信息公开不足的相关监督与惩戒制度

为避免出现环境信息公开中的信息不充分或作假情况，一方面要完善政府行政部门的责任与处罚机制，以"一把手"负责制公开环境信息，便于责任追究，降低政府部门环境信息公开中的不作为概率；另一方面完善企事业单位的环境行为信用评价制度，公示重点排污企业和自愿公开环境信息的其他企业名单，将环境信息公开的状况纳入企业环境行为信用评价指标之中，并设立相应的等次以激励或惩罚的措施保证环境信息有效公开。

（二）完善公民具体参与过程的相关制度

公民参与运行机制的不健全源自制度的不完善，而公民参与环境治理过程中的关键环节在于公民意见的表达和环境决策的参与，因此听证制度和公民参与环境立法与行政决策制度成为影响公民参与环境治理效果的主要因素。

1.听证制度的完善

公民参与环境治理的重要方式之一即参加听证会，通过听证会与政府进行意见表达和协商对话，因此公共听证制度的完善与否直接影响公民参与的效果。环境听证能够为公民参与环境治理提供制度化的渠道，它作为环境决策正当性的重要制度支撑，目的在于打破决策过程的"封闭性、结构化与单向度"[1]，然而实践中中国的环境听证实施状况与公民的诉求表达和参与意愿相去甚远，听证制度也面临着信任

---

[1] 许传玺、成协中：《公共听证的理想与现实——以北京市的制度实践为例》，《政法论坛》2012年第3期。

危机，因此有必要健全和完善环境听证制度。完善的听证制度，需要对听证代表的产生、听证权利、听证程序以及听证意见的信息反馈路径几个方面进行规范。首先，听证代表的产生规范化。作为不同利益代表的听证代表的选取办法应当制度化，通过明确的法律制度规定产生听证代表，由公民采取自下而上的方式选取代表参与听证，体现公民环境权益；同时因环境问题的科学性较强，听证代表的范围除普通公民外，还应包含处于中立地位的与环境治理相关的专家学者。其次，切实保障公民的听证权利，在保障公民环境知情权的前提下，保障参与者在听证会上或会后发表自己真实意见及建议的权利，从而改变传统政府环境管理模式，真正实现公民参与。再次，要有完备规范的听证程序，公开透明的听证过程，避免听证会流于形式，促使听证会切实成为反映民意的路径之一。最后，完善公民听证意见的信息反馈路径，即建立公民意见反馈机制，通过该机制公民得以了解政府对自己所提意见与建议的采纳与否以及相应的理由和依据，从而增加公民参与的积极性。

2.公民参与环境立法与行政决策制度的完善

公民参与决策不仅能够有益于政府决策的科学性和民主性，而且能够增加社会民众对于决策执行的接受度。[①]在环境立法与行政决策参与中，应在立法与行政决策的起草到实施阶段对公民参与权进行制度化明确。环境立法参与制度的完善，是在具体的立法程序中即立法项目的征集和论证、法律草案的提出与起草、法律草案的意见征集与审议，以及立法审查等阶段设计具体的公民参与制度，避免公民参与被形式化和边缘化。环境行政决策大多需要经历环境影响评价，公民主要通过这一环节影响环境行政决策的方向，制定并完善环境影响评价公民参与办法有益于公民参与行政决策的效度。

---

① 马明华：《公民参与权的司法救济制度构建》，《江西社会科学》2018年第3期。

（三）完善环境公益诉讼制度

司法诉讼是公民参与环境治理主要的救济和保障方式，环境公益诉讼作为环境权救济和保障公民参与的主要方式，其发展也越发受到重视。环境公益诉讼不仅能够保障公民的环境权益，也能够保障公民参与的有效性。[①]中国的环境公益诉讼制度发展较为落后，虽然早有司法实践，但是缺乏相应的法律规范。2015年时才通过《关于授权最高人民检察院在部分地区开展公益诉讼试点工作的决定》，授权检察机关在环境保护等领域提起公益诉讼的试点工作。虽然诉讼主体限定于检察机关，但仍是中国环境行政公益诉讼制度取得进展的表现之一，环境行政公益诉讼逐步进入制度化的流程之中。然而目前中国的环境公益诉讼制度仍有较大的发展空间，本书认为完善环境公益诉讼制度首先需要成熟的制度明确起诉主体范围。

1.环境民事公益诉讼制度方面，通过完善具备起诉资格的主体的相关规定以保障公民环境权从而有助于公民更好地参与环境治理。首先，要制定提高环保社会组织的诉讼能力制度。目前环境民事公益诉讼的起诉主体为检察机关和部分依法合格的环保社会组织，检察机关作为公权力代表与民间社会组织的能力差距可见一斑，法律对于环保社会组织提起诉讼的相关规定又模糊不清，因此应"明确社会组织、检察机关的角色定位，并完善基于提高其诉讼能力方面的制度安排"[②]。同时大量的环保社会组织因法律限制无法进入公益诉讼程序之中，阻碍了环境公益诉讼的发展，因此在立法中可适当放宽环保组织提起公益诉讼的约束条件。其次，要在法律法规等制度中对环保社会组织提起环境公益诉讼的具体程序和规则予以明确，可如同确立《关于授权最高人民检察院在部分地区开展公益诉讼试点工作的决定》一般设立环保社会组织

[①] 熊勇：《环境保护中公民参与制度研究》，《前沿》2011年第5期。

[②] 李华琪：《环境公益诉讼：制度缺失与完善策略——基于环境人权保障视角》，《湖南农业大学学报》（社会科学版）2018年第4期。

或公民开展公益诉讼的相关制度文本，对社会力量开展环境公益诉讼提供制度支撑。

2.环境行政公益诉讼制度方面，应着重于拓宽提起公益诉讼主体的范围。在立法时，可考虑将公民和其他组织纳入环境行政公益诉讼的主体范围，以此更好地实现公民对政府环境行政行为的监督。中国的诉讼建立在有"直接利害关系"前提下，即有利害关系者方可提起诉讼。以目前的法律规范，环境行政公益诉讼作为环境公权益受损的诉讼方式，仅检察机关具备起诉的法定资格，因诉讼理由是环境公共权益的受损，与某一公民个体或组织难以形成直接的利害关系，因此导致原告的主体范围过窄，从而中国环境行政侵权案件经常出现"无人诉""无法诉"的现象。因此在确定提起公益诉讼主体的范围时，可借鉴美国的"私人检察总长"理论，即当认为政府行政机关的环境行政行为已经或可能会对环境公共利益带来损害时，就可向人民法院提起环境行政公益诉讼。① 在拓宽环境公益诉讼人范围的同时，应明确规定公益诉讼人的权利和义务。即对《关于授权最高人民检察院在部分地区开展公益诉讼试点工作的决定》的内容进行丰富，明确公益诉讼人的权利、义务，区分行政公益诉讼与普通行政诉讼的不同。

第四节 "内外兼修"推动参与主体的发展

"在公共领域，除了国家的强制力起作用外，国家之外的公民社会也具有对社会秩序的影响力。"② 环境治理领域亦是如此，公民和公民组织作为参与环境治理的主体，在强政府—弱社会的现实背景下，推动参与式环境治理的发展离不开政府对公民和环保组织的培育和扶持。

---

① 夏云娇、王国飞：《国外环境行政公益诉讼相关立法对我国的启示——以美国、日本为例》，《湖北社会科学》2007年第9期。

② 赵俊：《环境公共权力论》，法律出版社2009年版，第34页。

一 强化公民环境参与的"内生动力"与"外在助力"

公民参与环境治理的能力直接决定了参与式环境治理的成效,参与的主体意识是其参与环境治理的"内在动力",如果没有主体意识,即便能力再强也不会主动参与到环境治理过程中;同时理性参与的能力作为公民参与环境治理的"外在助力",其较弱时往往会引发环境群体性事件,从而背离环境治理参与的初衷。而目前中国公民参与环境治理的能力存在缺陷,因此培养公民作为参与主体时应注重培育公民环境参与主体意识和提升公民理性参与能力。

(一)均衡发展公民环境参与的主体意识

长期以来传统政府环境管理模式的影响下公民无须参与即可享受成果,环境治理中政府的不信任也导致公民产生了参与"惰性",从而导致了目前中国的整体环境意识水平较低,公民的环境认知与行为间的差距较大,且大部分环境行为与自身利益相关,参与公共问题的意识较差。而城乡经济、文化、教育发展的不均衡加大了城乡与阶层间的参与意识的差距。前文中已经明确了政府的主导权能并且对重构政民信任提出了建议,赋予了公民的参与主体地位,意识影响行为,因此本部分着重于从公民自身发展为视角探讨培育公民的环境参与主体意识这一参与的"内生动力"的路径。

1.利用宣教增强公民"地球主人翁"意识

政府长期以来坚持政府媒介宣传、学校教育和环境保护组织的环保宣讲等方式进行环境保护宣传教育,取得了一定的成效,公民的环境知识与环境保护认知有所提高,然而公民的环境行为并未与环境保护认知同步,两者之间仍然存在着较大的差距。这主要是由于公民普遍存在"事不关己,高高挂起"的心态,在环境问题未影响到自身利益时以"多一事不如少一事"能避则避。因此,在环境保护宣传教育的同时,需要增强公民"地球主人翁"意识,明确自身的环境权利与义务,使其能够以"保护个人家园"的心态来保护地球环境。

一是通过广泛环境政策宣传帮助公民明确法律赋予的权利与义务。目前来看，环保相关的法律法规中已经逐步明确规定公民所享有的环境保护权利以及相应的责任，而公民却对自身权利知之甚少，究其原因在于法条数量的众多且晦涩难懂，普通社会公众在非必要情况下并不会主动了解和掌握这些内容。而公民在对自身环境保护权利与义务不了解的状况下，难以产生相应的责任感以及对环境问题的共鸣，更妄论环境保护行为。主要可通过政府、学校与环境社会组织三方共同努力，首先，政府可通过各种民众喜闻乐见的方式宣传国家的环境保护政策，尤其是公民享有的权利和义务方面的内容。比如，可通过电视、广播、网络等方式推出环保小知识，以公益广告、微电影、广播剧等方式将晦涩的法条转化为鲜活的案例，吸引公民的注意并引起重视。其次，在学校教育过程中应贯穿环境保护理念，可针对不同阶段的学生普及不同的环保知识，从小培养学生的环境保护意识以及明确法律赋予的环境保护的权利和义务。最后，环保社会组织中的专业人士可根据自身专业优势，在基层社区中通过各种影片、环保手册或当面问题解答等方式向公民直接解读环保政策；或到企事业单位中进行环保知识的宣讲，以此来警醒企事业单位的生产经营，使其明确自身的环保责任与义务。

二是对低收入群体和落后农村地区环境保护意识的文化渗透。由于城乡发展的不均衡，城市居民的环境认知远高于农村居民；在城乡间存在差距的同时阶层之间也存在着不均衡，由于对环境信息的接受与理解力间的差距，干部及知识分子的环境意识与工农阶层相比较更强一些。农村居民或工农阶层的环境意识的落后，受到诸多因素的影响，如社会发展不均衡、城乡人均财政投入的差距等，近年来国家正逐步寻求解决措施力图实现城乡的均衡发展以及降低阶层间的收入差距。而社会的转变并非一蹴而就，在这种背景下有必要寻求行之有效的方式增强这些人群的环境意识，可从环境文化的宣传做起。首先，这一群体的公民关注更多的是生计问题，无暇顾及其他，因此，可制作各种通俗简单、朗朗上口的宣传标语，口口相传逐渐将环保理念渗透到这些群体公民的日常生活之中，逐渐影响改善其环境行为。其次，以先进带动落后，寻求榜样的力量。可通过积极寻找农村地区以及低收入群体中的环保积极分子或具有一定知识水平的党员干部，对他们进行环境知识培训，从而将环境保护的知识与理念在农村地区和基层社区扩散。如浙江省安吉县递铺街道鲁家村党支部书记朱仁斌，在"绿水青山就是金山银山"思想的指引下，说服全村村民转变观念，积极参与，在六七年的时间里，将鲁家村从一个破旧、落后、脏乱差的山村发展成为"开门就是花园、全村都是景区"的美丽乡村精品示范村。

2.通过实践培养公民参与环境治理的主动性

实践是推动意识发展的源动力，两者间具有逻辑相关性，而"开展社会实践活动是培养公民意识的有效途径"[①]。环境治理也可被视作一场公民养成活动，因此在大力的宣传教育之外，可通过鼓励公民参与环境实践活动，培养公民参与的主观意愿和责任意识，从而增强公民环境参与的主体意识。而囿于社会现实，本书认为可先从以下两个群体有针对性地开展环境实践做起：

一是加强学生群体的环保实践活动。"培养参与意识与参与热情的开放式、实践式公民教育更能适应主动公民对理性、情感、知识、技能的需要。"[②]目前无论是小学、中学、大学都在积极宣讲环保知识，向学生灌输环保理念，然而，环保实践活动往往流于形式，导致环保意识与行为间存在着差距，环保参与的主动性较差。在具体的教学活动中，针对不同年龄的学生，可通过不同形式的环保实践活动帮助学生树立环保意识和责任意识。幼儿园和小学阶段的学生，属于启蒙时

---

① 吴惠娜：《社会实践活动中的公民意识培养》，《思想政治课教学》2018年第12期。
② 李俊卿：《主动公民塑造与公民参与能力提升》，《江西社会科学》2012年第7期。

期，可通过简单易行的常规性环保实践，如帮助保洁人员清理校园、教室，从实践中初步形成"保护环境、人人有责"的意识；中学阶段作为世界观、人生观、价值观的初步形成时期，针对这一阶段的学生，则可通过常规性的集体环境公益活动，有意识地培养学生的环保理念；大学阶段则可从鼓励学生积极参与志愿者服务和社会实践活动，从实践中体会并提高自身的环保素养，并带动他人和影响社会。如2006年7月由高校学生成立的广西绿色联盟这一环保组织，以环保为目标为社会提供环境公益性服务的收效就甚为明显，这一组织最主要是与广西团区委合作开展的保护母亲河活动，通过这样的实践活动，高校学生进一步加深了他们的环保意识。

二是环保行政机构开展多样化的"环境保护开放日"活动。目前国内多地开展了"公众开放日"活动，取得了一定的效果，然而客观来看，活动的影响范围较小，主要原因在于目前"开放日"活动大多以公民参观的形式进行。复杂的环保流程与环保仪器向社会公开，仅能向公民展示目前的技术层次，更多的是彰显目前政府环保工作的态度，力图争取公民对政府的认可。而培育公民参与环境治理的主观意愿，需要更为深层的实践活动，如政府可通过在各级政府图书馆中建设环保资料室、档案馆的方式，通过图片、文字等更直观地向社会常年公开各种恶性环境事件以及造成的恶果；可通过向社会开放环境保护模拟实验室，让公民通过实验模拟行为了解日常行为对环境的影响，明确环保行为的重要性，培养公民参与环境治理的主观意愿。

（二）提高公民的理性参与能力

公民参与环境治理只有参与的主体意识远远不够，由于公民个体价值的分化和环境治理过程的复杂需要提高公民的理性参与能力，而目前中国公民的理性参与能力普遍较弱，即使公民具有强烈的参与意愿，也会囿于能力缺陷而难以实现参与环境治理的目标。因此应增强公民的理性参与能力，具体来看，可从培养公民的公共理性和提高公民参与的客观能力两方面使其成为公民参与的"外在助力"。

1.培养公民的公共理性

"公共理性作为公民的一种政治思维能力,是公民参与的基本条件。因为公共理性的内容所体现的政治原则和道德为公民政策参与提供了一种共同的价值认同,使生活在多元社会中的公民能够形成'重叠共识'。"① 所谓公共理性,是"公民的理性,是那些共享平等公民身份的人的理性,他们的理性目标是公共善,此乃政治正义观念对社会基本制度结构的要求所在,也是这些制度服务的目标和目的所在。"② 公共理性是由社会公民表达的具有公共性的政治观念,③ 培养公民的公共理性能够解决罗尔斯提出的因宗教、哲学、道德等学说而产生分化的公民所组成的社会如何实现长治久安的问题,主要是因为只有当社会公民具有公共理性,才能使公民参与环境治理的方向和决策是建立在环境公益的基础之上而非某个个体的利益或团体利益。

公共理性有助于提升公民的参与认知以及规范公民的参与行为,在实现公共利益的同时兼顾个体利益。具体到环境治理过程中,公共理性是确保环境治理用以维护环境公益的支撑。公民的参与行为在公共理性的指引下以环境公共利益为诉求表达的根源,有序参与到环境治理过程中,而且建立在环境公益基础上的公民参与能够避免公共利益与个体利益的冲突,从而更好地影响环境政策的倾向与结果。

提升公民参与环境治理的公共理性,一方面可通过加强对公民美德的教育,强调公民自由应以不损害他人的环境权益为界限,并帮助公民在形成自然环境与人类发展的全局观念下认识到个人间的价值分歧可能会带来环境危机或环境公益与私益间的冲突;另一方面可通过

---

① 张宇:《公共理性:公民政策参与的条件》,《社会科学研究》2011年第2期。
② [美]约翰·罗尔斯:《政治自由主义》,万俊人译,译林出版社2000年版,第225页。
③ 李建华、谢金林:《公共理性与现代政治——一种基于罗尔斯的话语框架之解说》,《湖南师范大学社会科学学报》2006年第1期。

公民参与环境治理的决策实践培育公民的公共精神，从而培养公民的公共理性。公民通过参与实践，积久成习为自然而然的思维和态度最终影响参与行为。在公共理性的培养和提升过程中，需要注意的是在环境参与活动中公民个体言论自由的价值应向公共理性让步，如果言论自由触及公共理性的底线，那么就应当对言论自由进行约束。[①]在环境治理领域中，公民个体理性、政府理性、群体理性等都应在公共理性的前提下自由表达，既要表达自己的环境利益和价值观，又要尊重对方的环境利益，并在价值表达过程中找到平衡和共识，以此避免公民在参与环境治理过程中采用群体性事件的方式表达利益诉求，从而减少非理性参与事件的发生。

2.提高公民参与的客观能力

公民参与环境治理不只需要环境意识与参与的主观能动性，还需要有能对环境治理发挥实质性影响的参与的客观能力，即在实际参与活动中能够对参与结果产生实质性影响的能力，主要包括公民的信息获取能力、参与方式选择能力、参与方法运用能力、团队组织能力、与政府对话能力等。"培养公民的参与实践能力，有必要构建一种参与式的公民学习和公民教育方式"，即可"通过引导公民参与到公共生活之中"培养公民的参与能力。[②]

参与式公民学习在西方国家已经有了较为广泛的应用和发展，如英国1998年颁布的《科瑞克报告》中强调了通过公民教育培养参与性公民的重要性，明确公民教育的目标在于培养具有参与型民主的积极公民。[③]美国在20世纪90年代初期就提倡"将课程学习与社区服务相结合的教育方法"，即将"服务学习"作为公民教育的主要方式，主张学

---

① 王子丽、吴赋光:《公共理性与我国社会群体性事件》,《河南社会科学》2012年第8期。
② 叶飞:《参与式公民学习与公民教育的实践建构》,《中国教育学刊》2011年第10期。
③ 牛国卫、郭卿:《〈科瑞克报告〉与英国公民教育发展》,《外国中小学教育》2010年第4期。

生通过参与社区服务提升公民能力。①21世纪初,中国香港地区就开始重视以"主动参与、积极实践、关心社会"的公民精神为引导的参与式公民学习政策,通过参与式公民学习锻炼学生的参与能力。②就中国现状来看,参与式公民学习可从学校和社会两个层面来实践:

一是加强学校层面的参与式公民学习实践。首先,对学校公共生活的参与式民主建构,即在学校日常管理中重视对学生的民主参与能力的培养,支持并鼓励学生参与到学校公共管理过程中。如在重大的学校公共问题方面,学校通过各种民主形式和平台征求学生意见和建议,帮助学生提高参与意识和能力。学生通过积极参与,能够更好地提高对权利和责任的认知,并在参与实践中提高自身的客观能力,使其成长为有责任、有担当且有能力的"主动公民"。其次,鼓励校内社团的发展,通过社团生活培育和提高学生的参与能力。目前国内高校社团发展态势良好,而中小学中则缺乏社团活动,从而导致中小学教育停留在文化教育层面,涉及社会实践和学校公共生活方面的内容较少。因此在中小学教育过程中,应鼓励学生在老师的引导下成立社团组织,由此培养学生的公民精神和提高行动能力。

二是社会层面的参与式公民学习的改造。作为学校教育的延伸,社会层面的参与式公民学习则注重于加强公民环境权利和责任的实践引导。公民与社会之间密切联系,公民发展离不开社会环境,参与式公民学习必须引导公民明确"自我与社会之间的内在联系",明确自身的权利和义务。同时,参与式公民学习可促使公民通过各种环境保护志愿活动、慈善活动等公益性的实践活动履行公民责任,从而在参与和实践中锻炼和提升自己的参与行动能力,最终实现公民精神和公民

---

① 单玉:《"服务学习"(SL)与负责任公民的培养——美国学校公民教育中"服务学习"方法的运用及其启示》,《外国教育研究》2004年第11期。
② 王世伟、黄崴:《参与式公民学习——香港公民教育政策的新动向》,《清华大学教育研究》2010年第4期。

品格的完善与发展。

二 推动环保社会组织的有序发展和实效参与

"公共领域并非是国家垄断的领域,国家不是公共权力的唯一主体。大量的非国家组织也是公共权力的主体。"[1]环保社会组织作为公民组织化参与环境治理的平台,不仅帮助公民个人树立"全球公民意识"[2],而且能够影响环境政策的形成[3],是环境治理领域必不可少的主体之一。这主要是由于即便提高公民的参与意识与能力,"单个公民囿于知识、时间、财力之限制,很难与环境污染行为作有效的斗争"[4]。因此在环境污染治理中面对政府和企业时,组织化的公民参与更为有效。而国内的环保社会组织受制于财力和人力的缺陷,不能满足目前参与环境治理的目标和要求,若推动参与式环境治理的发展,应结合环保社会组织的独特属性尽快培育和引导它们有序发展。

(一)中国环保社会组织的独特性

1.中国环保社会组织因政治社会环境而具备的独特性,主要体现在两个方面:首先,与西方国家不同,中国的环保社会组织类型较多。西方国家的环保社会组织主要是由社会环保志愿者自发成立的社会组织,而中国的环保社会组织因政治社会的特性,依据成立来源和方式可分为四种类型。一是由政府发起的环保社会组织,这种环保社会组织有一定的官方背景,资金和人员受政府管理;二是民间自发的环保社会组织,是由社会中的环保人士自发组成的公益性环保社会组织,资金主要来自捐赠和各种基金会;三是在高校中由在校大学生自发组

---

[1] 赵俊:《环境公共权力论》,法律出版社2009年版,第34页。

[2] Marissa A. Pagnani, "Environmental NGOs and the Fate of the Traditional Nation-state", *Georgetown International Environmental Law Review*, Vol.15, No.4, 2003, p.793.

[3] Erica Johnson and Aseem Prakash, "NGO Research Program: A Collective Action Perspective", *Policy Science*, Vol.40, No.3, 2007, 40(3), p.221.

[4] 张玉林:《环境与社会》,清华大学出版社2013年版,第155页。

成的学生环保志愿者协会或团体，主要开展学生活动宣讲环保知识；四是国际环保组织的中国分支机构。其次，环保社会组织受业务主管和登记主管两个部门的双重管制，民政部于2018年8月颁布《社会组织登记管理条例（草案征求意见稿）》，将扶贫、济困、扶老、救孤、恤病、助残、救灾、助医、助学服务的公益慈善类社会组织列入可直接登记注册的范畴内，而环保社会组织则被排除在外，不能进行直接登记注册，仍需要在"业务主管单位"和"登记主管单位"的双管制管理模式下运行，环保社会组织的注册和发展受地方政府的制约。

2.环保社会组织因其环境保护这一特殊职责而负有的独特属性。首先，因环境保护作为典型的"公共物品"，可能会有大量的"搭便车"心理和行为，环保社会组织的工作开展具有一定的难度。其次，由于环境问题的特殊性，环境治理属于长期性的工作，短期内难以取得较为明显或突出的效果，因此环保社会组织较难得到政府和社会的广泛性认可。最后，环保社会组织从事的环保工作可能会与地方政府工作目标相冲突，如环保社会组织提出的一些环保议题需要反思环境政策的合理性和地方政府行政行为以及掌握企业存在的环境问题，因此环保社会组织需要处理好与政府、企业间的关系，同时"需要更强的组织战略管理能力并对专业化提出更高要求"[①]。

（二）保障环保社会组织"融入"参与治理体系

各种环保政策支持并鼓励环保社会组织参与环境治理，然而在实践中，环保社会组织除了自身发展的局限之外，还有着参与的"结构性困境"，出现边缘化的现象，主要表现在环保社会组织与地方行政机构间的合作困境和环保社会组织的活动缺乏社会网络支持，这些因素导致环保社会组织无法真正融入参与治理体系之中，诸多环保社会组

---

① 嵇欣：《当前社会组织参与环境治理的深层挑战与应对思路》，《山东社会科学》2018年第9期。

织无法发挥作用。因此应健全环保社会组织的融入体系，使其在参与式环境治理中得以发挥其重要的作用力和影响力，可从以下两个方面进行改善：

1.培育引导民间环保社会组织的发展

由于中国现存环保社会组织的特殊性，具有官方性质的环保社会组织在资金和人员方面资源较为充足，并且其与政府间存在着天然的"亲缘"关系，发展往往能够得到政府的大力支持。而民间性质的环保社会组织的发展则受限较多，从而较为滞后。因此，本书认为应着重培育和引导民间环保社会组织的发展。

一是以完善购买服务制度为着力点，为民间环保社会组织的发展提供资金支持。环保社会组织作为公益性组织，非营利性是其主要特征，资金成为制约其发展的主要因素。从西方发达国家的环保社会组织的资金来源来看，主要是慈善捐赠与政府购买服务，然而中国民众的捐赠意愿更多地集中于帮助困难人群，针对环保社会组织的捐赠少之又少，因此政府购买服务必然成为环保社会组织发展的重要推力。在具体工作中，以《关于政府向社会力量购买服务的指导意见》以及《政府购买服务管理办法（暂行）》为依据，不断加大政府向环保社会组织购买与环保相关领域服务的力度，类似于环保宣讲教育、社区环境治理以及志愿者活动等可以向环保社会组织购买服务的方式予以委托，从而达到双赢的效果。首先，环保部门可牵头构建整体化的政府购买服务平台，环保社会组织可通过平台更方便地获取信息，选择适宜的项目。其次，可根据实际要求设置长期购买服务清单，并为环保社会组织提供相应的《环保行动指南》，使环保资助领域得以制度化发展，为环保社会组织带来长期稳定的资金支持。

二是促进环保社会组织的专业从业人员的发展。首先，推动从业人员的职业化发展，组织通过内部培训与外部交流为成员发展提供平台。其次，改善从业人员的专业配比，引入包括环境学、管理学、法学等各专业技术人才，提高参与的专业化程度。同时重视专家团队的形成与力量发挥，在组织内部发掘和培养或从组织外部引入意见领袖，以增强环保社会组织的社会影响力，从而得以更好地从事环保事业。最后，引导环保社会组织联合建立服务标准、行为准则、信息公开和行业自律规则，以实际行动和成果在社会上树立良好形象，吸引更多的人才参与社会组织。①

三是构建环保社会组织的良性组织生态体系。政府部门可牵头重点培育一批环保领域的高端支持型和能力建设型的社会组织，以此推动环保领域各类专业社会组织和草根社会组织的发展。并在此过程中逐步形成适合中国国情和现阶段环境治理需求的环保社会组织类型结构，探索有效调节社会组织生态体系的政策工具和制度安排。从而不仅推动了中国社会组织高效参与环境治理，还有助于形成现代社会的新型社会组织引导与管理机制。②

2.构建政府—环保社会组织—公民联动机制

环保社会组织真正融入参与治理体系，发挥其功效与作用，在中国语境和社会背景下，需要政府和公民的配合，因此可从构建基层政府—环保社会组织—公民三方联动机制的角度来帮助环保社会组织更好地发展，体现环保社会组织的中枢地位。而在当前环保社会组织与公民力量相对弱小的情况下，构建三者联动机制需要遵循以下思路：

一是政府充分发挥对环境社会组织的主导作用，鼓励环保社会组织的发展的同时对其进行监督和约束。首先，政府部门可通过购买公共服务、环保业务外包等方式帮助环保社会组织的发展使其进入公民视野之中，同时建立相应的评估体系监测环保社会组织的参与成效，

---

① 余中平、洪嘉一：《杭州环保社会组织的培育发展研究》，《浙江树人大学学报》（自然科学版）2018年第2期。

② 嵇欣：《当前社会组织参与环境治理的深层挑战与应对思路》，《山东社会科学》2018年第9期。

而评估结果应能够直接影响到政府对环保社会组织的支持力度。其次，环境行政部门可通过对环保社会组织的登记管理，建立各地环保社会组织线上信息数据库，推动环保社会组织的信息公开，促使公民能够掌握环境社会组织的相关信息。

二是促进政府与环保社会组织间的良性互动机制。首先，政府与环保社会组织间可形成定期沟通与交流机制，通过双方的交流赋予环保社会组织的发言权，一方面能够促进政府环境信息公开，树立良好政府形象；另一方面可以坚定环保社会组织参与治理的信心。其次，政府环境政策的制定应充分重视专业环保社会组织的意见和建议，增强环保社会组织参与的积极性和主动性。

三是环保社会组织通过多种活动形式吸引公民以环保志愿者的身份参与其中，营造环保公众参与的社会氛围。环保社会组织可通过召开沙龙或论坛、社区环保知识宣讲、环保志愿活动等多种形式，在实现组织的环境保护目标的同时吸引公民作为环保志愿者的身份加入，帮助公民以更为专业的方式参与到环境治理之中，充分发挥环保社会组织在政府与公民间的枢纽作用。

基于前文对参与式环境治理实施困境的分析，本章有针对性地提出了参与式环境治理模式的创新路径：一是通过政府"观念—职能—责任"三位一体的转变和对政府权能的重新定位，促使政府由环境管理向治理转变，明确政府主导作用，以更好地帮助和引导公民参与到环境治理过程中；二是通过转变"信任类型—信任结构"，重构政府与公民间良好的信任关系，以信任促进政府与公民间的合作；三是健全保障公民环境参与权与公民参与具体运行过程的各种法律规范与制度逻辑，以制度保障公民参与的权利以及具体运作；四是以增强"内生动力"和提高"外在助力"为推手，帮助参与力量即公民和环保社会组织的发展。

结　语

　　工业革命带来了全球经济的迅猛发展，同时也给地球自然环境带来了灾难性的破坏，社会发展到这个时代，世界各国普遍面对着环境保护和治理的问题，从而积极探索环境治理模式。就目前来看，得以提出并发挥了一定治理效果的模式主要有环境权威主义治理、技术理性主义治理、合作型环境治理以及参与式环境治理等。环境权威主义是目前各国环境治理中常用的主流模式，由于在环境治理中存在着"公地悲剧"和"集体行动的逻辑"，以及人类对"自利性"的追逐，提倡由政府通过权威力量采用强制性的干预措施与严厉的处罚手段来实现环境保护，这一传统模式在短期内发挥了较为有效的环境治理效应，然而这种模式在强调政府环境管理中权威强制力作用发挥时忽视了政府应当承担保障公民环境权的责任，甚至抹杀公民的环境权利，不仅会导致政府责任的矛盾与缺失，而且对长期的环境治理而言弊大于利。技术理性主义则是认为环境治理需要政府管理与环保专家技术支持的共同作用，政府制定政策、设立专门的环境保护机构，专家运用科学技术知识具体指导治理政策的制定和治理方式的选择，这一从科学角度考量的治理模式因其治理效率和较高的专业性，也取得了一定的治理效果，然而在现代民主社会中，这种"科学至上"的观念和价值取向不仅遏制了公民参与和排斥了公民的环境权诉求，而且因科学技术的有限性也会导致此种模式的治理无力。随着社会民主的不断推进和治理理论的发展，政界和学界开始重视政府以外的其他力量，合作型环境治理就是在这样的社会环境下被提出，它是合作治理与环境治理结合而产生的一种新的环境治理模式，强调环境治理中政府、市场和公民社会之间的良性互动，即形成公私合作伙伴关系，这种模式提出的公私伙伴关系较为理想化，需要发达的社会条件，实践的困难重重。参与式环境治理是以政府为主导，公民参与的一种环境治理模式，这一模式与公民的环境权利间有着理论逻辑与实践经验的双重相关性，不仅符合环境治理的现实需求，而且顺应了现代民主发展的需要。

  本书针对中国的环境治理理论与实践的现状，提出了选择参与式环境治理模式不仅符合环境治理的需求，而且适合中国的国情与现状。长期以来，中国的环境治理在政府管制型环境治理模式及市场化环境治理模式下取得了一定的成效，但是在治理中由于存在"政府失败"与"市场失灵"，这两种模式都不免遭遇到难以克服的现实困境，并且合作型环境治理这一理想化的舶来品与中国社会历史背景和国情并不相符。而选择在政府主导下的公民参与环境治理的参与式环境治理模式在中国有其实施的本土基础与优势，是与中国国情与体制相容的具有可行性的治理模式，这不仅是因为中国政府在环境治理中有其发挥主导作用的历史和现实的必然性，而且中国作为人民民主专政的社会主义国家加之执政党对环境问题的重视以及公民力量的壮大，赋予了公民参与环境治理的政治基础和社会背景。参与式环境治理的应用，不但能够推进协商民主在中国的实践应用，在政府的主导下实现政府与公民的协商合作，实现环境治理双赢；而且通过公民的真正参与也有益于服务型政府的建设，并能够切实维护中国公民的环境权益，减少环境群体性事件，从而有助于稳定社会发展实现和谐社会。

参与式环境治理模式适宜于中国国情与体制，在国内也有了一些实践尝试并取得了一定的成功，但是在实践探索中仍然存在着障碍和困境：因政府传统管理理念而导致环境治理思维的封闭性与局限性，成为公民参与的壁垒；政府信任危机致使公民出现参与"疏离感"从而影响公民参与的主动性与积极性，政府与公民的不信任导致政府疏于环境信息供给，并且由于政府的不信任，环保社会组织也难以受到重视，公民和社会组织的发展受限；因公民环境权法律保障的滞后与部分缺失，在公民权利不明确的情况下，参与行为受到制约，而长期的行为不足必然导致能力缺失，公民参与环境治理的能力相比较弱；公民参与环境治理的参与制度不健全导致公民参与环境治理的渠道不畅等问题。

针对上述问题，同时依据参与式环境治理的要求，本书提出了创新参与式环境治理的理论设想，即通过政府环境治理"观念—职能—责任"三位一体的转变以及对其在环境治理中的权能重新进行定位来促使政府环境管理向环境治理的转变；基于信任对参与式环境治理的重要影响通过"信任类型—信任结构"二元重构政府与公民间的信任关系；并且从公民环境参与权与参与运行保障两个方面健全完善公民参与环境治理的制度逻辑；最后提出提高参与主体的能力和发展的对策建议，通过宣教以及环保实践提高公民参与的意识与理性参与能力，并以政府为依托从购买服务为入手来扶持、培育和引导中国民间环保社会组织的有序发展。

本书基于保障公民环境权的前提论证参与式环境治理模式在中国的理论与现实的可行性，并针对现有的理论与实践现状提出完善对策，但是环境治理作为一项复杂的长期工程，涉及的问题与内容较多，限于研究能力与时间的关系，从政府理念、政民信任关系、制度以及主体发展等方面提出了对策建议，但是缺乏对对策的实用性以及可行性的探讨。同时，参与式环境治理在中国的发展包括提到的各种条件就目前而言只是一种思路，现实的发展取决于制度环境的调整，而这可能是一个漫长的过程，甚至中国的政府管制型即权威主义环境治理模式在较长一段时间内还会延续。

参考文献

一 中文文献

（一）中文专著及译著

蔡定剑：《公众参与：欧洲的制度和经验》，法律出版社2009年版。

陈国权：《责任政府：从权力本位到责任本位》，浙江大学出版社2009年版。

陈泉生、张梓太：《宪法与行政法的生态化》，法律出版社2001年版。

高家伟：《欧洲环境法》，工商出版社2000年版。

何显明：《市场化进程中的地方政府行为逻辑》，人民出版社2008年版。

侯怀霞：《私法上的环境权及其救济问题研究》，复旦大学出版社2011年版。

李康：《环境政策学》，清华大学出版社2000年版。

吕忠梅：《超越与保守——可持续发展视野下的环境法创新》，法律出版社2003年版。

曲格平：《中国环境问题及对策》，中国环境科学出版社1984年版。

曲格平：《国情与选择——中国环境与发展战略研究》，云南科技出版社1994年版。

世界环境与发展委员会：《我们的共同未来》，王之佳等译，吉林人民出版社1997年版。

寿嘉华:《国土资源管理理论与实践》,经济管理出版社1999年版。

王朝梁:《中国酸雨污染治理法律机制研究》,中国政法大学出版社2012年版。

吴卫星:《环境权研究——公法学的视角》,法律出版社2007年版。

徐祥民、田其云等:《环境权:环境法学的基础研究》,北京大学出版社2004年版。

余谋昌:《生态文明的理论阐述》,东北林业大学出版社1996年版。

张康之:《行政伦理的观念与视野》,中国人民大学出版社2008年版。

张维迎:《信息、信任与法律》,生活·读书·新知三联书店2003年版。

张玉林:《环境与社会》,清华大学出版社2013年版。

赵俊:《环境公共权力论》,法律出版社2009年版。

周训芳:《环境权论》,法律出版社2003年版。

[美]爱蒂丝·布郎·魏伊丝:《公平地对待未来人类》,汪劲等译,法律出版社2000年版。

[英]安德鲁·多布森:《绿色政治思想》,郇庆治译,山东大学出版社2012年版。

[罗马]查士丁尼:《法学总论——法学阶梯》,商务印书馆1989年版。

[日]大须贺明:《生存权论》,林浩译,法律出版社2001年版。

[美]道格拉斯·C.诺斯:《制度、制度变迁与经济绩效》,杭行译,格致出版社2014年版。

[美]弗兰西斯·福山:《信任:社会道德与繁荣的创造》,李宛蓉译,远方出版社1998年版。

[美]加布里埃尔·A.阿尔蒙德、西德尼·维巴:《公民文化:五个国家的政治态度和民主制》,徐湘林等译,东方出版社2008年版。

[英]简·汉考克:《环境人权:权力、伦理与法律》,李隼译,重庆出版社2007年版。

[日]交告尚史、臼杵知史、前田阳一、黑川哲志:《日本环境法概论》，田林、丁倩雯译，中国法制出版社2014年版。

[美]杰里米·里夫金等:《熵:一种新的世界观》，吕明、袁舟译，上海译文出版社1987年版。

[法]莱昂·狄骥:《公法的变迁》，郑戈译，中国法制出版社2010年版。

[美]罗德里克·弗雷泽·纳什:《大自然的权利》，杨通进译，青岛出版社1999年版。

[美]罗德里克·M.克雷默、汤姆·R.泰勒:《组织中的信任》，管兵等译，中国城市出版社2003年版。

[美]马克·E.沃伦:《民主与信任》，吴辉译，华夏出版社2004年版。

[德]马克斯·韦伯:《儒教与道教》，王容芬译，商务印书馆1999年版。

[古希腊]亚里士多德:《政治学》，吴寿彭译，商务印书馆1965年版。

[日]岩佐茂:《环境的思想》，韩立新等译，中央编译出版社1997年版。

[日]原田尚彦:《环境法》，于敏译，法律出版社1999年版。

[美]约翰·罗尔斯:《政治自由主义》，万俊人译，译林出版社2000年版。

（二）中文论文

傅广宛、茹媛媛、孔凡宏:《海洋渔业环境污染的合作治理研究——以长三角为例》，《行政论坛》2014年第1期。

谷德近:《论环境权的属性》，《南京社会科学》2003年第3期。

韩水法:《康德法哲学中的公民概念》，《中国社会科学》2008年第2期。

郝力耕:《信息公开与公众参与，全民参与环境治理》，《世界环境》2017年第3期。

何可、张俊飚等:《人际信任、制度信任与农民环境治理参与意愿——以农业废弃物资源化为例》，《管理世界》2015年第5期。

洪大用:《试论改进中国环境治理的新方向》，《湖南社会科学》2008年第3期。

嵇欣：《当前社会组织参与环境治理的深层挑战与应对思路》，《山东社会科学》2018年第9期。

贾诗航：《英国环境保护运动下的城市变迁》，《美与时代》（城市版）2018年第4期。

康晓光、韩恒：《分类控制：当前中国大陆国家与社会关系研究》，《社会学研究》2005年第6期。

李华琪：《环境公益诉讼：制度缺失与完善策略——基于环境人权保障视角》，《湖南农业大学学报》（社会科学版）2018年第4期。

李慧明：《环境治理中的公众参与：理论与制度》，《鄱阳湖学刊》2011年第2期。

李建华、谢金林：《公共理性与现代政治——一种基于罗尔斯的话语框架之解说》，《湖南师范大学社会科学学报》2006年第1期。

李金龙、游高端：《地方政府环境治理能力提升的路径依赖与创新》，《求实》2009年第3期。

李宁宁：《环保意识与环保行为》，《学海》2001年第1期。

林丽：《关于环境行政公益诉讼的法律思考》，《河北法学》2007年第8期。

林萍：《关于环境权设置的初步构想》，《环境保护》2002年第1期。

刘莉：《浅析环境权产生的基础》，《黑龙江省政法管理干部学院学报》2002年第1期。

刘熙瑞：《服务型政府——经济全球化背景下中国政府改革的目标选择》，《中国行政管理》2002年第7期。

刘小泉、朱德米：《合作型环境治理：国外环境治理理论的新发展》，《国外理论动态》2016年第11期。

刘玉蓉：《论公民参与公共政策的渠道：形式与实质的断裂》，《湖北函授大学学报》2011年第4期。

刘兆征：《中国环境治理失灵问题的思考》，《环境保护》2008年第16期。

刘争明：《环境权入宪的思考》，《前沿》2010年第10期。

柳湘：《试论公民环境权的生成与合理定位》，《广西政法管理干部学院学报》2004年第6期。

柳亦博：《简化与元简化：信任在国家治理中的两种功能》，《学海》2017年第2期。

楼苏萍：《西方国家公众参与环境治理的途径与机制》，《学术论坛》2012年第3期。

罗丽：《日本环境理论和实践的新展开》，《当代法学》2007年第3期。

吕丹：《环境公民社会视角下的中国现代环境治理系统研究》，《城市发展研究》2007年第6期。

吕忠梅：《论公民环境权》，《法学研究》1995年第6期。

吕忠梅：《再论公民环境权》，《法学研究》2000年第6期。

吕忠梅：《〈水污染防治法〉修改之我见》，《法学》2007年第11期。

吕忠梅：《环境权入宪的理路与设想》，《法学杂志》2018年第1期。

马晶：《论环境权的确立与拓展》，《长白学刊》2001年第4期。

马明华：《公民参与权的司法救济制度构建》，《江西社会科学》2018年第3期。

苗阳、陈兰等：《环境NGO介入环境公益诉讼的必要性和复杂性研究》，《环境科学与管理》2017年第9期。

缪婷婷、宋典：《政府透明能获得政府信任吗？——基于公众知晓的中介效应研究》，《人才资源开发》2015年第5期。

聂国卿：《我国转型时期环境治理的经济分析》，《生态经济》2001年第11期。

欧阳友权：《现代科技文明的人文哲学》，《北京大学学报》（哲学社会科学版）2002年第2期。

彭向刚、王郅强：《服务型政府：当代中国政府改革的目标模式》，《吉林大学社会科学学报》2004年第4期。

彭向刚、程波辉：《论社会管理职能创新的观念变革》，《南京师大学报》

（社会科学版）2012年第3期。

亓霞、柯永建、王守清：《基于案例的中国PPP项目的主要风险因素分析》，《中国软科学》2009年第5期。

曲纵翔：《信任、合作与政策变迁：一个实现政策终结的逻辑阐释》，《学海》2018年第5期。

任峰、张婧飞：《邻避型环境群体性事件的成因及其治理》，《河北法学》2017年第8期。

上官酒瑞：《制度是信任的基石》，《领导文萃》2017年第3期。

申建林、姚晓强：《协商民主理论的决策合法性构建及其批判》，《江淮论坛》2014年第4期。

沈海军：《公民参与环境决策的理论基础探析》，《山西高等学校社会科学学报》2014年第6期。

孙越、王晨：《生态政治视角下生态民主的重建问题研究》，《贵州社会科学》2016第9期。

谭九生：《从管制走向互动治理：我国生态环境治理模式的反思与重构》，《湘潭大学学报》（哲学社会科学版）2012年第5期。

谭向阳：《自然资源使用权性质探讨》，《人民论坛》2013年第17期。

陶志梅：《从公共经济视角看城市环境治理中的政府职能创新》，《特区经济》2006年第11期。

涂正革、邓辉等：《公众参与中国环境治理的逻辑：理论、实践和模式》，《华中师范大学学报》（人文社会科学版）2018年第3期。

万希平：《我国生态环境危机的难题成因与破解之道——论走向政府主导的环境治理》，《天津行政学院学报》2016年第4期。

汪伟全：《环境类群体事件的利益相关性分析》，《学术界》2016年第8期。

王彩梅：《试论公民参与能力的提高》，《理论导刊》2006年第10期。

王宏巍：《环境民主原则简论》，《环境保护》2008年第18期。

王虎、李长健：《主流范式的危机：我国食品安全治理模式的反思与重整》,《华南农业大学学报》(社会科学版)2008年第4期。

王华、郭红燕、黄德生:《我国环境信息公开现状、问题与对策》,《中国环境管理》2016年第1期。

王建明:《资源节约意识对资源节约行为的影响——中国文化背景下一个交互效应和调节效应模型》,《管理世界》2013年第8期。

王剑锋、顾标等:《"锦标赛"增长模式的来源与演变:一个经济史分析》,《江苏社会科学》2014年第4期。

王丽珂:《基于生态文明的政府环境管理绩效评价》,《北京工业大学学报》(社会科学版)2008年第6期。

王锡锌:《利益组织化、公众参与和个体权利保障》,《东方法学》2008年第4期。

王子丽、吴赋光:《公共理性与我国社会群体性事件》,《河南社会科学》2012年第8期。

魏娜:《政府环境管制的研究述评——从管制主导到合作共治》,《领导科学》2015年第32期。

魏勇、范支柬等:《中国公众环境意识的现状与影响因素》,《科普研究》2017年第3期。

吴国贵:《环境权的概念、属性——张力维度的探讨》,《法律科学·西北政法学院学报》2003年第4期。

吴卫星:《环境权的制度保障》,《中德法学论坛》2005年第00期。

吴卫星:《环境权内容之辨析》,《法学评论》2005年第2期。

吴卫星:《我国环境权理论研究三十年之回顾、反思与前瞻》,《法学评论》2014年第5期。

吴卫星:《环境权入宪的比较研究》,《法商研究》2017年第4期。

伍俊斌:《从全能政府走向有限政府》,《企业导报》2009年第11期。

夏云娇、王国飞:《国外环境行政公益诉讼相关立法对我国的启示——以美国、日本为例》,《湖北社会科学》2007年第9期。

肖建华：《参与式治理视角下地方政府环境管理创新》，《中国行政管理》2012年第5期。

肖巍、钱箭星：《环境治理中的政府行为》，《复旦学报》（社会科学版）2003年第3期。

肖巍：《作为人权的环境权与可持续发展》，《哲学研究》2005年第11期。

肖云、钱静：《我国公民环境权保护法律问题研究》，《重庆大学学报》（社会科学版）2003年第3期。

辛方坤、孙荣：《环境治理中的公众参与——授权合作的"嘉兴模式"研究》，《上海行政学院学报》2016年第4期。

熊勇：《环境保护中公民参与制度研究》，《前沿》2011年第5期。

宿晓：《可持续发展观及其对环境法发展的影响》，《行政与法》（吉林省行政学院学报）2005年第9期。

徐祥民：《对"公民环境权论"的几点疑问》，《中国法学》2004年第2期。

徐祥民：《环境权论——人权发展历史分期的视角》，《中国社会科学》2004年第4期。

徐以祥：《公众参与权利的二元性区分——以环境行政公众参与法律规范为分析对象》，《中南大学学报》（社会科学版）2018年第2期。

徐忠麟：《我国环境法治的信任缺失与建构》，《江西社会科学》2018年第10期。

许传玺、成协中：《公共听证的理想与现实——以北京市的制度实践为例》，《政法论坛》2012年第3期。

杨航征、牛广召：《试论中国公民环境权的法律保护及立法建议》，《长安大学学报》（社会科学）2005年第4期。

杨宏星、赵鼎新：《绩效合法性与中国经济奇迹》，《学海》2013年第3期。

杨小柳：《参与式流域环境治理——以大理洱海流域为例》，《广西民族大学学报》（哲学社会科学版）2008年第5期。

杨妍：《环境公民社会与环境治理体制的发展》，《新视野》2009年第4期。

杨煜、李亚兰：《基于协商民主的生态治理公众参与研究》，《科学社会主义》2017第4期。

叶彩虹：《地方政府生态职能构建的若干思考》，《淮海工学院学报》（人文社会科学版）2015年第9期。

于华江、唐俊：《农民环境权保护视角下的乡村环境治理》，《中国农业大学学报》（社会科学版）2012年第4期。

于水、李波：《生态环境参与式治理研究》，《中州学刊》2016年第4期。

于文轩：《政府透明度与政治信任：基于2011中国城市服务型政府调查的分析》，《中国行政管理》2013年第2期。

于晓婷、邱继洲：《论政府环境治理的无效与对策》，《哈尔滨工业大学学报》（社会科学版）2009年第6期。

余中平、洪嘉一：《杭州环保社会组织的培育发展研究》，《浙江树人大学学报》（自然科学版）2018年第2期。

虞崇胜、张继兰：《环境理性主义抑或环境民主主义——对中国环境治理价值取向的反思》，《行政论坛》2014年第5期。

袁航：《论我国公民环境权的立法完善》，《法制与社会》2016年第21期。

袁立：《公民基本权利野视下国家义务的边界》，《现代法学》2011年第1期。

张彬、左晖：《能源持续利用、环境治理和内生经济增长》，《中国人口·资源与环境》2007年第5期。

张兵兵、田曦、朱晶：《环境污染治理、市场化与能源效率：理论与实证分析》，《南京社会科学》2017年第2期。

张春秋：《信任的基本类型及建构模式研究——兼谈张康之教授〈行政伦理的观念与视野〉》，《汕头大学学报》（人文社会科学版）2018年第11期。

张继兰、虞崇胜：《环境治理：权威主义还是民主主义？》，《学习与实践》2015年第9期。

张紧跟:《公民参与地方治理的制度优化》,《政治学研究》2017年第6期。

张康之:《在历史的坐标中看信任——论信任的三种历史类型》,《社会科学研究》2005年第1期。

张康之:《有关信任话题的几点新思考》,《学术研究》2006年第1期。

张力刚、沈晓蕾:《公民环境权的宪法学考察》,《政治与法律》2002年第1期。

张牧遥、孙莉:《环境行政公益诉讼的概念辨析》,《重庆工商大学学报》(社会科学版)2015年第4期。

张颖:《美国环境公共信托理论及环境公益保护机制对我国的启示》,《政治与法律》2011年第6期。

张宇:《公共理性:公民政策参与的条件》,《社会科学研究》2011年第2期。

赵磊、邓维等:《太湖流域农村公众环境意识案例研究》,《长江流域资源与环境》2005年第3期。

赵雪雁:《村域社会资本与环境影响的关系——基于甘肃省村域调查数据》,《自然资源学报》2013年第8期。

郑杭生:《改革开放三十年:社会发展理论和社会转型理论》,《中国社会科学》2009年第2期。

郑庆宝:《从环保NGO的发展看公众环境意识的觉醒》,《环境保护》2009年第19期。

郑石明:《数据开放、公众参与和环境治理创新》,《行政论坛》2017年第4期。

郑思齐、万广华等:《公众诉求与城市环境治理》,《管理世界》2013年第6期。

郑也夫:《信任的简化功能》,《北京社会科学》2000年第3期。

周宏春、吕立志:《我国环境污染的根源及对策建议》,《未来与发展》2000年第1期。

周书俊:《技术理性的鬼魅:评施米特的经济技术理性》,《新视野》2007年第6期。

周五七:《中国环境污染第三方治理形成逻辑与困境突破》,《现代经济探讨》2017年第1期。

周训芳:《论环境权的本质——一种"人类中心主义"环境权观》,《林业经济问题》2003年第6期。

周训芳:《欧洲发达国家公民环境权的发展趋势》,《比较法研究》2004年第5期。

朱春奎、毛万磊:《政府信任的概念测量、影响因素与提升策略》,《厦门大学学报》(哲学社会科学版)2017年第3期。

朱谦:《反思环境法的权利基础——对环境权主流观点的一种担忧》,《江苏社会科学》2007年第2期。

朱谦:《环境权问题:一种新的探讨路径》,《法律科学.西北政法学院学报》2004年第5期。

竹立家:《服务型政府的核心特征》,《领导之友》2004年第5期。

邹晓涓:《政府环境治理的现实困境及原因解析》,《湖南行政学院学报》2017年第6期。

二 外文文献

(一)外文著作

Andrew Dobson, *Green Political Thought*, London & New York: Routledge, 2000.

Archon Fung and Erik Olin Wright, *Deepening Democracy: Institutional Innovations in Empowered Participatory Governance*, London: Verso, 2003.

Edith Brown Weiss and Daniel Barstow Magraw et al., *International Environmental Law: Basic Instruments and References*, New York:

Transnational Publishers, 1992.

Edith Brown Weiss, *In Fairness to Future Generations: International Law, Common Patrimony, and Intergenerational Equity*, New York: Transnational Publishers, 1989.

John Cronin and Robert F.Kennedy, *The Riverkeepers: Two Activists Fight to Reclaim Our Environment as a Basic Human Right*, New York: Scribner, 1997.

Johanna Speer, *Participatory Governance Reform: A Good Strategy for Increasing Government Responsiveness and Improving Public Services*, World Development, 2012.

Joseph L. Sax, *Defending the Environment: A Strategy for Citizen Action*, New York: Alfred A. Knopf, 1971.

Meredith Edwards and John Halligan et al., *Public Sector Governance in Australia*, Canberra: ANU Press, 2012.

Nancy K.Kubasek and Gary S. Silverman, *Environmental Law*, New Jersey: Pearson Education, Inc., 2002.

Philip Shabecoff, *A Fierce Green Fire: The American Environmental Movement*, New York: Hill and Wang, 1993.

Ramachandra Guha, *Environmentalism: A Global History*, Oxford: Oxford University Press, 2000.

Robert L. Heilbroner, *An Inquiry Into The Human Prospect*, New York: W. W. Norton & Co., 1974.

Scott Lash and Bronislaw Szerszynski et al., *Risk, Environment and Modernity: Towards a New Ecology*, London: Sage Publications Ltd, 1998.

Simon Dalby, *Environmental governance*, Oxford: Blackwell, 2002.

United Nations Development Programme et al., *World Resources 2002-2004: Decisions for the Earth: Balance, Voice, and Power*, World Resources

Institute, 2003.

William OPhuls, *Ecology and the Politics of Scarcity-Prologue to a Political Theory of the Steady State*, San Francisco: W.H.Freeman and Company, 1977.

（二）外文论文

A. Zaušková and Miklencicova R. et al., "Environmental protection and sustainable development in the Slovak Republic", *European Journal of Science and Theology*, Vol.9, No.6, 2013.

Anna Davies, "What silence knows-planning, public participation and environmental value", *Environmental Values*, Vol.10, 2001.

Arthur H. Miller, "Political issues and trust in government: 1964-1970", *American Political Science Review*, Vol.68, No.3, 2017.

Brian Head and Neal Ryan, "Can Co-Governance Work?Regional Natural Resource Management in Queensland, Australia", *Society and Economy*, Vol.26, No.2, 2004.

Chris Ansell and Alison Gash, "Collaborative Governance in Theory and Practice", *Journal of Public Administration Research and Theory*, Vol.18, No.4, 2008.

Chris Rose, "Beyond the struggle for proof: Factors changing the environmental movement", *Environmental Values*, Vol.2, No.4, 1993.

Dan Bloomfield and Kevin Collins et al., "Deliberation and inclusion: vehicles for increasing trust in UK public governance?", *Environment and Planning C: Government and Policy*, Vol.19, No.4, 2001.

Ernst Brandl and Hartwen Bungert, "Constitutional Entrenchment of Environmental Protection: A Comparative Analysis of Experiences Abroad", *Harvard Environmental Law Review*, Vol.16, No.1, 1992.

Eckerberg Katarina and Joas Marko, "Multi-level environmental governance: a concept under stress?" *Local Environment*, Vol.9, No.5, 2004.

Elizabeth C. Economy, "The Great Leap Backward? The Costs of China's Environmental Crisis", *Foreign Affairs*, Vol.9, 2007.

Erica Johnson and Aseem Prakash, "NGO Research Program: A Collective Action Perspective", *Policy Science*, Vol.40, No.3, 2007.

Forrest V. Morgeson and Claudia Petrescu, "Do They all Perform Alike? An Examination of Perceived Performance, Citizen Satisfaction and Trust with US Federal Agencies", *International Review of Administrative Sciences*, Vol.77, No.3, 2011.

Garrett Hardin, "The Tragedy of The Commons", *Science*, Vol.162, 1968.

Gerald Chan and Pak.K. Lee et al., "China's Environmental Governance: The Domestic: International Nexus", *Third World Quarterly*, Vol.29, No.2, 2008.

Guobin Yang, "Environmental NGOs and Institutional Dynamics in China", *The China Quarterly*, Vol.181, No.1, 2005.

Harriet Bulkeley and Arthur P.J.Mol, "Participation and Environmental Governance: Consensus, Ambivalence and Debate", *Environmental Values*, Vol.5, 2003.

Jahiel Abigail R., "The Organization of Environmental Protection in China.", *China Quarterly*, Vol.156, 1998.

Jane E. Cohen and Joseph J. Amon, "Lead poisoning in China: A health and human rights crisis", *Health and Human Rights*, Vol.14, No.2, 2012.

Jaroslav Prazan and Insa Theesfeld, "The Role of Agrienvironmental Contracts in Saving Biodiversity in the Post-socialist Czech Republic", *International Journal of The Commons*, Vol.8, No.1, 2014.

Jeremiah Bohr, "Barriers to Environmental Sacrifice: The Interaction of Free Rider Fears with Education, Income and Ideology", *Sociological*

Spectrum, Vol.34, No.4, 2014.

John R.Parkins, "De-centering environmental governance: A short history and analyse of democratic processes in the forest sector of Alberta", Canada. *Policy Science*, Vol.39, No.2, 2006.

Joseph L. Sax, "The Public Trust Doctrine in Natural Resource Law: Effective Judicial Intervention", *Michigan Law Review*, Vol.68, 1970.

Joseph L. Sax, "Defending the environment: a strategy for citizen action", *Harvard Law Review*, Vol.84, No.6, 1971.

Kirk Emerson and Tina Nabatchi et al., "An Integrative Framework for Collaborative Governance", *Journal of Public Administration Research and Theory*, Vol.22, No.1, 2012.

Luisa Diaz-Kope and Katrina Miller-Stevens, "Rethinking a Typology of Watershed Partnerships: A Governance Perspective", *Public Works Management*, Vol.20, No.1, 2015.

Marc J.Hetherington, "The Political Relevance of Political Trust", *American Political Science Review*, Vol.92, No.4, 1998.

Marissa A. Pagnani, "Environmental NGOs and the Fate of the Traditional Nation-state", *Georgetown International Environmental Law Review*, Vol.15, No.4, 2003.

Michael Lockwood and Julie Davidson et al., "Multi-level Environmental Governance: lessons from Australian natural resource management", *Australian Geographer*, Vol.40, No.2, 2009.

Michael Mason, "Evaluating participative capacity-building in environmental policy: provincial fish protection and parks management in British Columbia, Canada", *Policy Studies*, Vol.21, No.2, 2001.

Michael Palmer, "Environmental Regulation in the People's Republic of China: The Face of Domestic Law", *The China Quarterly*, Vol.156, 1998.

Neil Gunningham, "The New Collaborative Environmental Governance: The Localization of Regulation", *Journal of Law and Society*, Vol.36, No.1, 2009.

Paul A. Pavlou, "Institution-based trust in inter organizational exchange relationships: the role of online B2B marketplaces on trust formation", *Journal of Strategic Information Systems*, Vol.11, No.3-4, 2002.

Radmila Prislin and Judith Ouellette, "When it is Embedded, it is Potent: Effects of General Attitude Embeddedness on Formation of Specific Attitudes and Behavioral Intentions.", *Personality and Social Psychology Bulletin*, Vol.22, No.8, 1996.

Rachel E. Stern, "From Dispute to Decision: Suing Polluters in China", *The China Quarterly*, Vol.206, 2011.

Rachel E. Stern, "The Political Logic of China's New Environmental Courts", *The China Journal*, Vol.07, 2014.

Robbie Ali and Kenneth Olden et al., "Community-Based Participatory Research: A Vehicle to Promote Public Engagement for Environmental Health in China", *Environmental Health Perspectives*, Vol.116, No.10, 2008.

Rosa Chun, "Ethical Values and Environmentalism in China: Comparing Employees from State-Owned and Private Firms", *Journal of Business Ethics*, Vol.84, 2009.

Sherry R.Arnstein, "A Ladder of Citizen Participation", *Journal of the American Institute of Planner*, Vol.35, No.4, 1969.

Susan Owens, "Engaging the public: information and deliberation in environmental policy", *Environment and Planning A*, Vol.32, No.7, 2000.

Terence R. Mitchell and William G. Scott, "Leadership Failures.the Distrusting Public.and Prospects of the Administrative State", *Public Administration*

Review, Vol.47, No.6, 1987.

The Centre for Science and Environment Statement on Global Environmental Democracy Source, *Alternatives*: *Global, Local, Political*, Vol.17, No.2, 1992.

Tomas M. Koontz and Craig W. Thomas, "What Do We Know and Need to Know about the Environmental Outcomes of Collaborative Management?", *Public Administration Review*, Vol.66, 2006.

Vincent Cheng Yang, "Punishing for Environmental Protection? Enforcement Issues in China", *The International and Comparative Law Quarterly*, Vol.44, No.3, 1995.

Yanqi Tong, "Bureaucracy Meets the Environment: Elite Perceptions in Six Chinese Cities", *The China Quarterly*, Vol.189, 2007.

附 录

人类环境宣言

（1972年6月5日于斯德哥尔摩通过）

联合国人类环境会议于1972年6月5日至16日在斯德哥尔摩举行，考虑到需要取得共同的看法和制定共同的原则以鼓舞和指导世界各国人民保持和改善人类环境，兹宣布：

1. 人类既是他的环境的创造物，又是他的环境的塑造者，环境给予人以维持生存的东西，并给他提供了在智力、道德、社会和精神等方面获得发展的机会。生存在地球上的人类，在漫长和曲折的进化过程中，已经达到这样一个阶段，即由于科学技术发展的迅速加快，人类获得了以无数方法和在空前的规模上改造其环境的能力。人类环境的两个方面，即天然和人为的两个方面，对于人类的幸福和对于享受基本人权，甚至生存权利本身，都是必不可缺少的。

2. 保护和改善人类环境是关系到全世界各国人民的幸福和经济发展的重要问题，也是全世界各国人民的迫切希望和各国政府的责任。

3. 人类总得不断地总结经验，有所发现，有所发明，有所创造，有所前进。在现代，人类改造其环境的能力，如果明智地加以使用的话，就可以给各国人民带来开发的利益和提高生活质量的机会。如果使用不当，或轻率地使用，这种能力就会给人类和人类环境造成无法估量的损害。在地球上许多地区，我们可以看到周围有越来越多的说明人为的损害的迹象：在水、空气、土壤以及生物中污染达到危害的程度；生物界的生态平衡受到严重和不适当的扰乱；一些无法取代的资源受到破坏或陷于枯竭；在人为的环境，特别是生活和工作环境里存在着有害于人类身体、精神和社会健康的严重缺陷。

4. 在发展中国家中，环境问题大半是由于发展不足造成的。千百万人的生活仍然远远低于像样的生活所需要的最低水平。他们无法取得充足的食物和衣服、住房和教育、保健和卫生设备。因此，发展中的国家必须致力于发展工作，牢记他们优先任务和保护及改善环境的必要。

为了同样的目的，工业化国家应当努力缩小他们自己与发展中国家的差距。在工业化国家里，环境一般同工业化和技术发展有关。

5. 人口的自然增长继续不断地给保护环境带来一些问题，但是如果采取适当的政策和措施，这些问题是可以解决的。世间一切事物中，人是第一可宝贵的。人民推动着社会进步，创造着社会财富，发展着科学技术，并通过自己的辛勤劳动，不断地改造着人类环境。随着社会进步和生产、科学及技术的发展，人类改善环境的能力也与日俱增。

6. 现在已达到历史上这样一个时刻：我们在解决世界各地的行动时，必须更加审慎地考虑它们对环境产生的后果。由于无知或不关心，我们可能给我们的生活幸福所依靠的地球环境造成巨大的无法挽回的损害。反之，有了比较充分的知识和采取比较明智的行动，我们就可能使我们自己和我们的后代在一个比较符合人类需要和希望的环境中过着较好的生活。改善环境的质量和创造美好生活的前景是广阔的。我们需要热烈而镇定的情绪，紧张而有秩序的工作，为了在自然界里取得自由，人类必须利用知识在同自然合作的情况下建设一个较好的环境。为了这一代和将来的世世代代，保护和改善人类环境已经成为人类一个紧迫的目标，这个目标同争取和平、全世界的经济与社会发展这两个既定的基本目标共同和协调地实现。

7.为实现这一环境目标,将要求公民和团体以及企业和各级机关承担责任,大家平等地从事共同的努力。各界人士和许多领域中的组织,凭他们有价值的品质和全部行动,将确定未来的世界环境的格局。各地方政府和全国政府,将对在他们管辖范围内的大规模环境政策和行动,承担最大的责任。为筹措资金以支援发展中国家完成他们在这方面的责任,还需要进行国际合作。种类越来越多的环境问题,因为它们在范围上是地区性或全球性的,或者因为它们影响着共同的国际领域,将要求国与国之间广泛合作和国际组织采取行动以谋求共同的利益。

会议呼吁各国政府和人民为着全体人民和他们的子孙后代的利益而作出共同的努力。

这些原则申明了共同的信念:

1.人类有权在一种能够过着尊严和福利的生活的环境中,享有自由、平等和充足的生活条件的基本权利,并且负有保护和改善这一代和将来的世世代代的环境的庄严责任。在这方面,促进或维护种族隔离、种族分离与歧视、殖民主义和其他形式的压迫及外国统治的政策,应该受到谴责和必须消除。

2.为了这一代和将来的世世代代的利益,地球上的自然资源,其中包括空气、水、土地、植物和动物,特别是自然生态类中具有代表性的标本,必须通过周密计划或适当管理加以保护。

3.地球生产非常重要的再生资源的能力必须得到保持,而且在实际可能的情况下加以恢复或改善。

4.人类负有特殊的责任保护和妥善管理由于各种不利的因素而现在受到严重危害的野生生物后嗣及其产地。因此,在计划发展经济时必须注意保护自然界,其中包括野生生物。

5.在使用地球上不能再生的资源时,必须防范将来把它们耗尽的危险，并且必须确保整个人类能够分享从这样的使用中获得的好处。

6.为了保证不使生态环境遭到严重的或不可挽回的损害，必须制止在排除有毒物质或其他物质以及散热时其数量或集中程度超过环境能使之无害的能力。应该支持各国人民反对污染的正义斗争。

7.各国应该采取一切可能的步骤来防止海洋受到那些会对人类健康造成危害的、损害生物资源和破坏海洋生物舒适环境的或妨害对海洋进行其他合法利用的物质的污染。

8.为了保证人类有一个良好的生活和工作环境，为了在地球上创造那些对改善生活质量所必要的条件，经济和社会发展是非常必要的。

9.由于不发达和自然灾害的原因而导致环境破坏造成了严重的问题。克服这些问题的最好办法，是移用大量的财政和技术援助以支持发展中国家本国的努力，并且提供可能需要的及时援助，以加速发展工作。

10.对于发展中国家来说，由于必须考虑经济因素和生态进程，因此，使初级产品和原料有稳定的价格和适当的收入是必要的。

11.所有国家的环境政策应该提高，而不应该损及发展中国家现有或将来的发展潜力，也不应该妨碍大家生活条件的改善。各国和各国际组织应该采取适当步骤，以便就应付因实施环境措施所可能引起的国内或国际的经济后果达成协议。

12.应筹集资金来维护和改善环境，其中要照顾到发展中国家的情况和特殊性，照顾到他们由于在发展计划中列入环境保护项目而需要的任何费用，以及应他们的请求而供给额外的国际技术和财政援助的需要。

13.为了实现更合理的资源管理从而改善环境，各国应该对他们的发展计划采取统一和协议的做法，以保证为了人民的利益，使发展保护和改善人类环境的需要相一致。

14.合理的计划是协调发展的需要和保护与改善环境的需要相一

致的。

15.人的定居和城市化工作必须加以规划，以避免对环境的不良影响，并为大家取得社会、经济和环境三方面的最大利益。在这方面，必须停止为殖民主义和种族主义统治而制订的项目。

16.在人口增长率或人口过分集中可能对环境或发展产生不良影响的地区，或在人口密度过低可能妨碍人类环境改善和阻碍发展的地区，都应采取不损害基本人权和有关政府认为适当的人口政策。

17.必须委托适当的国家机关对国家的环境资源进行规划、管理或监督，以期提高环境质量。

18.为了人类的共同利益，必须应用科学和技术以鉴定、避免和控制环境恶化并解决环境问题，从而促进经济和社会发展。

19.为了更广泛地扩大个人、企业和基层社会在保护和改善人类各种环境方面提出开明舆论和采取负责行为的基础，必须对年青一代和成人进行环境问题的教育，同时应该考虑到对不能享受正当权益的人进行这方面的教育。

20.必须促进各国，特别是发展中国家的国内和国际范围内从事有关环境问题的科学研究及其发展。在这方面，必须支持和促使最新科学情报和经验的自由交流以便解决环境问题；应该使发展中国家得到环境工艺，其条件是鼓励这种工艺的广泛传播，而不成为发展中国家的经济负担。

21.按照联合国宪章和国际法原则，各国有按自己的环境政策开发自己资源的主权；并且有责任保证在他们管辖或控制之内的活动，不致损害其他国家的或在国家管辖范围以外地区的环境。

22.各国应进行合作，以进一步发展有关他们管辖或控制之内的活动对他们管辖以外的环境造成的污染和其他环境损害的受害者承担责任赔偿问题的国际法。

23.在不损害国际大家庭可能达成的规定和不损害必须由一个国家

决定的标准的情况下,必须考虑各国的现行价值制度和考虑对最先进的国家有效,但是对发展中国家不适合和具有不值得的社会代价的标准可行程度。

24.有关保护和改善环境的国际问题应当由所有的国家,不论其大小,在平等的基础上本着合作精神来加以处理,必须通过多边或双边的安排或其他合适途径的合作,在正当地考虑所有国家的主权和利益的情况下,防止、消灭或减少和有效地控制各方面的行动所造成的对环境的有害影响。

25.各国应保证国际组织在保护和改善环境方面起协调的、有效的和能动的作用。

26.人类及其环境必须免受核武器和其他一切大规模毁灭性手段的影响。各国必须努力在有关的国际机构内就消除和彻底销毁这种武器迅速达成协议。

里约环境与发展宣言

联合国环境与发展会议,于1992年6月3日至14日在里约热内卢举行了会议,重申1972年6月16日在斯德哥尔摩通过的联合国《人类环境宣言》,并试图在其基础上再推进一步,怀着在各国、在社会各个关键性阶层和在人民之间开辟新的合作层面,从而建立一种新的、公平的全球伙伴关系目标,致力于达成既尊重所有各方的利益,又保护全球环境与发展体系的国际协定,认识到我们的家乡地球的整体性和相互依存性,兹宣告:

原则1 人类处于普受关注的可持续发展问题的中心。他们应享有以与自然相和谐的方式过健康而富有生产成果的生活的权利。

原则2 根据《联合国宪章》和国际法原则,各国拥有按照其本国的环境与发展政策开发本国自然资源的主权权利,并负有确保在其管辖范围内或在其控制下的活动不致损害其他国家或在各国管辖范围以外地区的环境的责任。

原则3 为了公平地满足今世后代在发展与环境方面的需要,求取发展的权利必须实现。

原则4 为了实现可持续的发展，环境保护工作应是发展进程的一个整体组成部分，不能脱离这一进程来考虑。

原则5 为了缩短世界上大多数人生活水平上的差距和更好地满足他们的需要，所有国家和所有人都应在根除贫穷这一基本任务上进行合作，这是实现可持续发展的一项不可少的条件。

原则6 发展中国家、特别是最不发达国家和在环境方面最易受伤害的发展中国家的特殊情况和需要应受到优先考虑。环境与发展领域的国际行动也应当着眼于所有国家的利益和需要。

原则7 各国应本着全球伙伴精神，为保存、保护和恢复地球生态系统的健康和完整进行合作。鉴于导致全球环境退化的各种不同因素，各国负有共同的但是又有差别的责任。发达国家承认，鉴于他们的社会给全球环境带来的压力，以及他们所掌握的技术和财力资源，他们在追求可持续发展的国际努力中负有责任。

原则8 为了实现可持续的发展，使所有人都具有较高的生活素质，各国应当减少和消除不能持续的生产和消费方式，并且推行适当的人口政策。

原则9 各国应当合作加强本国能力的建设，以实现可持续的发展，做法是通过开展科学和技术知识的交流来提高科学认识，并增强各种技术包括新技术和革新性技术的开发，适应修改、传播和转让。

原则10 环境问题最好是在全体有关市民的参与下，在有关级别上加以处理。在国家一级，每一个人都应能适当地获得公共当局所持有的关于环境的资料，包括关于在其社区内的危险物质和活动的资料，并应有机会参与各项决策进程。各国应通过广泛提供资料来便利及鼓励公众的认识和参与。应让人人都能有效地使用司法和行政程序，包括补偿和补救程序。

原则11 各国制定有效的环境立法。环境标准、管理目标和优先次序应该反映它们适用的环境与发展范畴。一些国家所实施的标准对别的国家特别是发展中国家可能是不适当的，也许会使它们承担不必要的经济和社会代价。

原则12 为了更好地处理环境退化问题，各国应该合作促进一个支持性和开放的国家经济制度，这个制度将会导致所有国家实现经济成长和可持续的发展。为环境目的而采取的贸易政策措施不应该成为国际贸易中的一种任意或无理歧视的手段或伪装的限制。应该避免在进口国家管辖范围以外单方面采取对付环境挑战的行动。解决跨越国界或全球性环境问题的环境措施应尽可能以国际协调一致为基础。

原则13 各国应制定关于污染和其他环境损害的责任和赔偿受害者的国家法律。各国还应迅速并且更坚决地进行合作，进一步制定关于在其管辖或控制范围内的活动对在其管辖外的地区造成的环境损害的不利影响的责任和赔偿的国际法律。

原则14 各国应有效合作阻碍或防止任何造成环境严重退化或证实有害人类健康的活动和物质迁移和转让到他国。

原则15 为了保护环境，各国应按照本国的能力，广泛适用预防措施。遇有严重或不可逆转损害的威胁时，不得以缺乏科学充分确定证据为理由，延迟采取符合成本效益的措施防止环境恶化。

原则16 考虑到污染者原则上应承担污染费用的观点，国家当局应该努力促使内部负担环境费用，并且适当地照顾到公众利益，而不歪曲国际贸易和投资。

原则17 对于拟议中可能对环境产生重大不利影响的活动，应进行环境影响评价，作为一项国家手段，并应由国家主管当局作出决定。

原则18 各国应将可能对他国环境产生突发的有害影响的任何自然灾害或其他紧急情况立即通知这些国家。国际社会应尽力帮助受灾国家。

原则19 各国应将可能具有重大不利跨越国界的环境影响的活动向可能受到影响的国家预先和及时地提供通知和有关资料，并应在早期阶段诚意地同这些国家进行磋商。

原则20 妇女在环境管理和发展方面具有重大作用。因此，她们的充分参加对实现持久发展至关重要。

原则21 应调动世界青年的创造性、理想和勇气，培养全球伙伴精神，以期实现持久发展和保证人人有一个更好的将来。

原则22 土著居民及其社区和其他地方社区由于他们的知识和传统习惯，在环境管理和发展方面具有重大作用。各国应承认和适当支持他们的特点、文化和利益,并使他们能有效地参加实现持久的发展。

原则23 受压迫、统治和占领的人民,其环境和自然资源应予保护。

原则24 战争定然破坏持久发展。因此各国应遵守国际法关于武装冲突期间保护环境的规定,并按必要情况合作促进其进一步发展。

原则25 和平、发展和保护环境是互相依存和不可分割的。

原则26 各国应和平地按照《联合国宪章》采取适当方法解决其一切的环境争端。

原则27 各国和人民应诚意地一本伙伴精神、合作实现本宣言所体现的各项原则,并促进持久发展方面国际法的进一步发展。

后　记

工业革命以来，人类以其巨大的能量开发地球资源而取得了经济发展和现代物质文明的辉煌成就，然而与科技和经济迅猛发展同步发生的是，地球自然环境遭受严重破坏。各种环境灾害与恶性污染事件的爆发，人类生存和健康受到的严重威胁激发了"地球毁灭论""生存危机论"等悲观主义思潮，世界各国不得不面对环境问题而寻求环境治理之道。环境权威主义应运而生，环境资源的有限性和人的自利性使人们认识到，环境的有效治理唯有求助于政府权威的强制管控。同时技术理性主义也主导着人们的治理思维，因科技发展带来的环境问题只有通过科技手段才能得到解决，由此，通过政府环保机构的权威性组织和专家的技术指导才能实现环境治理的高效性和专业性，这种环境权威主义和技术理性主义主导的治理实践在环境治理初期取得了一定的治理成效，也深得学者们的认同。

然而，这两种主流环境治理思维在实践效果上只具有短期效应，在理念上无视正在觉醒的公民环境权意识。合作型或协同型环境治理观念开始萌生，但基于现代公共治理精神的合作型环境治理将国家和政府降为与公民和社会组织完全平等的地位，这种无结构无中心的动态化协作治理具有浓重的后现代色彩在中国缺乏可行的现实社会政治基础。因此，面对目前日益突出的环境问题，加之十九大报告提出了"加快生态文明体制改革，建设美丽中国"以及"构建政府为主导、企业为主体、社会组织和公众共同参与的环境治理体系"，思索如何能够构建符合中国政治社会要求的环境治理模式成为我自博士阶段至今研究的主题和方向。在本书研究中，力图以公民环境权为理论基点，通过对公民环境实体权和环境程序权、公民环境私权和环境公权等现代观念的发掘，并结合中国特定的制度结构和政治形态而论证参与式环境治理模式的理论合理性与实践可行性。在此基础上，具体考察参与式环境治理在中国的实践尝试和困境，并针对导致治理困境的影响因素而探讨实现参与式环境治理的保障措施与实践路径。然而，参与式环境治理虽是与公民环境权契合的现代治理模式，也有其中国适用的社会政治土壤和内生力量，但因社会发展的限制和制度调整的缓慢，该治理模式的广泛应用还需要不断地实践探索。

研究环境治理问题的另一个主要因素出自私心，从2015年开始，北方冬季出现连绵不断的雾霾天气，之后我患上了过敏性鼻炎，患病虽与个人体质相关，然而雾霾天气加重了症状反应，且病虽不重，却颇为折磨，久治不愈。故而自2016年博士求学开始，在导师的悉心指导下，我对环境治理问题展开了理论研究。越研究越深感环境治理问题远比想象中复杂，探求如何实现环境与经济的可持续发展势必成为我长期持续的学术计划。

本书是对我博士论文基础上的修订，之所以能顺利完成，要感谢多年来给予我指导和帮助的各位师长。

感谢我的博士导师武汉大学政治与公共管理学院申建林教授在博士三年期间对我的谆谆教诲，以及对书稿写作的诸多指导，以及在博士求学期间给予授业指导的诸位老师。在此特别要感谢我的硕士导师郑州大学政治与公共管理学院院长高卫星教授，硕士毕业多年后，高老师依然对我不吝帮助，有求必应，然而作为不够出色的学生，毕业多年仍未能让老师感到骄傲，也是甚为愧疚。

  感谢父母家人多年来对我的关怀和支持。父母在将我养育成人之后又因我的求学、工作而悉心照顾我的孩子们，解我的后顾之忧，心中常常饱含亏欠却又无可奈何。我的丈夫王天刚先生，作为医生本就工作繁重，然而对我的职业发展依然给予百分之百的支持，在我外出求学期间，他默默承受了所有的压力和负担，有此人生伴侣也是我的幸事。孩子们是我继续奋斗的动力，也是我生命中快乐的源泉，每每看到他们天真的笑容，即使再大的困难也值得奋力一搏。

  感谢教育部人文社会科学研究专项任务项目（中国特色社会主义理论体系研究）、河南省教育厅人文社会科学研究项目以及新乡医学院博士科研启动基金项目的资助，感谢中国社会科学出版社赵丽老师的细心指导与帮助。

  至此，本书的研究告一段落，然而，未来的研究之路还很长，书中所述内容只是近几年本人对环境治理的一些见解，可能存在诸多纰漏或不足之处，期待各位专家、学者予以指导！

张晶晶

2020 年 7 月 27 日